Marcus Strand

Autonome 3D-Umweltmodellierung von Innenräumen auf Basis von dichten Tiefenbildern

Autonome 3D-Umweltmodellierung von Innenräumen auf Basis von dichten Tiefenbildern

von
Marcus Strand

universitätsverlag karlsruhe

Dissertation, Universität Karlsruhe (TH)
Fakultät für Informatik, 2008

Impressum

Universitätsverlag Karlsruhe
c/o Universitätsbibliothek
Straße am Forum 2
D-76131 Karlsruhe
www.uvka.de

Universitätsverlag Karlsruhe 2008
Print on Demand

ISBN: 978-3-86644-246-7

Autonome 3D-Umweltmodellierung von Innenräumen auf Basis von dichten Tiefenbildern

Zur Erlangung des akademischen Grades eines

Doktors der Ingenieurwissenschaften

der Fakultät für Informatik

der Universität Fridericiana zu Karlsruhe (TH)

genehmigte

Dissertation

von

Marcus Strand

aus Karlsruhe

Tag der mündlichen Prüfung: 08.05.2008

Erster Gutachter: Prof. Dr.-Ing. R. Dillmann

Zweiter Gutachter: Prof. Dr.-Ing. H.-P. Bähr

Danksagung

Die vorliegende Arbeit entstand während meiner Zeit als Mitarbeiter am Institut für Technische Informatik am Lehrstuhl für Industrielle Anwendungen der Informatik und Mikrosystemtechnik (IAIM) an der Universität Karlsruhe (TH).

Mein herzlichster Dank gilt meinem Doktorvater Prof. Dr.-Ing. Rüdiger Dillmann für seinen fachlichen Rat, für die hervorragenden Arbeits- und Forschungsbedingungen, für die anregenden und interessanten Gespräche auf diversen Klausurtagungen, für die Freiheit, die er mir während der gesamten Promotionszeit gewährt hat und nicht zuletzt für das in mich gesetzte Vertrauen während meiner Zeit am Institut.
Ebenso herzlich danke ich Herrn Prof. Dr-Ing. Hans-Peter Bähr für die Übernahme des Korreferats, die spannenden Diskussionen über verschiedene und inhaltlich doch ähnliche Fachbegriffe aus dem Bereich der Photogrammetrie und der Informatik und seinem Interesse gegenüber meiner Arbeit.
Weiterhin danke ich Herrn Prof. Dr.-Ing. Jörg Henkel und Prof. Dr.-Ing. Heinz Wörn für die Mitwirkung als Prüfer bei der mündlichen Promotionsprüfung.

Ein mindestens ebenso großer Dank gebührt Herrn Dr.-Ing. Peter Steinhaus. Er hat mich schon sehr früh unter seine Fittiche genommen und mir auf seine charmante Art und Weise allerhand Wissenswertes über das Überleben im Unialltag beigebracht, sowie über das Leben an sich (Holzpelletheizung, Baufinanzierung, Wasserbetten, Überversicherung). Seine Unterstützung hatte einen wesentlichen Beitrag zum Gelingen dieser Arbeit.
Neben Peter Steinhaus möchte ich weiterhin Pedram Azad, Clemens Birkenhofer, Alexander Kasper und Tilo Gockel für die Übernahme des Lektorats und die konstruktiven Vorschläge zur Verbesserung der schriftlichen Ausarbeitung danken. Zusätzlich danke ich den Lektoren für

- die Zusammenarbeit bei der oft nicht einfachen Durchführung der Vorlesung „Kognitive Systeme" (Pedram „Pilsator" Azad und in früheren Jahren Dr.-Ing. Björn Giesler).

- die regelmässigen Mensagänge und den zugehörigen Unterhaltungen und Diskussionen über „dies und das" (Clemens Birkenhofer).

- die Unterstützung bei sämtlichen 3D-Anwendungen und Algorithmen, sowie der Hilfe bei der Wahl der zum Büro passenden musikalischen Untermalung (Alexander Kasper)

- der Einweisung in das formal korrekte Schreiben wissenschaftlicher Ausarbeitungen und gelegentlichen Ablenkungen im Büroalltag (Tilo Gockel)

Ohne die tatkräftige Mitarbeit von Studenten wäre diese Arbeit niemals zustande gekommen. Deshalb möchte ich allen Diplom- und Studienarbeitern für ihre Mitarbeit danken.
Mein Dank gilt hierbei insbesondere Christian Scheurer, Markus Przybylski, Frank Erb und vor allem Simon Schmidberger für die professionelle Mitarbeit während der für uns und vor allem für mich „heissen Phase". Ohne Euren Beitrag hätten diese Ergebnisse nicht erzielt werden können.

Weiterhin möchte ich den Damen des Sekretariats für die organisatorische Mitarbeit danken. Dieser Dank gilt hierbei insbesondere für den Bereich der Vertragsverlängerung (Nela Redzovic), der Organisation von Dienstreisen (Christine Brand) und der Auftreibung von finanziellen Mitteln sowie der andauernden guten Laune (Isabelle Wappler).

Herrn Olaf Fischer danke ich für die interessanten, lustigen und aufschlussreichen Jahre im gemeinsamen Büro und insbesondere für die komplexen Erklärungen einfacher Zusammenhänge („ein Graben ist ein langes Loch") und Mehrfacherzählungen bekannter Geschichten (z.B. Sonnenbrille & Zoll). Herrn Dietrich Brunn danke ich für die vielen gemeinsamen Studenten- und Mitarbeiterjahre, und hierbei insbesondere für den gemeinsamen Besuch der meist sehr spassigen Kulturveranstaltungen und den guten Latex-Tipps während des Berlin-ich-schreibe-meine-Diss-Ausflugs. Herrn Joachim Schröder möchte ich für die schöne gemeinsame Zeit auf diversen Flügen und Konferenzen, sowie den zugehörigen gewonnenen Wetten danken.

Weiterhin danke ich meiner Band „The Great Below" für die Ablenkung vom Arbeitsalltag durch wöchentliche Proben sowie gelegentlichen Ausflügen zu Konzerten. Herrn Daniel Wandres danke ich für die Parallel-Ausbildung am Kickertisch, sowie vor allem für die Gestaltung des Titelblattes der vorliegenden Arbeit. Der Volleyball-Gruppe des IAIM möchte ich für die morgendliche „aus dem Bett komm"-Hilfe danken, auch wenn ich oft zu spät kam. Den ständig wechselnden Mitgliedern unserer Institutsband möchte ich weiterhin für Aufnahme meiner Wenigkeit in die jährliche Institutsweihnachtsfeierband danken.

Meinen Freunden in Übersee Jonas Korbstein und Dr.-Ing. Guido Staub möchte ich für die Anteilnahme an meinem Promotionsthema und der ständigen Bestätigung zur Durchführung des Vorhabens in verschiedenen Telefon-Konferenzen danken.

Ein sehr großes Dankeschön gebührt meinen Eltern Werner und Elfriede Walther dafür, dass sie mir eine sehr gute Ausbildung ermöglicht haben und mich immer wieder bei meinem Promotionsvorhaben gestärkt und unterstützt haben.

Mein größter Dank aber gilt meiner lieben Frau Patricia Strand, die mich in jeder Situation unterstützt hat und meine, vor allem in der letzten Phase, eher unkonventionellen Arbeitszeiten durch intensive Shopping-Maßnahmen kompensieren konnte. Ich danke Ihr für die Einführung in die Welt der Hihis und erinnere mich gerne an die vielen gemeinsamen Urlaube und Ausflüge kreuz und quer (im wahrsten Sinne) durch Europa in der Hoffnung, dass noch viele folgen werden. Ihr möchte ich die vorliegende Arbeit widmen.

Karlsruhe,
den 8. Juni 2008

Marcus Strand

Inhaltsverzeichnis

Kapitel 1

Einleitung

Die Verwendung von Modellen in unterschiedlichen Wissensgebieten ermöglicht der Menschheit schon seit langem komplexe Sachverhalte auf ein für Menschen handhabbares Maß zu reduzieren. Auch Robotersysteme optimieren ihr Verhalten anhand von Modellwissen. Während die ersten Robotergenerationen aus dem vergangenen Jahrhundert aufgrund knapper rechentechnischer Ressourcen nur stark reduziertes Modellwissen verarbeiten konnten, sind heutige Roboter in der Lage, auch komplexe Sachverhalte in Form von Modellwissen zu nutzen.

Diese und zukünftige Robotergenerationen werden nach heutiger Schätzung darüber hinaus sogar in der Lage sein, sich nutzbares Modellwissen bezüglich ihrer Umwelt selbst anzueignen und untereinander auszutauschen. Diese Fähigkeit kann den Grad der Autonomie von Robotersystemen erheblich steigern, und ermöglicht somit die Entwicklung autonomer mobiler Serviceroboter in offenen Szenarien.

Neben den Robotersystemen kann auch der Mensch autonom erworbenes Modellwissen zum Beispiel als Planungs- und Entscheidungshilfen nutzen. Ein wichtiger Aspekt bei Planungsaufgaben und situationsgerechten Verhaltensentscheidungen ist die Geometrie der Umgebung. Mit Hilfe von geometrischem Wissen kann ein Roboter zum Beispiel Hindernisse umfahren, Situationen erkennen oder Objekte finden beziehungsweise ein Mensch die Ausstattung von Innenräumen entwerfen. In der vorliegenden Dissertation wird ein Verfahren zum sensorgestützen Erwerb von geometrischem Modellwissen der Umgebung vorgestellt. Die Geometrie der Umgebung wird in allen drei Raumdimensionen erfasst und zusätzlich mit weiteren Eigenschaften wie zum Beispiel Texturen belegt. Das resultierende Modell soll sowohl von dem Roboter selbst, als auch von anderen Robotern und vom Menschen interpretierbar und nutzbar sein. Ein wichtiger Aspekt ist dabei, dass das Modellwissen von Robotersystemen autonom, also ohne menschliche Hilfe, erworben und verarbeitet werden kann.

1.1 Das Modell – Ein domänenübergreifender Begriff

Das Wort „Modell" stammt von dem italienischen Begriff „modello" (Muster, Entwurf), welches im Zeitalter der Renaissance aus dem lateinischen Wort „modulus" (kleines Maß, Maßstab) hervorgegangen ist. Dieser Begriff wiederum wird von dem lateinischen Begriff „modus" (Maß, Normmaß, Art, Weise) abgeleitet. Er bildete auch die Grundlage für den altdeutschen Begriff „Model" welcher für Muster, Form oder Vorbild meist im gewerblichen Bereich (Gussmodel, Schnittmodel) stand. Auch heute lebt dieser Begriff im Verb „ummodeln" weiter.

Im 16. Jahrhundert allerdings wurde zunehmend der Begriff „Modell" in Anlehnung an „modello" für Musterformen aus Gips und Blei im Handwerk verwendet. Der neue Begriff setzte sich daraufhin immer mehr durch, auch in Kunst und Literatur [Thomas 02]. Eine zusammenfassende allgemeine Definition des Begriffs Modell der heutigen Zeit hat der Philosoph Klaus Dieter Wüsteneck in den 60er Jahren formuliert:

> Ein Modell ist ein System, das als Repräsentant eines komplizierten Originals auf Grund mit diesem gemeinsamer, für eine bestimmte Aufgabe wesentlicher Eigenschaften von einem dritten System benutzt, ausgewählt oder geschaffen wird, um letzterem die Erfassung oder Beherrschung des Originals zu ermöglichen oder zu erleichtern, beziehungsweise um es zu ersetzen.

Der Begriff „Modell" wird mittlerweile nicht nur für Abbildungen und Formen verwendet, sondern auch für abstrakte Prozesse. Man unterscheidet hier zwischen konkreten (oder materiellen) Modellen und abstrakten (oder immateriellen) Modellen.

Konkrete Modelle werden beispielsweise in folgenden Bereichen verwendet [Wikipedia 07]:

- In der Kunst ist ein Modell eine Person, die einem Künstler Modell steht.

- In der Fotografie und Modebranche sind Fotomodelle (auch engl. Models) Menschen, die vor Fotografen posieren (Abbildung 1.1a).

- In der Architektur dient ein maßstabsgetreues Modell zur Veranschaulichung eines Entwurfs (Abbildung 1.1b).

- In den Ingenieurwissenschaften versteht man unter einem Modell die Nachbildung eines technischen Erzeugnisses in verkleinertem Maßstab (z.B. Windkanalmodelle von Fahrzeugen, Abbildung 1.1c).

- In der Zahnmedizin fertigt man Modelle des Gebisses vor der Versorgung mit Zahnersatz an (Abbildung 1.1d).

- In der Gusstechnik werden Modelle als Vorlagen für die Neuerstellung von Gussformen benutzt.

- Im Modellbau werden Modelle als verkleinerte Abbilder von Objekten erstellt.

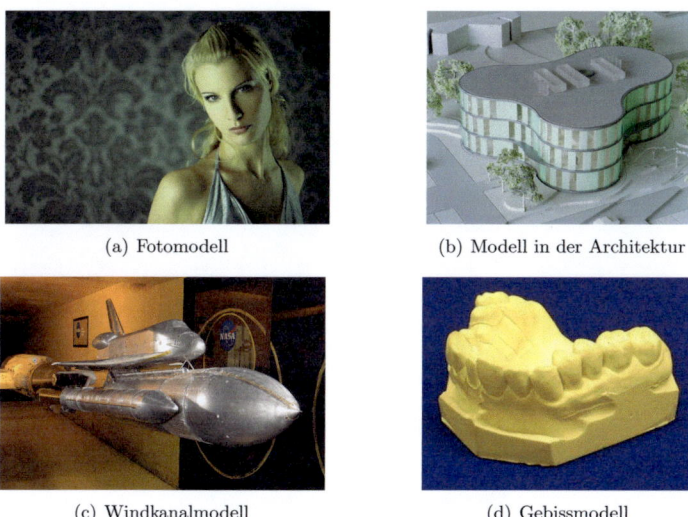

(a) Fotomodell (b) Modell in der Architektur

(c) Windkanalmodell (d) Gebissmodell

Abbildung 1.1: Konkrete Modelle

Abstrakte Modell finden sich zum Beispiel in den folgenden Disziplinen:

- In der Wissenschaftstheorie bezeichnet der Begriff eine theoretische Annahme zur Unterscheidung von der hypothetischen Annahme (Hypothese).

- In der Mathematik werden mathematische Modelle verwendet (zum Beispiel Hidden-Markov-Modelle,Abbildung 1.2a).

- In den Naturwissenschaften werden Hypothesen und Gesetze als Modell bezeichnet (zum Beispiel das 2. Keplersche Gesetz, Abbildung 1.2b).

- In der Wirtschaftswissenschaft dienen Modelle vorwiegend der Beschreibung ökonomischer und soziotechnischer Systeme.

- In der Informatik bildet man zum Beispiel Datenstrukturen aus der Wirklichkeit in einem Datenmodell ab (zum Beispiel ein 2D-Kantenmodell der Umgebung, Abbildung 1.2c).

- In den Sozialwissenschaften werden Theorien und Hypothesen anhand von Modellen verifiziert. Der von Max Weber eingeführte „Idealtypus" ist ebenfalls ein abstraktes, idealisiertes Modell der Realität.

- In der Psychologie werden menschliche Verhaltensweisen anhand von Modellen erforscht (zum Beispiel von Thun's 4-Ohren Modelle, Abbildung 1.2d).

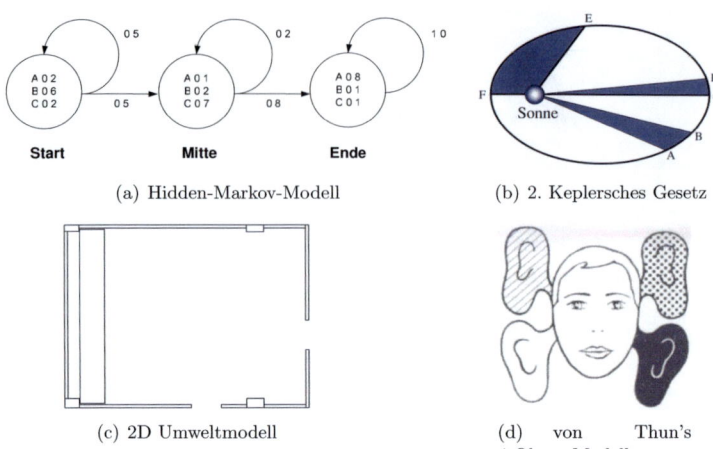

(a) Hidden-Markov-Modell

(b) 2. Keplersches Gesetz

(c) 2D Umweltmodell

(d) von Thun's 4-Ohren Modell

Abbildung 1.2: Abstrakte Modelle

Die genaue Bedeutung des Modells wird meist durch einen Präfix angegeben, wie beispielsweise beim Lernmodell, Wahrscheinlichkeitsmodell oder Prozessmodell [Rogge 95].

Eine allgemeine Modelltheorie wurde 1973 von Herbert Stachowiak [Stachowiak 73] vorgeschlagen. Hierbei wird jedes Modell als Menge von Individuen und Attributen beschrieben. Ein Individuum ist demnach ein individuell erkennbarer, von anderen Individuen eindeutig abgrenzbarer, für sich stehender Gegenstand. Ein Attribut beschreibt Eigenschaften von Individuen oder von anderen Attributen, Beziehungen zwischen Individuen oder Attributen und Operationen auf Individuen oder Attributen. Der Begriff Modell ist somit durch drei Merkmale gekennzeichnet:

Abbildung: Ein Modell ist immer ein Abbild, eine Repräsentation natürlicher oder künstlicher Originale, die selbst wieder Modelle sein können.

Verkürzung: Ein Modell erfasst nicht alle Attribute des Originals, sondern nur diejenigen, die dem Modellschaffer beziehungsweise Modellnutzer relevant erscheinen.

Pragmatismus: Ein Modell ist einem Original nicht von sich aus zugeordnet. Die Zuordnung wird durch die Fragen „Für wen?", „Warum?" und „Wozu?" relativiert. Ein Modell wird vom Modellerzeuger beziehungsweise Modellnutzer innerhalb einer bestimmten Zeitspanne und zu einem bestimmten Zweck für ein Original eingesetzt. Das Modell wird somit interpretiert.

Wichtig ist bei dieser Beschreibung von Modellen, dass die Ausprägung des Modells durch das Verkürzungsmerkmal gezielt vom Modellerzeuger beeinflusst werden kann. Dieser entscheidet welche Attribute des Originals in das Modell fließen und welche nicht. Hierdurch kann er das so genannte Abbild der Wirklichkeit manipulativ für seine gewünschten Zwecke und Meinungen, vor allem in der politischen Propaganda, nutzen.

Diese Problematik spiegelt sich auch in Platons Ideenlehre wieder, welche er im Höhlengleichnis ausdrückt [Platon 05]. Seiner Ansicht nach sind die Dinge Modelle einer dahinterstehenden Idee. Die Dinge ahmen deshalb die Ideen nur annäherungsweise nach. Um zu wahrer Erkenntnis zu gelangen sollte demnach die Aufmerksamkeit nicht auf das sinnlich Wahrnehmbare der uns unmittelbar umgebenden Welt gelenkt werden, sondern auf das, was hinter dieser Welt steht. Die uns umgebende scheinbare Wirklichkeit ist somit nur die verkürzte beziehungsweise abstrahierte Abbildung einer Idee für den Menschen. Somit sind die Modelle, die von Menschen entwickelt und benutzt werden, nur Abbildungen einer Welt, die die Menschen als Wirklichkeit oder Realität mit ihren eigenen Körpersensoren wahrnehmen können.

Andererseits können einem Modell auch Attribute hinzugefügt werden, die aus anderen Quellen als der menschlichen Wahrnehmung resultieren. Diese können alleine aus der Erkenntnis oder, vor allem in neuerer Zeit, aus dem Einsatz von Sensoren stammen. Hierdurch können zum Beispiel Höhenlinien in geographische Modelle oder Temperaturverläufe in Objektmodelle eingeführt werden.

Jedes Modell wird im Hinblick auf einen Verwendungszweck geschaffen. Es gibt insofern keine a priori richtigen oder falschen Modelle. Sie sind nur Versuche, einen Ausschnitt der Wirklichkeit abzubilden und zu verstehen. Erweist sich ein Modell als falsch und hält man trotzdem daran fest, kann dies als Modellplatonismus bezeichnet werden. Hans Albert führte in [Albert 98] hierfür diesen Begriff ein, da die Modelle dann wie Platon'sche Ideen behandelt werden, die immer wahr sind.

1.2 Roboterbasierte geometrische Modellierung

Eine wichtige Anwendung mobiler Robotersysteme ist die autonome dreidimensionale geometrische Modellierung ihrer Umwelt, also von Gebäuden, Anlagen und Objekten. Ziel dieser Modellierung ist es, ein möglichst realistisches Modell der Umgebung durch einen Roboter zu erzeugen. Aus einem solchen Umweltmodell können kontextrelevante Merkmale (wie zum Beispiel Türgriffe, Wände, Tassen etc.) extrahiert werden, um sie einer Weiterverarbeitung zuzuführen. Im Allgemeinen wird die Erstellung eines realitätsnahen geometrischen 3D-Modells in mühevoller Kleinarbeit unter Zuhilfenahme von Vermessungsinstrumenten durch eine oder mehrere Arbeitskraft/-kräfte durchgeführt. Autonome Modellierungssysteme oder Flotten von autonomen Modellierungssystemen könnten hier auf Basis einer automatisierten Vorgehensweise eine große Hilfestellung sein, und selbstständig Modelle aus der Umgebung erstellen. Sie sind insbesondere hilfreich bei der Erfassung von:

- großflächigen Anlagen und weitläufigen Umgebungen (Bürogebäuden, technischen Anlagen, Grünanlagen)

- schlecht oder unzugänglichem Gelände (Planetenoberflächen, archäologische Stätten, Unterwasseranwendungen)

- sich häufig ändernden Umgebungen (Verkaufsräumen, Austellungsräumen).

Mobile Roboter können mit Hilfe eines bereits generierten Umweltmodells Navigationsaufgaben wie zum Beispiel Lokalisierung oder Aktionsplanung durchführen. Auch Teilmodelle, die während des Prozesses der Modellierung erzeugt werden, können zu Navigationszwecken dienen. Somit können auf Basis einer autonomen 3D-Umweltmodellierung auch Anwendungen erschlossen werden, in welchen nicht das zu generierende 3D-Modell, sondern die Autonomie des Systems im Vordergrund steht, wie zum Beispiel Überwachungsaufgaben oder Transportdienste. Oftmals findet die Erstellung von Modellen und die Navigation in diesen Modellen zeitgleich statt. Dies gilt vor allem, wenn sich dynamische oder semi-dynamische Objekte in einer Umgebung befinden und in ein bestehendes Modell integriert werden sollen. Neben der Erstellung von 3D-Modellen der Umgebung kann der Anwendungsbereich solcher Systeme erweitert werden auf

- Überwachungsaufgaben (z.B. Sicherheitsdienste)

- Inspektionsaufgaben (z.B. in technischen Anlagen)

- Transportdienste (z.B. Logistik in Lagerhallen)

- Serviceaufgaben (z.B. im Haushalt)

- Erkundungsfahrten (z.B. in für Menschen schwer- oder nicht zugänglicher Umgebung)

- Suchaufgaben (z.B. in Trümmerszenarien)

Unter Einbeziehung der sensorischen Möglichkeiten eines mobilen Robotersystems in Kombination mit einem aussagefähigen Modell, drängt sich die Frage auf, welche Daten und erfasste Merkmale dieses Modell enthalten sollte. Geometrische Informationen alleine reichen oft nicht aus, um situationsgerechte Handlungen planen und durchführen zu können. Um Objekte erfolgreich klassifizieren zu können, sind Farbinformationen oft sehr hilfreich. Mit Hilfe zusätzlicher Informationen ist es möglich sinnvoll Objekte auf unterschiedlichen Abstraktionsstufen beschreiben und klassifizieren zu können, und situationsgerechte Handlungen entsprechend ihrer Mission durchführen.

Eine weitere Steigerung der Effektivität in der Modellerstellung kann erreicht werden, wenn mehreren Roboter oder ganze Roboterteams zur sensorischen Erfassung der Umgebung eingesetzt werden. Hier ist eine deutliche Reduktion der Explorationsdauer wie auch eine Verbesserung der Qualität der Messung durch spezielle Sensorausrüstungen zu erwarten. Allerdings erhöht sich hier der Kommunikationsaufwand und der Aufwand zur Koordination einer gesamtheitlichen Explorationsstrategie. Diese Tatsachen machen Flottenexplorationen deutlich komplexer, und deshalb zu einem eigenen aktuellen Forschungsbereich.

1.3 Begriffsdefinitionen

Die folgenden Begriffe sind für diese Arbeit von zentraler Bedeutung. Im weiteren Verlauf der Arbeit werden die folgenden Definitionen dieser Begriffe zugrunde gelegt.

Tiefenbild: Die Umgebung wird bei Aufnahme mit einem Tiefenbildsensor abgetastet und somit in eine Punktmenge diskretisiert. Ein Tiefenbild besteht aus eine Menge P von Punkten, welche durch einen dreidimensionalen Merkmalsvektor $\vec{x}$ gemäß eines definierten Koordinatensystems bezüglich des Sensorursprungs dargestellt werden. Im Gegensatz zu allgemeinen Punktmodellen, wird ein Tiefenbild aus nur einer Sicht des Sensors generiert. Entscheidende Merkmale sind hierbei der Sichtkegel des Sensors und das Auftreten von Abschattungen.

Eine Punktwolke besteht wiederum aus einem (partielle Punktwolke) oder mehreren Tiefenbildern, wobei mehrere Tiefenbilder zu einer Gesamtpunktwolke fusioniert werden können. Liegen die Punkte mit unbekannten Nachbarschaftsbeziehungen vor, spricht man von einer ungeordneten Punktewolke. Durch die inhärenten Sensoreigenschaften oder durch Anwendung von Triangulationsverfahren (zum Beispiel Delauny-Triangulation) kann die Punktemenge geordnet, also Nachbarschaftsbeziehungen ermittelt werden. Durch die Verknüpfung benachbarter Punkte können Oberflächen, z.B. Dreiecke, generiert werden (Triangulierte Punktwolke, Trianguliertes Oberflächenmodell, Dreiecksvermaschung). Tiefenbilder aus 3D-Scannern werden als dichte Tiefenbilder bezeichnet, da sie im Gegensatz zu Tiefenbildern aus Stereokamerasystemen eine hohe homogene Punktedichte aufweisen.

Punktattribute: Unter Punktattributen werden im Folgenden Merkmale verstanden, welche zusätzlich zu den geometrischen Eigenschaften die Umgebung beschreiben. Dies können zum Beispiel materialspezifische, aber auch funktionale oder semantische Eigenschaften sein. In dieser Arbeit werden dem Modell die Punktattribute *Remission*, sowie *Farbe* und *Texturkoordinaten* hinzugefügt. Außerdem werden Nachbarschaftsbeziehungen zu benachbarten Punkten erzeugt.

Umweltmodell: Das in dieser Arbeit verwendete Umweltmodell repräsentiert die Umwelt durch eine Punktwolke. Jeder Punkt wird durch verschiedene Merkmale oder Attribute beschrieben. Im Allgemeinen wird dies in dem Merkmalsvektor $\vec{x}$ zusammengefasst, dessen Dimension variabel ist. Durch eine hierarchische Aufgliederung kann ein Modell wiederum aus weiteren Modellen mit weiteren Merkmalen bestehen. So besteht zum Beispiel das Modell einer Büroumgebung aus Stühlen, Tischen, Türen etc. (mit verschiedenen Merkmalen wie Farbe und Position), welche wiederum aus Punkten zusammengesetzt sein können. Ändern sich die Werte von Merkmalen eines Modells über die Zeit (zum Beispiel Änderung der Befahrbarkeit bei Umgebungen, Änderung des Füllstandes bei Objekten), liegt ein dynamisches Modell vor. Bleiben einmal ermittelte Merkmale konstant, spricht man von einem statischen Modell.

Im Kontext der weitläufigen Modellierung von ganzen Umgebungen im Innen- und Außenbereich hat sich der Begriff „Karte" beziehungsweise „3D-Karte" für das Modell durchgesetzt. Der Prozess der Modellierung wird hier als „Kartierung", oder seltener auch als „Kartographierung" bezeichnet. Bei einer Modellerstellung in Echtzeit, ohne Aufnahme- und Berechnungspausen, spricht man von „schritthaltender Modellierung" oder „schritthaltender Kartierung". Ein wichtiger Aspekt hierbei ist die Berechnung der jeweiligen Sensorkoordinatenssyteme zum Zeitpunkt der Aufnahme.

Das Modell, das in dieser Arbeit vorgeschlagen wird, enthält folgende Merkmale:

- Geometrische Informationen in Form von Punkten in kartesischen Koordinaten gemessen durch einen 3D-Scanner
- Nachbarschaftsbeziehungen zwischen den Punkten
- die gemessenen Remissionswerte der einzelnen Punkte (als Maß der Reflektivität eines Objektes)
- ein RGB-Farbwert zu jedem Punkt, der sich im Sichtkegel des bildgebenden Sensors befindet
- eine Farbtextur projiziert auf die Oberflächen der triangulierten Dreiecke

Registrierung: Unter dem Begriff Registrierung wird im Folgenden eine 3D-Registrierung verstanden. In der Bildverarbeitung wird der Begriff Registrierung bei der Zuordnung von 2D-Bildpunkten verwendet. Die 3D-Registrierung verwendet dementsprechend die Zuordnung von 3D-Punkten. Sie ist nach [Gockel 06] folgendermaßen definiert:

Bei der optischen 3D-Datenerfassung liegen Datensätze, welche zu unterschiedlichen Zeiten oder aus unterschiedlichen Perspektiven aufgenommen wurden, in unterschiedlichen Koordinatensystemen vor. Der Vorgang der 3D-Registrierung beschreibt den Prozess der Zusammenführung der Daten in ein einheitliches Koordinatensystem.

Hierbei ist zu beachten, dass die Transformation die Tiefenbilder in optimale Überlappung bringt, so dass der resultierende Fehler minimiert wird.

Als globales Koordinatensystem oder Weltkoordinatensystem wird hierbei dasjenige Koordinatensystem bezeichnet, welches durch die Plattformlage der ersten Aufnahme des Explorationszyklus definiert wird.

Autonome Navigation: Die autonome Navigation eines Roboters erfordert die selbstständige Ermittlung aller Parameter, die zur zielgerichteten und kollisionsfreien Bewegung erforderlich sind. Hierzu gehört

- die Ermittlung der eigenen Lage (Selbstlokalisation)
- das Wissen über Positionen von Objekten und Hindernissen
- die Ermittlung der Befahrbarkeit der Umgebung

- die Berechnung eines (eventuell dynamischen) Zielpunktes (Messpunktplanung)
- die Berechnung einer kollisionsfreien Trajektorie zum Zielpunkt (Bahnplanung)
- das Ausweichen bei beweglichen Hindernissen in dynamischen Umgebungen (Kollisionsvermeidung).

Als Lage wird hierbei die Kombination aus Position und Orientierung des Roboters bezeichnet. Nach DIN EN ISO 8373 (Industrieroboter Wörterbuch) wird dies auch als Pose bezeichnet.

Können die oben genannten Punkte von einem Robotersystem anhand seiner sensorischen Beobachtungen und Algorithmen selbstständig bearbeitet werden, navigiert es autonom. Werden nur einige Punkte vom System bearbeitet (z.B. Selbstlokalisation und Kollisionsvermeidung), und werden andere Punkte vorgegeben (zum Beispiel der nächste Zielpunkt), navigiert es semi-autonom.

Unter „Autonomer 3D-Umweltmodellierung von Innenräumen auf Basis von dichten Tiefenbildern" wird also im Folgenden ein System verstanden, welches autonom in Innenräumen navigiert und hierbei ein 3D-Modell der Umgebung auf der Grundlage von dichten Tiefenbildern erstellt.

1.4 Ziele und Beitrag der Arbeit

Eine bekannte Schwierigkeit bei der autonomen geometrischen Modellierung ist die Tatsache, dass durch fehlerbehaftete Positions- und Orientierungsinformationen ein ungenaues Umweltmodell erstellt wird, und die Lokalisierung des Roboters anhand des ungenauen Modells wiederum fehlerbehaftet ist. Dies wird als SLAM-Problem (Simultaneous Localization and Mapping Problem) bezeichnet, da es das Problem der gleichzeitigen Lokalisierung und Kartenerstellung adressiert.

Das SLAM-Problem ist ein *Henne und Ei* ähnliches Problem, da die ungenaue Information der Lage die Unsicherheit der Karte nach sich zieht und diese wiederum die Lageschätzung beeinflusst. Es ist nicht bestimmbar, welcher Fehler als erstes auftritt und welcher daraus folgt [Riisgaard 05] (siehe Abbildung 1.3). Positiv ausgedrückt heißt dies: Ist ein korrektes Modell vorhanden, lässt sich daraus die Roboterposition und -orientierung bestimmen. Dies ist aber meist nicht der Fall, da das Modell im Laufe des Verfahrens erstellt werden soll. Wäre die genaue Lage des Roboters durch die Lagesensoren immer bekannt, und wären die Entfernungssensoren nicht fehlerbehaftet, könnte das Modell exakt erstellt werden. Selbst unter Zuhilfenahme von absoluten Positionsmessmethoden, wie zum Beispiel GPS, kann die Lage eines Roboters jedoch aufgrund von systematischen und zufälligen Fehler nur mit einer begrenzten Sicherheit angegeben werden. Zudem bleiben auch bei exaktem Wissen über die Roboterlage Unsicherheiten im Entfernungssensor. Fehlerbehaftete Sensoren bilden also die Grundpfeiler des Problems der gleichzeitigen Modellerstellung und Lokalisierung. Dieses

Problem soll durch die Erweiterung des Modells auf drei Dimensionen, und die Integration von Farb- und Remissionswerten in das Modell entschärft werden. Eine weitere Schwierigkeit besteht in der konsistenten Verschmelzung unterschiedlicher Tiefenbilder miteinander, und der Integration der Remissions- und Farbinformationen in das resultierende Gesamtmodell.

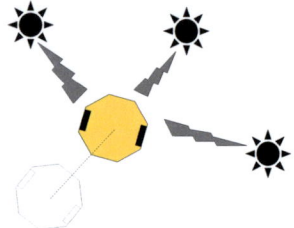

(a) Der Roboter misst die Entfernung (Blitze) zu den Landmarken (Sterne)

(b) Nach einer Bewegung des Roboters (gestrichelte Linie) wird die Entfernung zu den Landmarken wieder gemessen

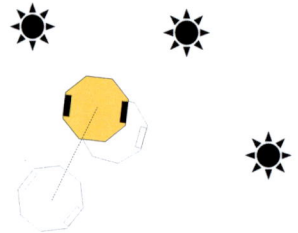

(c) Entfernungsmessungen sind genauer als Odometrieangaben. Durch die Messung der Entfernung kann der Roboter eine neue Lage bestimmten und die alte Schätzung verwerfen.

(d) Da aber auch die Entfernungsmessung nicht exakt ist, befindet sich der Roboter in Wirklichkeit an einer geringfügig anderen Lage. Die Schätzung aufgrund der Entfernungsmessung ist zwar nicht exakt, aber genauer als die Schätzung aus den Odometriesensoren.

Abbildung 1.3: Das SLAM Problem

Weiter werden Anforderungen bezüglich eines geringen Speicherumfangs des Gesamtmodells, einer schnellen Integration der neuen Daten sowie echtzeitfähiger Arbeit auf Teilmodellen gestellt. Schließlich soll noch eine geeignete Messstrategie entwickelt werden, welche alle relevanten Punkte der Umgebung einbezieht, und durch ein mobiles Robotersystem ausgeführt werden kann.

Es wird angenommen, der Einsatzort des mobilen Robotersystems genüge folgenden Restriktionen:

- Er ist mit einem radgetriebenen Roboterfahrzeug befahrbar (z.B. kein Trümmerszenario), ist also stückweise eben. Neigungen in beliebigen Richtungen sind innerhalb bestimmter Grenzen erlaubt.

- Keine beweglichen Objekte behindern die Planung und Ausführung von Trajektorien.

Es muss allerdings bisher noch kein 2D- oder 3D-Modell der Umgebung existieren. Bei Existenz eines 2D-Modells wird allerdings die Erstellung eines 3D-Modells erheblich vereinfacht, da die Roboterlage während der Modellierung durch Abgleich mit dem 2D-Modell ermittelt werden kann [Steinhaus 04]. Die Einsatzumgebung muss außerdem nicht robotergerecht präpariert sein. Es müssen also keine künstlichen Landmarken angebracht werden (z.B. Reflektorstreifen), oder künstliche Fahr- und Orientierungshilfen (z.B. Fahrspur, Lokalisierungssysteme) vorhanden sein.

Die Aufgabe der zu entwickelnden Plattform liegt in der autonomen Erstellung eines 3D-Modells von Gebäudestrukturen in welchem Farb- und Remissionswerte integriert sind. Es werden hierbei folgende Aspekte nicht weiter berücksichtigt:

- Exploration durch mehrere kooperierende mobile Robotersysteme oder Roboterteams

- Modellierung hochdynamischer menschenzentrierter Umgebungen, wie z.B. Museen oder Supermärkte

- Klassifikation von Objekten, die nicht für die Navigation oder für das Erreichen des Missionsziels benötigt werden.

Die vorliegende Arbeit leistet einen Beitrag auf den Gebieten der 3D-Datenaufnahme, der Kalibrierung von bildgebenden Sensoren, sowie der Fusion von Geometriedaten und Punktattributen. Des Weiteren leistet sie einen Beitrag zur dreidimensionalen Registrierung in allen sechs Freiheitsgraden durch die Verwendung zusätzlicher Punktattribute. Außerdem wird ein Planungsverfahren vorgeschlagen, welches das erworbene dreidimensionale Wissen über die Umgebung zu Planungszwecken effizient nutzt. Weiterhin wird ein Beitrag zur Fusion von mehreren Punktwolken mit zusätzlichen Punktattributen, sowie deren Visualisierung geleistet.

Die Hauptthesen dieser Arbeit stellen sich somit wie folgt dar:

- Die Fusion von Geometriedaten und Punktattributen erhöht die Aussagekraft eines geometrischen Modells. Durch geeignete Visualisierung können insbesondere menschliche Nutzer des Modells davon profitieren.

- Die Genauigkeit der Registrierung von Tiefenbildern wird durch die Verwendung großer Aufnahmekegel und zusätzlicher Punktattribute erhöht. Dies gilt insbesondere bei geometrisch ambiguen Umgebungen. Das Ergebnis der Registrierung wird durch die Verwendung zusätzlicher Punktattribute niemals verschlechtert.

- Die autonome Navigation eines mobilen Roboters ist durch die dreidimensionale Beschreibung des Arbeitsraumes stabil möglich, da Mehrdeutigkeiten seltener auftreten. Anhand des dreidimensionalen Modells können Trajektorien effizient geplant und kollisionsfrei befahren werden.

1.5 Aufbau und Struktur der Arbeit

Die vorliegende Arbeit ist in 9 Kapitel aufgeteilt und wie folgt gegliedert:

Kapitel 2 diskutiert den aktuellen Stand der Forschung auf den für diese Arbeit relevanten Gebieten. Es enthält einen Überblick über internationale Arbeiten im Bereich der autonomen und teilautonomen Modellierung von Umgebungen und Objekten.

Kapitel 3 beschreibt das zugrundeliegende Konzept der räumlichen Modellierung mit integrierten Merkmalen. Der verwendete Ansatz und die Prozesskette der Modellierung werden vorgestellt.

Kapitel 4 erläutert das Verfahren zur Datenaufnahme. Insbesondere werden hier der entwickelte 3D-Sensor, sowie die Methoden zur Punktwolkenbearbeitung vorgestellt. Weiterhin wird die Integration von Farbinformationen und Farbtexturen in das aufgenommene Tiefenbild behandelt. Ein Schwerpunkt bildet hierbei die Kalibrierung des bildgebenden Sensors zu dem 3D-Sensor. Des Weiteren wird gezeigt, wie Okklusionen, welche durch unterschiedliche Sensorursprünge entstehen, behandelt werden.

Kapitel 5 zeigt das Verfahren nachdem die Tiefenbilder zueinander registriert werden. Neben der klassischen Form des ICP-Algorithmus werden drei Erweiterungen vorgeschlagen, welche das Verfahren robuster und effizienter machen. Außerdem wird das verwendete Verfahren zur Minimierung des globalen Lagefehlers beschrieben.

Kapitel 6 erläutert die Methoden zur autonomen Arbeitsweise. Das entwickelte attributierte 2D-Gitter wird eingeführt. Es wird gezeigt, wie auf dem Gitter die nächste Aufnahmeposition unter unterschiedlichen Randbedingungen ermittelt werden kann. Des Weiteren wird die entwickelte Explorationsstrategie vorgestellt.

Kapitel 7 beschreibt, wie aus den gekoppelten Tiefenbildern ein Gesamtmodell entsteht. Für die Fusion der Tiefenbilder wurde eine Variation des Marching Intersections Algorithmus verwendet. Die Erstellung eines Gesamtmodells ist entscheidend für die quantitative Betrachtung der Expermiente.

Kapitel 8 zeigt experimentelle Ergebnisse der Teilsysteme und des Gesamtsystems. Es werden Experimente in verschiedenen Szenarien durchgeführt, und die resultierenden Ergebnisse präsentiert. Die Experimente werden sowohl in der Laborumgebung, als auch in realistischen Anwendungsszenarien durchgeführt. Durch die Verfügbarkeit einer 2D-Karte der Laborumgebung können auch quantitative Aussagen über die Genauigkeit des erstellten Modells gemacht werden.

Kapitel 9 fasst die Ausfühungen nochmals zusammen. Mögliche Erweiterungen und Verbesserungen, beziehungsweise sinnvolle Weiterentwicklungen, werden hier abschliessend diskutiert.

Kapitel 2

Stand der Forschung

In diesem Kapitel wird in der Stand der Forschung im Bereich der 3D-Modellierung von Umgebungen vorgestellt. Nach einem Überblick über die Verfahren zur Gewinnung von Tiefeninformationen und den zugehörigen Sensoren, werden neuere Algorithmen und Verfahren zur Datenverarbeitung besprochen. Anschließend werden aktuelle Arbeiten und Systeme präsentiert. Hierbei wird zwischen fremdgeführter und autonomer Bewegung unterschieden. Eine fremdgeführte Exploration ist deutlich weniger komplex, da keine Planung notwendig ist und die Integration der Daten nicht in Echtzeit erfolgen muss.

2.1 Datenaufnahme

Zur berührungslosen Ermittlung von Tiefeninformationen haben sich, neben passiven und somit lichtabhängigen Verfahren, auch aktive Verfahren bewährt. Hierbei wird ein Laserstrahl genutzt, um Entfernungen zuverlässig zu bestimmen. Hierzu lassen sich drei grundlegende Messverfahren unterscheiden, nach deren physikalischen Messprinizpien Laufzeit, Phasenverschiebung und Triangulation.

2.1.1 Tiefenbestimmung aus Laufzeit

Um die Entfernung eines Messpunktes zu bestimmen, wird ein Laserstrahl ausgesendet. Die Reflektion des Strahls an einem Objekt wird von einem Sensor erfasst. Die Laufzeit t ist das Zeitintervall vom Zeitpunkt des Aussendens des Laserstrahls bis zum Erfassen der Reflektion (siehe [Jähne 02]). Da der Strahl zweimal den Weg vom Emitter zum Objekt zurücklegt, ergibt sich für die Tiefe z mit der Ausbreitungsgeschwindigkeit des Strahls c

$$z = \frac{ct}{2}.$$

Ein großer Vorteil der Laufzeitmessung ist, dass der statistische Messfehler unabhängig von der Distanz des zu messenden Objektes ist. Dieser wird hauptsächlich von der Genauigkeit

der Zeitmessung bestimmt. Dieses Verfahren erlaubt eine schnelle Erfassung der Tiefe
(Verzögerungszeit circa 6,7 ns pro Meter) und eignet sich aus diesem Grund besonders zum
Einsatz in der Sicherheitstechnik, in der Formerkennung und auf mobilen Roboterplatformen.

Abbildung 2.1a zeigt einen kommerziell verfügbaren, nach dem Laufzeitverfahren arbeitenden Zeilenscanner. Er wird hauptsächlich als Sicherheitssensor in der Automatisierungs-
technik verwendet. Er besitzt einen Scankegel von 270° und eine Genauigkeit von 30 mm
– 150 mm bei einer Reichweite von 8 m. Abbildung 2.1b zeigt einen 3D-Scanner EBK von
Dornier, welcher nach dem Laufzeitverfahren arbeitet. Er besitzt eine hohe Reichweite von
100 m bei einer Entfernungsauflösung von 12 cm-Schritten [Steinhaus 03].

(a) S200 der Firma Sick   (b) Dornier EBK

Abbildung 2.1: 2D-(a) und 3D-Scanner (b) mit Laufzeitmessung

2.1.2   Tiefenbestimmung aus Phasenverschiebung

Die Tiefenbestimmung aus der Phasenverschiebung (auch Interferometrie genannt) gilt als
Spezialfall der Laufzeitmessung. Entfernungen werden in Vielfachen der Wellenlänge des
ausgesendeten Strahls gemessen. Aus der Phasenverschiebung des Detektorsignals mit der
Phase des emittierten Signals wird die Tiefe ermittelt. Im Gegensatz zum Laufzeitverfahren
wird bei diesem Verfahren kein Laserimpuls, sondern ein kontinuierliches Licht ausgesendet,
wobei das Signal mit der Frequenz f moduliert wird. Das emittierte Licht wird von der
Zielfläche diffus reflektiert und vom Sensor erfasst. Dieses Detektorsignal hat die gleiche
Frequenz f wie das Referenzsignal, erfährt allerdings eine Phasenverschiebung

$$\Delta\Phi = \frac{4\pi f z}{c}$$

relativ zum Referenzsignal bei der Lichtgeschwindigkeit c. Da diese Verschiebung nur im
Bereich von 2π bestimmt werden kann, ist der Eindeutigkeitsbereich der Distanzmessung
eine halbe Wellenlänge (siehe [Jiang 97]). Für die Tiefe in diesem Bereich ergibt sich also:

$$z = \frac{c\Delta\Phi}{4\pi f}.$$

Die daraus folgende Messgenauigkeit liegt im Nanometerbereich, jedoch ist eine spezielle Technik, die Mehrwellenlängen-Interferometrie nötig, um den geringen Tiefenmessbereich von einer halben Wellenlänge überwinden zu können [Jähne 02].

Abbildung 2.2: Der Imager5003 der Firma Zoller+Fröhlich GmbH

Abbildung 2.2 zeigt den nach dem Phasenshiftverfahren arbeitenden 3D-Laserscanner Imager 5003 der Firma Zoller+Fröhlich. Er zeichnet sich dadurch aus, dass er komplette Panoramatiefenbilder mit weniger als 3 Minuten pro Scanvorgang erzeugt. Mit Hilfe eines Ablenkspiegels für die vertikale Ablenkung des Laserstrahls, und einer Drehung des gesamten Scanners, wird ein Aufnahmebereich von 360° horizontal und 310° vertikal erreicht. Die generierte Datenmenge beträgt 720 Millionen Bildpunkte je Scanvorgang. Er wird insbesondere in den Bereichen Architektur, Anlagenplanung, Denkmalschutz, Unfallforschung und Tatortaufnahme eingesetzt.

Mit dem SwissRanger (Abbildung 2.3a,[Weingarten 04]) und der PMD-Kamera (2.3b,[Luan 01]) wurde das Konzept der Tiefenbestimmung aus Phasenverschiebung erweitert. Das von den LEDs ausgesendete modulierte Infrarotlicht wird von Objekten der Szene reflektiert, und von einem zweidimensionalen CMOS-Sensor mit circa 20000 Pixeln detektiert. Aus der Phasenverschiebung des gesendeten Signals zu dem empfangenen Signal kann die Entfernung des Objektes ermittelt werden. Bei einer Modulationsfrequenz von 20MHz entspricht dies einem eindeutigen Entfernungsbereich von 7,5m. Diese Kameras liefern Daten mit hoher Messfrequenz (bis zu 30 Bilder pro Sekunde), verfügen aber über eine deutlich geringere Genauigkeit gegenüber einer klassischen Messung durch Phasenverschiebung. Der Öffnungswinkel des Sichtkegels liegt bei circa 45°.

2.1.3   Tiefe durch Triangulation

Tiefeninformationen können auch mit Hilfe von Triangulationsverfahren erstellt werden. Ein Laserstrahl wird in die Szene projiziert und von einem positionsempfindlichen Sensor erfasst [Jiang 97]. Daraufhin wird die Lage des Lichtpunkts in der Bildebene gemessen. Abbildung 2.4 zeigt das Prinzip der Triangulation mit f als Brennweite.

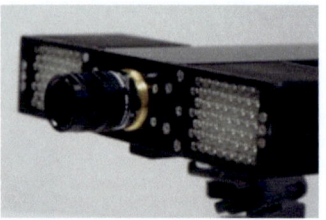

(a) SwissRanger SR3000
der Firma CSEM

(b) PMDVision-Kamera der Firma
PMDTechnologies GmbH

Abbildung 2.3: Tiefbildsensoren mit Phasenshiftmessung

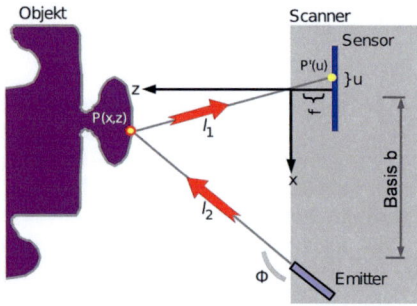

Abbildung 2.4: Das Prinzip des Triangulationsverfahrens

Gegeben sei ein lokales Koordinatensystem, dessen Ursprung im optischen Zentrum des Sensors liegt. Der vom Laserstrahl erfasste Punkt $P(x, z)$ auf der Oberfläche des zu scannenden Objektes wird auf einen Punkt $P'(u)$ auf dem Sensor abgebildet mit u als Bildkoordinate. P' liegt hierbei in der Bildebene. Aus Abbildung 2.4 ergibt sich für z anhand der beiden Geraden l_1 und l_2

$$l_1 : \quad z \;=\; -\frac{f}{u}x$$

$$l_2 : \quad z \;=\; (x - b)\tan\Phi.$$

Nach Auflösen der Formeln ergibt sich für die x und z Koordinaten eines Punktes P, der nach P' in die Bildebene abgebildet wird

$$x \;=\; \frac{b\tan\Phi}{u\tan\Phi + f}u$$

$$z \;=\; \frac{-b\tan\Phi}{u\tan\Phi + f}f.$$

Die Bestimmung der y Koordinate erfolgt nach dem gleichen Verfahren wie die Ermittlung der x Koordinate. Abbildung 2.5 zeigt den 3D-Scanner Vi9i der Firma Konica-Minolta, welcher nach dem Triangulationsverfahren arbeitet. Er benötigt für einen kompletten Scan 2, 5

Sekunden, wobei seine Messungen Abweichungen von maximal $\pm 50\,\mu m$ aufweisen. Aufgrund seiner Präzision wird er häufig für Qualitätsprüfungen und Forminspektionen eingesetzt.

Abbildung 2.5: Der 3D-Scanner Vi9i der Firma Konica-Minolta.

2.1.4 3D-Aufnahme mit einem Zeilenscanner

Da 3D-Scanner sich oft auf preislich sehr hohem Niveau bewegen, wurden, meist zu Forschungszwecken, unterschiedliche Anordnungen von Zeilenscannern entwickelt und untersucht. Hierbei wird der Zeilenscanner derart bewegt, dass er eine weitere Dimension des Raumes erfassen kann. Weitere Vorteile solcher Systeme sind ihr großer Sichtkegel und ihre variable Auflösung der Aufnahmen. Wichtig hierbei ist, dass die Bewegung des Scanners bekannt ist, oder zumindest gemessen werden kann.

Ein weit verbreiterter Ansatz ist die Erstellung eines 3D-Modells anhand von Zeilenscannern, welche durch die Bewegung eines Trägerfahrzeuges die dritte Dimension erfassen. Die Bewegung wird hierbei meist durch einen weiteren, senkrecht zum ersten angebrachten Zeilenscanner ermittelt. Zwei Beispiele hierzu sind in Abbildung 2.6a aus [Früh 05] und 2.6b aus [Haehnel 02] zu sehen.

Ein Problem bei dieser zeilenbasierten Lageverfolgung ist jedoch, dass die Lage des Zeilenscanners nicht immer korrekt erfasst werden kann, sobald Bodenneigungen auftreten. Durch eine Rampe oder eine Mulde im Gelände wird die Umgebung fehlerhaft erfasst. Zudem kann ein einzelner 2D-Scanner, der nach oben ausgerichtet ist, nicht genügend Informationen bieten, um ein zuverlässiges Modell der Umwelt zur autonomen Bewegung zu erhalten. So kann er zum Beispiel keine hervorstehenden Teile erkennen. Somit haben diese Systeme zwar den Vorteil der Echtzeitfähigkeit durch die schnelle Datenaufnahme, aber immer noch Probleme kollisionsfrei durch die aufgenommene Umgebung autonom zu navigieren. Andere Ansätze nutzen eine unabhängig vom Trägerfahrzeug durchgeführte Bewegung des Zeilenscanners. Der Scanner wird hierbei durch einen Elektromotor rotatorisch oder translatorisch bewegt.

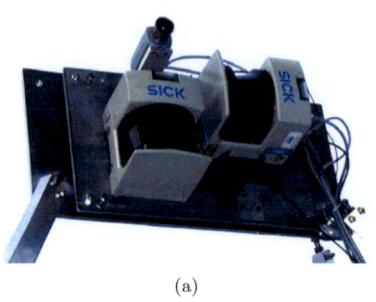

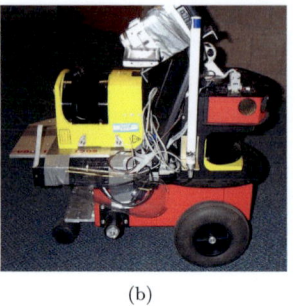

(a) (b)

Abbildung 2.6: 3D-Datenaufnahme mit Zeilenscanner bei fahrzeugabhängiger Bewegung

Um Fehlzuordnungen zu vermeiden, bewegt sich das Trägersystem im Allgemeinen während der Datenaufnahme nicht. Durch den bildbasierten Ansatz kann die Lage der Plattform zum Aufnahmezeitpunkt in sechs Freiheitsgraden rekonstruiert werden. Abbildung 2.7 zeigt exemplarisch zwei Vertreter dieses Ansatzes aus [Surmann 01] und [Brenneke 03].

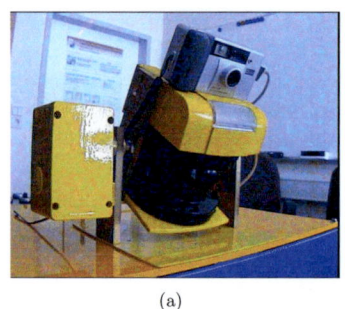

(a) (b)

Abbildung 2.7: 3D-Datenaufnahme mit Zeilenscanner bei fahrzeugunabhängiger Bewegung

In [Ryde 07] wird ein Ansatz zur 3D-Datenaufnahme durch einen Zeilenscanner vorgestellt, bei dem nicht der Scanner selbst, sondern ein vor ihm angebrachter Spiegel rotiert wird. Die Rotation wird von einem Schrittmotor durchgeführt, welcher die Position des Spiegels exakt regeln muss. Schon kleine Abweichungen von der angenommenen Winkelstellung führen zu großen Fehlern bei der Datenaufnahme. Vorteilhaft ist allerdings, dass keine Daten- beziehungsweise Spannungsübertragung auf das rotierende System notwendig ist. Abbildung 2.8 zeigt den Sensor schematisch (a) und in seiner technischen Realisierung (b).

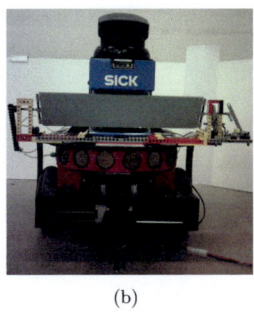

(a) (b)

Abbildung 2.8: 3D-Datenaufnamhe mit Zeilenscanner mit Hilfe eines rotierenden Spiegels

2.2 Registrierung mittels ICP

Der *Iterative Closest Point (ICP)* Algorithmus wurde erstmals 1992 von Paul J. Besl und Neil D. McKay in [Besl 92] vorgestellt und entwickelte sich daraufhin als Standard zur Bestimmung von Transformationen zwischen sich überlappenden Punktwolken. Der Algorithmus wurde zunächst entworfen, um Tiefenbilder mit Oberflächen von CAD-Modellen zu registrieren. Die Modelloberfläche approximierten die beiden Autoren durch eine Punktwolke $M = \{x_1, ..., x_{N_M}\}$. Das aufgenommene Tiefenbild wurde durch die Punktwolke $D = \{p1, .., p_{N_D}\}$ repräsentiert. Sie nahmen dabei an, dass D jeweils eine Teilmenge von M sei. Für jedes Tiefenbild setzten sie die Punktwolken D und M in den Algorithmus ein, und registrierten somit die Punktwolken.

Beim ICP-Algorithmus wird von einer initialen Lageschätzung der beiden Punktwolken zueinander ausgegangen, und zu jedem Punkt p_i mit $i = (1, ..., N_D)$ aus D der korrespondierende Punkt

$$x_i = \arg \min ||p_i - x|| \qquad \text{mit} \quad x \in M \tag{2.1}$$

im Modell M berechnet. Daraufhin werden eine Translation t und eine Rotation R der Punktwolken bestimmt, welche den quadratischen Fehler

$$e(q, t) = \frac{1}{N_D} \sum_{i=1}^{N_D} ||X_i - R(q)p_i - t||^2 \tag{2.2}$$

minimieren, und dadurch die korrespondierenden Punkte soweit wie möglich überlagern. Die Rotationsmatrix $R(q)$ entspricht hierbei der zum Quaternion q korrespondierenden Rotationsmatrix. Für die Bestimmung der Transformation hat sich ein Verfahren basierend auf Quaternionen bewährt [Horn 87].

Ausgehend von der Menge der korrespondiernden Punktepaare (p_i, x_i) werden in einem ersten Schritt die Schwerpunkte

$$\mu_D = \frac{1}{N_D} \sum_{i=1_D^N} p_i \tag{2.3}$$

und

$$\mu_M = \frac{1}{N_M} \sum_{i=1_M^N} x_i \tag{2.4}$$

sowie die Kovarianzmatrix

$$\sum_{DM} = \frac{1}{N_D} \sum_{i=1}^{N_D} \left[(p_i - \mu_D) \cdot (x_i - \mu_M)^T \right] = \frac{1}{N_D} \sum_{i=1}^{N_D} (p_i x_i^T) - \mu_D \mu_M^t \tag{2.5}$$

berechnet. Die Kovarianzmatrix wird anschließend dazu verwendet, das gesuchte Quaternion q zu berechnen, indem die Matrix

$$A = \sum_{DM} - \sum_{DM}^T = \begin{pmatrix} 0 & A_{12} & A_{13} \\ A_{21} & 0 & A_{23} \\ A_{31} & A_{32} & 0 \end{pmatrix} \tag{2.6}$$

und daraus der Spaltenvektor

$$\Delta = (A_{23} \quad A_{31} \quad A_{12})^T \tag{2.7}$$

berechnet werden. Der Spaltenvektor Δ und die Kovarianzmatrix $\sum_{DM}$ werden im Anschluss daran in die symmetrische 4x4-Matrix

$$Q = \begin{pmatrix} Spur(\sum_{DM}) & \Delta^T \\ \Delta & \sum_{DM} + \sum_{DM}^T - Spur(\sum_{DM})I \end{pmatrix} \tag{2.8}$$

eingesetzt. Hierbei ist I die 3×3-Einheitsmatrix. Der Eigenvektor des größten Eigenwertes von Q entspricht dem gesuchten Quaternion q.

Der gesuchte Translationsvektor t ergibt sich demnach aus den beiden Schwerpunkten μ_D und μ_M sowie dem ermittelten Quaternion q zu

$$t = \mu_M - R(q)\mu_D. \tag{2.9}$$

Nach der Transformation der Punkte aus D mit der ermittelten Koordinatentransformation werden wieder korrespondierende Punkte gesucht, und das Minimierungsverfahren angewandt.

Bei jeder Iteration sinkt der quadratische Fehler monoton und der Algorithmus konvergiert in ein Minimum. Der Algorithmus terminiert, wenn die Änderung der Fehlerfunktion zwischen zwei Iterationen kleiner als ein Schwellwert e_{Min} ist. Algorithmus 2.1 fasst den beschriebenen Algorithmus nochmals zusammen.

In [Rusinkiewicz 01] werden verschiedene ICP-Varianten verglichen, und anhand der folgenden sechs Stufen klassifiziert:

Eingabe: Punktwolke D, Punktwolke M, Schwellwert der Fehleränderung Δe_{Min}
Ausgabe: Rotation R, Translation t
1: $XD \leftarrow \emptyset$
2: $\Delta e = \Delta e_{Min} + 1.0$
3: **while** $\Delta e > \Delta e_{Min}$ **do**
4:    **for** $i = 1$ to N_D **do**
5:       $XD \leftarrow$ FindeKorrespondierendePunkte(D, M)
6:    **end for**
7:    $\mu_D \leftarrow$ BerechneSchwerpunkt(D)
8:    $\mu_M \leftarrow$ BerechneSchwerpunkt(M)
9:    $\sum_{DM} \leftarrow$ BerechneKovarianzmatrix(XD, μ_D, μ_M)
10:   $q \leftarrow$ BerechneQuaternion$(\sum_{DM})$
11:   $R \leftarrow$ WandleQuaternion(q)
12:   $t = \mu_M - R \cdot \mu_D$
13:   **for** $i = 1$ to N_D **do**
14:      $p_i = R \cdot p_i + t$ /*Transformiere Punkte*/
15:   **end for**
16:   $\Delta e =$ BerechneFehler(XD, R, t)
17: **end while**
18: return (R, t)

Algorithmus 2.1: ICP-Algorithmus nach [Besl 92]

- Selektion der Menge der zu registrierenden Punkte aus den beiden Punktwolken

- Paarung der Punkte

- Gewichtung der gefundenen Punktepaare

- Verwerfung von fehlerhaften Punktepaaren

- Fehlerfunktion

- Minimierung der Fehlerfunktion

Bei der Selektion von Punkten können folgende Strategien angewandt werden, um Punkte auszuwählen, beziehungsweise um die Anzahl der Punkte zu reduzieren:

- Alle Punkte

- Jeder n-te Punkt

- n zufällig ausgewählte Punkte

- Punkte mit bestimmten Eigenschaften (hoher Gradient, Farbwert, etc.)

- Selektion in nur einer Punktwolke oder beiden Punktwolken

Die Paarung der Punkte aus den beiden Punktwolken kann anhand der folgenden Strategien durchgeführt werden:

- Der am nächsten gelegene Punkt in der anderen Punktwolke

- Kreuzung der Normalengeraden

- Projektion der Punkte aus der Punktwolke D in die Punktwolke M und Verwendung eines Kamera-Kalibrierverfahrens

- Projektion der Punkte von D nach M mit einer anschließenden Suche in der Punktwolke M

- Anwendung der obigen Strategien nur auf Punkte, die bestimmte Kriterien erfüllen.

Bei den obigen Paarungsstrategien wird die Beschleunigung mittels *kd-Bäumen* oder *closest point caching* empfohlen. Das Gewicht wird den gefundenen Paaren mittels einer der folgenden Strategien zugeordnet:

- Konstantes Gewicht

- Niedrigeres Gewicht für Paare mit größerer Abweichung

- Gewicht basierend auf der Ähnlichkeit bestimmter Merkmale (Normale, Farbe, etc.)

- Gewicht in Abhängigkeit der Störungen und Unsicherheiten bei der Datenaufzeichnung

Bei der Verwerfung von Punktepaaren werden folgende Kriterien angewandt:

- Die Distanz der beiden Punkte ist größer als die maximal erlaubte Distanz

- Das Punktepaar gehört zu den schlechtesten $n\%$ der gefundenen Paare

- Die Distanz der beiden Punkte ist größer als ein Vielfaches der Standardabweichung der Distanzen

- Das Punktepaar ist nicht konsistent mit den Nachbarpaaren

- Das Punktepaar liegt an den Grenzen der Punktwolken.

Für die Fehlerfunktion wird die Summe der quadratischen Fehlerdistanzen verwendet. Die Distanz zwischen den einzelnen Paaren ergibt sich durch:

- Die euklidische Distanz zwischen den korrespondierenden Punkten

- Die euklidische Distanz und der Distanz im Farbraum

- Die Distanz zwischen dem Punkt aus der Punktwolke D und einer Ebene, die durch die beiden korrespondierenden Punkte bestimmt wird.

Die verschiedenen Variationen des ICP-Algorithmus werden in vielfältiger Weise zur Registrierung von Punktwolken eingesetzt.

2.3 Messpunktplanung

Das Problem der Ermittlung der optimalen Position, von der die nächste Messung durchgeführt wird, ist als *Next-Best-View*-Problem bekannt. In [Connolly 85] wurde das Problem erstmals für kleine Gegenstände behandelt. Hier wurde die Aufnahmeposition anhand einer virtuellen Sphäre um den Gegenstand ermittelt. Später wurden diese Ansätze auf ganze Räume und Umgebungen erweitert. In diesem Kontext wird oft auf das sogenannte *Art-Gallery*-Problem verwiesen. Hierbei wird die Fragestellung bearbeitet, wo in einer Kunstausstellung Wachpersonal positioniert werden muss, damit alle Räume vollständig überwacht werden, bei gleichzeitiger Minimierung des Wachpersonals (siehe auch [O'Rourke 87]).

Ein wichtiges Unterscheidungsmerkmal der Planungsalgorithmen ist die Anzahl der Freiheitsgrade, welche der Positionierung des Aufnahmegeräts zugeordnet werden können. Neben einfachen Szenarien mit 3 Freiheitsgraden können auch höherdimensionale Suchräume auftreten, zum Beispiel wenn der Sensor geneigt oder gekippt werden kann.

Die wichtigsten Methoden lassen sich in zwei Kategorien einteilen [Tarabanis 95]:

- *Generate and test*-Methoden erstellen im zugänglichen Bereich nach einer Diskretisierung des Suchraums eine Anzahl von Kandidaten von Aufnahmepositionen, die in einem Testzyklus hinsichtlich ihrer Eignung nach einem Optimalitätskriterium bewertet werden

- Synthesemethoden, bei denen der Suchraum durch eine Reihe von Einschränkungen analytisch verkleinert wird.

Bei der randbasierten Erforschung (*Frontier-Based-Exploration*) wird der neue Messpunkt an die Grenze zwischen dem schon bekannten Bereich und dem noch unbekannten Bereich gelegt. Hierdurch wird der unbekannte Bereich exploriert, und eine neue Grenze zu den unbekannten Regionen ermittelt. Das Verfahren terminiert, falls keine erreichbaren Grenzbereiche mehr existieren.

Aufgrund ihrer Einfachheit und Robustheit haben sich auch sogenannte Belegtheitsgitter (*Occupancy Grid*, [Stachniss 06]) bewährt. Hierbei wird eine Diskretisierung des Raumes durch ein Gitter vorgenommen. In die einzelnen Zellen des Gitters werden die Belegtheitseigenschaften des zugeordneten Raumbereichs gespeichert. Im einfachsten Fall wird ein zweidimensionales Gitter gewählt. Bei einem dreidimensionalen Gitter können Speicher und Rechenaufwand durch die Verwendung von Achterbäumen (*Octrees*) deutlich verringert werden.

Eine Erweiterung des Belegtheitsgitters ist das Wahrscheinlichkeitsgitter (*Probability Grid*), bei welchem die Belegung der Zelle in Form einer Wahrscheinlichkeit angegeben wird. Die

Auswertung der Zelle und die Erneuerung des Zellwertes erfolgen über das Bayes'sche Gesetz. Diese Methode wird vor allem bei wechselnden Belegungen, zum Beispiel in dynamischen Umgebungen oder bei einer Datenaufnahme durch stark rausch- und fehlerbehaftete Sensoren, angewandt.

2.4 Aktuelle Arbeiten

Es werden im Folgenden aktuelle Arbeiten und Systeme vorgestellt, welche sich mit der geometrischen Modellierung von 3D-Szenarien befassen.

2.4.1 Fremdgeführte Sensoren

Bei dieser Art der Exploration wird die Sensorplanung durch einen Anwender geführt. Da das System keine Aktionen auf dem Modell planen muss, ist es nicht nötig, die Daten unmittelbar konsistent in das Modell zu integrieren. Die Datenaufbereitung und Modellerstellung kann nach der Datenaufnahme ohne Echtzeitbedingungen erfolgen. Diese Voraussetzungen erlauben den Einsatz rechenintensiver Modellberechnungen und aufwendige Fehlerminimierungsverfahren gegenüber autonomen Ansätzen. Allerdings ist bei fremdgeführten sensorbasierten Verfahren immer eine Interaktion mit einem Anwender notwendig.

Datenaufnahme durch 3D-Scanner

An der Carnegie Mellon University (Pittsburgh, USA) an der Erstellung einer 3D-Höhenkarte gearbeitet [Hebert 99]. Als Sensor wird ein selbstentwickelter 3D-Scanner benutzt (Ben Franklin 2), welcher einen Sichtkegel von 360° x 30° besitzt und auf einem Fahrzeug montiert ist.Es werden hier sehr großflächige (200 m × 200 m), triangulierte Höhenkarten in unstrukturierter Außenumgebung erstellt (siehe Abbildung 2.9).

Im Projekt *kulturelles Erbe* der Universität Tokio [Ikeuchi 03] wird ein kommerzieller Cyrax 3D-Laserscanner eingesetzt, um kulturelle Denkmäler wie Buddhafiguren oder Tempelanlagen (siehe Abbilldung 2.10) zu modellieren. Der Scanner wird bei großflächigen Umgebungen von einem Heissluftballon getragen. Der Schwerpunkt der Arbeit liegt in der korrekten Registrierung der vielen Teilansichten. Hierfür wird eine Variante des Iterative Closest Point (ICP)- Algortihmus benutzt.

Datenaufnahme durch bewegten 2D-Scanner

An der University of California, Berkely wird an der Erstellung von 3D-Modellen städtischer Umgebungen gearbeitet [Früh 05]. Um Fassaden zu modellieren, wird eine Sensoranordnung

(a) Sensor und Fahrzeug   (b) erstellte Höhenkarte

Abbildung 2.9: Kartenerstellung an der CMU

(a) Buddha   (b) Tempelanlage

Abbildung 2.10: Kulturelles Erbe in Modellen

aus 2 Laserscannern und einer Farbkamera (siehe Abbildung 2.6a) benutzt. Der Sensor wird von einem Automobil, welches konventionell von einem Fahrer gesteuert wird, bewegt (siehe 2.11a). Die Dachbereiche werden durch Luftbildaufnahmen erstellt und anschließend mit den Daten der fahrzeug-basierten Sensoren fusioniert. Es entsteht hierdurch ein sehr detailliertes Modell der Stadt. Die Lagebestimmung erfolgt durch die Registrierung der horizontalen 2D-Scans. Die akkumulierten Lagefehler werden durch einen Abgleich mit der erstellten Höhenprofilkarte ausgeglichen. Es entsteht hierdurch ein detailliertes 3D-Modell, das virtuell begangen werden kann (siehe Abbildung 2.11b).

2.4.2   Autonome Bewegung der Sensoren

Bei einer autonomen Bewegung des Sensors durch ein Robotersystem sollen die aufgenommenen Daten unmittelbar für Navigationsaufgaben zur Verfügung stehen. Das Modell muss deshalb während der Exploration in Echtzeit erstellt werden. Dies erfordert eine schnelle Registrierung und Integration der Teilansichten in das Modell.

(a) Datenaufnahme

(b) Modell der Stadt

Abbildung 2.11: Modellierung städtischer Umgebungen

Datenaufnahme durch 3D-Scanner auf mobilen Plattformen

Das AVENUE-Projekt (Autonomous Vehicle for Exploration and Navigation in Urban Environments) der Columbia University hat zum Ziel, städtische Umgebungen autonom zu erfassen [Allen 01]. Zur Datenaufnahme dient ein Cyrax 3D-Scanner mit einer Farbkamera auf einer Schwenk-Neigeeinheit (siehe Abbildung 2.12a). Beide Sensoren sind auf dem kommerziellen Robotersystem *iRobot* integriert. Die beiden Schritte der Messung und der Planung des nächsten Messpunktes erfolgen alternierend. Das Ergebnis sind detaillierte texturüberlagerte 3D-Modelle (siehe Abbildung 2.12b).

(a) mobile Plattform

(b) erstelltes Modell

Abbildung 2.12: Modellierung städtischer Umgebungen durch autonome Systeme

Das RESOLV-Projekt (REconstruction using Scanned Laser and Video) der Universität von Leeds entwickelt einen mobilen Roboter, welcher 3D-Modelle von Innenräumen erstellt [Hogg 99]. Die Plattform ist mit einem Riegl 3D-Scanner ausgestattet. Dieser kann neben der Entfernungsmessung auch Farbtexturen bestimmen. Zusätzlich zur statischen 3D-Umgebung können dynamische Bewegungen durch Videoeinblendungen, welche durch eine separate Kamera aufgenommen werden, dargestellt werden. Es entsteht somit ein Modell mit Videoinformationen, welches im Internet betrachtet werden kann (siehe Abbildung 2.13).

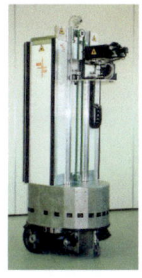

(a)   mobile
Plattform
AEST

(b) erstelltes Modell

Abbildung 2.13: Modellierung von Innenräumen

Datenaufnahme durch bewegten 2D-Scanner

An der Universität Hannover [Brenneke 03] werden 3D-Perzeptionsverfahren mit 2D SLAM kombiniert. Hierdurch können auch in unebenem Gelände Algorithmen der 2D Navigation benutzt werden, und die Rechenzeit gegenüber voller 3D Darstellung reduziert werden. Zur Datenaufnahme dient ein vertikal aufgehängter 2D-Laserscanner, der um die Aufhängung (nicht endlos) rotierbar ist (siehe Abbildung 2.14a). Es wird ein Sichtkegel des Sensors von

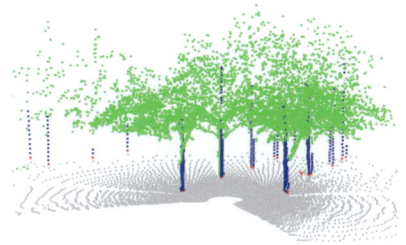

(a) mobile Plattform

(b) erstelltes Modell

Abbildung 2.14: Modellierung von unstrukturiertem Gelände

$270°$ x $100°$ benutzt. In der aufgenommenen Punktwolke werden natürliche Landmarken gesucht, indem auf vertikalen Linien angeordnete Punkte extrahiert, und auf ein 2D Modell projiziert werden, da diese Punkte als global gut sichtbar angenommen werden.

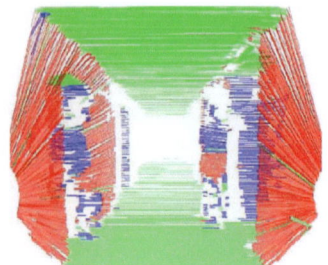

(a) mobile Plattform　　　　　　　　　　　(b) erstelltes Modell

Abbildung 2.15: Autonome Modellierung von Indoor-Umgebungen

Überhängende Punkte werden separat behandelt und stören deshalb nicht die Projektion (siehe Abbildung 2.14b)). Durch die Projektion bestimmter Punkte auf eine Ebene entsteht aber ein massiver Informationsverlust. Die Navigation in unebenem Gelände ist bei geschickter Wahl der Landmarken durchaus besser möglich als bei reinen 2D Modellen, da die Zahl verfügbarer Landmarken deutlich erhöht wurde. Eine dreidimensionale Umweltmodellierung mit einer Navigation mit Neigungs- und Kippwinkel ist in diesem Fall nicht möglich.

Am Fraunhofer Institut AIS wird ebenfalls ein mobiles Robotersystem mit einem schwenkenden 2D-Scanner zur Umweltmodellierung eingesetzt [Surmann 03]. Das eingesetzte Sensorsystem kann einen Bereich von $180° \times 120°$ erfassen (siehe Abbildung 2.15a). Die Daten werden mittels ICP integriert, und teilweise in Ebenen oder Blöcken repräsentiert. Die Aufnahme erfolgt in einem *Stop-and-Go* Verfahren unter Ermittlung der nächstbesten Sensorposition. Das Ergebnis ist ein vorklassifiziertes Modell der Umgebung (siehe Abbildung 2.15b). Erste Schritte in Richtung Klassifikation von Objekten wurden bereits gemacht (Erkennung eines Bürostuhls, [Nüchter 04a]).

(a) mobile Plattform　　　　　　　　　　　(b) erstelltes Modell

Abbildung 2.16: 3D Kartenerstellung an der CMU

An der Carnegie Mellon University werden in Zusammenarbeit mit der Universität Freiburg texturierte 3D-Modelle autonom erstellt [Haehnel 02]. Auf einer mobilen Plattform sind zwei 2D-Scanner senkrecht zueinander fest montiert. Hierbei dient der horizontal angebrachter Scanner der Registrierung, und der vertikal angebrachte Scanner der 3D-Datenaufnahme. Zusätzlich ermöglicht eine CCD-Kamera die Erfassung der Textur (siehe Abbildung 2.16a). Insgesamt kommt diese Anordnung dem Messverfahren aus [Früh 05] sehr nahe. Die Positionsbestimmung basiert auf der Registrierung nachfolgender 2D-Scans. Die erstellten Voxelmodelle enthalten eine detaillierte Texturierung (siehe Abbildung 2.16b), jedoch ist eine Navigation in 6D durch die 2D-Registrierung nicht möglich.

In anderen Arbeiten werden ähnliche Scanneranordnungen erfolgreich zur autonomen Erkundung von einsturzgefährdeten Mienen benutzt [Thrun 03]. Der hierfür verwendete Roboter *Groundhog* wurde dafür mit einem 3D-Scanner bestückt und kann daher im Stop-and-Go Verfahren mit 6 Freiheitsgraden seine Lage bestimmen [Nüchter 04b].

 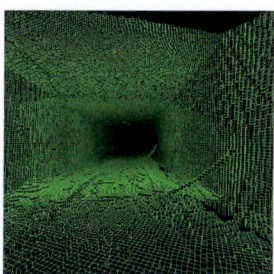

(a) Groundhog   (b) erstelltes Minenmodell

Abbildung 2.17: Autonome Exploration von Minen

2.5 Zusammenfassung

Dieses Kapitel stellte von der Datenaufnahme bis zur Messpunktplanung die wichtigsten Verfahren der 3D-Umweltmodellierung dar. Es wurden aktuelle Forschungarbeiten und die eingesetzten Verfahren und Methoden getrennt nach fremdgeführter und autonomer Exploration vorgestellt.

Nur wenige der Arbeiten haben sich bisher mit der Integration weiterer Merkmale in das geometrische Modell befasst, obwohl dies sowohl bei der Datenintegration, als auch bei der Visualisierung und Weiterverarbeitung der Daten eine aussichtsreiche Ergänzung darstellen würde. Bisherige Arbeiten, welche weitere Punktmerkmale aufnehmen, verwenden diese ausschliesslich zur Visualisierung.

Aufgrund der großen Variabiltät der Aufnahmeparameter wurde für diese Arbeit ein Sensor verwendet, welcher die dritte Dimension aus der Bewegung eines Zeilenscanners ermittelt. Es wird hierbei, um alle sechs Freiheitsgrade der Lage schätzen zu können, ein bildbasiertes Aufnahmeverfahren verwendet. Als zusätzliche Merkmale werden Remissionswerte, sowie die zugehörigen Texturkoordinaten ermittelt.

Die Verwendung von 3D-Informationen bei der Messpunktplanung im Innenraumbereich wurde bisher wenig Beachtung geschenkt. Die vorliegende Arbeit nutzt die 3D-Daten, um Hindernisse in unterschiedlichen Höhen erkennen und umfahren zu können. Weiterhin werden aus den 3D-Daten die Positionen von offenen Türen ermittelt, durch welche die Räume voneinander abgetrennt werden. Dies ist bei der automatischen Strukturierung der Einsatzumgebung und die hierdurch mögliche Skalierung auf Umgebungen mit mehreren Räumen entscheidend. Auch dieser Aspekt wurde bisher nicht zufriedenstellend berücksichtigt.

Kapitel 3

Architektur zur autonomen 3D-Modellierung

Das folgende Kapitel beschreibt die Grundlagen zu der autonomen 3D-Modellierung von Innenraumstrukturen. Es wird aufgezeigt, welche Anforderungen hierzu gestellt werden und wie der vorgeschlagene Lösungsansatz diesen Anforderungen gerecht wird. Des Weiteren wird der Datenfluss von der Aufnahme bis zur Endverarbeitung beschrieben, und die Systemintegration der Prozesskette aufgezeigt.

3.1 Grundlagen der autonomen 3D-Modellierung

Die autonome Erstellung von 3D-Modellen erfordert die Aufnahme, Interpretation und Handhabung von großen Datenmengen. Dies beginnt mit der Aufnahme der Rohdaten und endet mit der Planung von Aktionen anhand der aufgenommenen Daten. Dieser Ablauf wird schrittweise oder schritthaltend durchgeführt.

3.1.1 Grundlegende Verarbeitungsschritte

Der Prozess der autonomen robotergestützten Umweltmodellierung ist im Wesentlichen durch die folgenden Teilschritte gekennzeichnet:

Datenaufnahme und Datenvorverarbeitung: Die Merkmale, aus denen das Modell zusammengesetzt wird, müssen von Sensoren erfasst oder aus den erfassten Daten abgeleitet werden. Die Daten werden vorverarbeitet, um Messungenauigkeiten zu verringern und die für die Exploration gewünschte Repräsentation herzustellen.

Datenintegration: Zur Integration lokaler 3D-Daten in ein globales Modell müssen diese in ein Weltkoordinatensystem transformiert werden. Dies kann punkt-, zeilen- oder bildweise durchgeführt werden.

Aktionsplanung und Aktionsausführung: Da das Umweltmodell autonom erstellt werden soll, muss das System Aktionen eigenständig planen und ausführen können. Hierbei spielen insbesondere Aspekte der Kollisionsvermeidung und Befahrbarkeitsabschätzungen eine wesentliche Rolle.

Diese Teilschritte werden so lange zyklisch ausgeführt, bis das zu generierende Modell vollendet ist (siehe Abbildung 3.1).

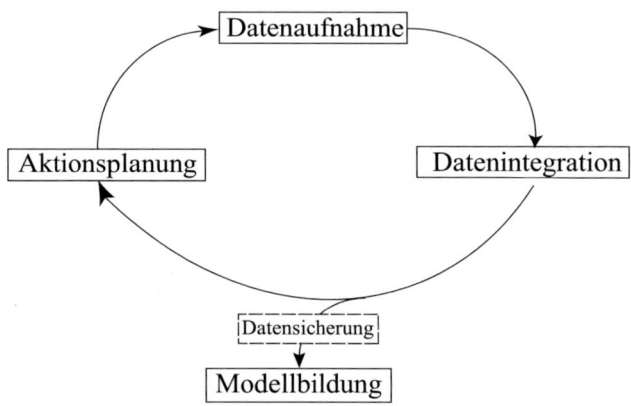

Abbildung 3.1: Zyklischer Prozess zur Generierung eines Umweltmodells aus Beobachtungen

Die während der Exploration aufgenommenen Daten können in einer Datenbank zwischengespeichert werden, um sie anschliessend zu bearbeiten und einer Anwendung zur Verfügung zu stellen. In diesem letzten, sich anschließenden Teilschritt der *Modellbildung* werden die Merkmale des Modells nochmals bearbeitet, um sie in der gewünschten Repräsentation des Gesamtmodells zur Verfügung stellen zu können.

3.1.2 Schrittweise versus schritthaltende Modellierung

Bei *schrittweiser* Modellierung führt das System alle genannten Arbeitsschritte sequenziell durch. Die Daten werden ohne Bewegung der Plattform aufgenommen, und weitere Punktattribute hinzugefügt. Weiterhin ohne Bewegung der Plattform wird eine Integration der Daten in das bisherige Umweltmodell durchgeführt. Aus diesen Daten wird schließlich eine Position errechnet, von welcher eine weitere Datenakquise stattfinden soll. Erst jetzt beginnt der Bewegungsablauf und die Plattform steuert die nächste Messposition an. Dort angekommen stoppt die Plattform, um weitere Daten aufzunehmen. In Abbildung 3.2 ist das schrittweise Verfahren vereinfacht als Blockbild dargestellt. Hierbei ist $\vec{x}$ die angenommene Lage der Aufnahme und $\vec{x}^*$ die durch die Datenintegration korrigierte

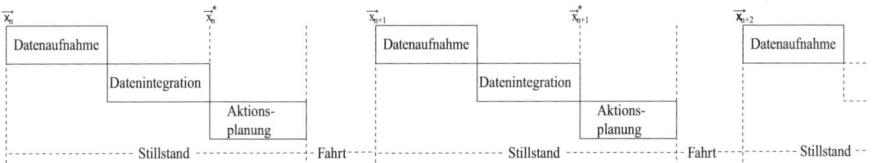

Abbildung 3.2: Blockdarstellung bei schrittweiser Modellierung

Lage. Da die Plattform während der Datenaufnahme und der Integration steht, wird die korrigierte Lage $\vec{x}^*$ als die aktuelle Schätzung der Aufnahmeposition betrachtet. Es findet eine Diskretisierung des Lagevektors $\vec{x}$ in die Aufnahmepositionen $\vec{x}_n$ statt.

Im Gegensatz dazu werden bei *schritthaltender* Modellierung die genannten Schritte während der Bewegung der Plattform durchgeführt. Dies bedeutet einen erhöhten Aufwand, da alle aufgenommenen Bildpunkte sofort umgerechnet werden müssen, und durch Lagefehler des Roboters eine direkte exakte Zuordnung in das Modell meist nicht sinnvoll ist. Zusätzlich sind hier Echtzeitbedingungen einzuhalten. Insbesondere wird durch die nachträgliche Korrektur der Fahrzeuglage während der Datenintegration die Erstellung eines konsistenten Modells erschwert.

Während im schrittweisen Betrieb die Fahrzeuglage zu Beginn einer Aufnahme $\vec{x}_n$ zunächst nur von der vorausgegangenen korrigierten Lage $\vec{x}^*_{n-1}$ abhängt, kann in diesem Falle die Lage von mehreren vorausgegangenen Lageänderungen $\vec{x}^*_{n-p}$ abhängen, so dass gilt:

$$\vec{x_n} = f(\vec{x}^*_{n-1}, \vec{x}^*_{n-2}, \vec{x}^*_{n-3}, \vec{x}^*_{n-4}, \dots).$$

Die aktuelle Lage muss nach der Bereitstellung einer neuen korrigierten Lage eines vergangenen Schrittes ebenfalls korrigiert werden.

Da ohne die korrekte Lage eine Aktionsplanung nur schwach zielgerichtet ist, verschiebt diese sich entsprechend auf der Zeitskala. Die Aktionsplanung generiert also Aktionen, welche für vergangene Schritte aktuell waren. Bei wenigen zurückliegenden Schritten wirkt sich dies nicht gravierend aus. Erreicht jedoch die Nachwirkzeit der Planung gegenüber der aktuellen wahren Position eine gewisse Tiefe, ist eine weitere Planung nicht mehr sinnvoll. Abbildung 3.3 zeigt diese Abhängigkeit in einem Blockdiagramm.

Eine schritthaltende Modellierung kann folglich nur bei Datenaufnahme, Datenintegration und Aktionsplanung in Echtzeit gelingen.

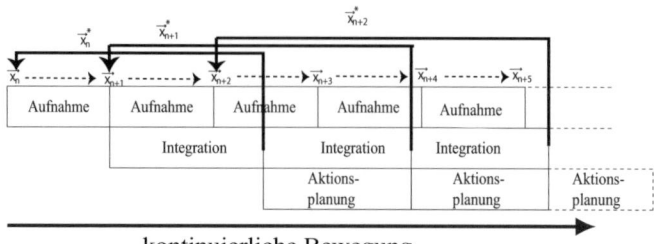

kontinuierliche Bewegung

Abbildung 3.3: Blockdarstellung bei schritthaltendem Betrieb

3.2 Anforderungen an eine autonome 3D-Modellierung

Anforderungen an die Datenaufnahme: Um die Umwelt möglichst realitätsnah durch ein Modell darzustellen, wird diese an diskreten Punkten abgestastet. Die Abtastung sollte dementsprechend durch eine hohe Auflösung gekennzeichnet sein, um Fehler durch Interpolationen zwischen den Stützpunkten zu minimieren. Da das System autonom navigiert, ist eine besonders hohe Auflösung in Fahrrichtung wünschenswert, wogegen den Randbereichen weniger Bedeutung zukommt. Dieses vom Menschen bekannte Prinzip des Sehens wird als *foveales Sehen* bezeichnet.

Die Reichweite des aufnehmenden Sensors sollte weit genug sein, um großflächige Räume aufnehmen zu können. Die Tiefenauflösung sollte aber wiederum so hoch sein, dass auch kleinere Gegenstände modelliert werden können.

Der Sichtkegel des Sensors sollte sehr groß (bestenfalls 360°) sein, damit ein hohes Maß an Überlappung bei gleichzeitig großen Lageänderungen gewährleistet werden kann. Die Aufnahmegeschwindigkeit sollte mit der Verarbeitung der Daten schritthalten können, damit es zu keinen Verzögerungen in der Prozeßkette kommt.

Zur realitätsgetreuen Darstellung des Modells, sollten den Punkten neben der Raumkoordinate weitere Merkmale zugeordnet werden können. Wichtig ist hierbei, dass diese Zuordnung nicht zu aufwendig ist, und zu keiner Verzögerung des Aufnahmevorgangs führt. Eine nötige Kalibrierung der Sensoren sollte möglichst einfach und robust sein. Hierfür eignen sich insbesondere Daten von Sensoren, welche auf der Plattform mitgeführt werden können.

Anforderungen an die Datenintegration: Zur Umwandlung der Daten in ein gemeinsames Koordinatensystem wird eine sogennante Registrierung benutzt. Diese verlangt einen hohen Überlappungsgrad der zu registrierenden Daten. Die Registrierung sollte auch geometrische mehrdeutige Umgebungen zuverlässig zuordnen können. Als Hilfestellung sollte sie die verfügbaren Lageschätzungen der Plattformodometrie nutzen. Da die Plattform auch schiefe Ebenen befahren kann, sollte die Registrierung in sechs Freiheitsgraden durchführbar sein.

Bei der Integration der Daten sollte außerdem ein Kreisschluss möglich sein, um Registrierungsfehler zu minimieren. Falls die Plattform keine Kenntnis über ihre Lage besitzt, sollte die Registrierung trotzdem verwertbare Ergebnisse liefern.

Anforderungen an die Aktionsplanung: Die Aktionsplanung sollte vorhandene 3D-Informationen nutzen, ohne zu viel Rechenzeit zu beanspruchen. Außerdem muss es möglich sein, schiefe Ebenen zu befahren. Die Befahrbarkeit der ermittelten Aufnahmepositionen muss zusätzlich überprüft werden. Die geplanten Wege dürfen hierbei allerdings nicht zu lang werden, um den Odometriefehler gering zu halten. Weiterhin ist die Erkennung und die Durchfahrt von Türen ein Problem, welches die Aktionsplanung lösen können muss. Es sollte außerdem sichergestellt werden, dass der Kompromiss zwischen einem hohem Überlappungsbereich und einem unbekanntem Bereich je nach Zustand des Systems sinnvoll bearbeitet wird. Weiterhin müssen verschiedene Explorationstrategien in die Aktionsplanung integriert werden können, um unterschiedliche Arten von Räumen befahren zu können.

Anforderungen an die Modellbildung: Bei der Bildung des Gesamtmodells sollten die vorhandenen Geometriedaten zu einer Datenstruktur fusioniert, und die Überlappungsbereiche eliminiert werden. Durch diese Redundanz kann eine starke Reduzierung der Datenmenge erfolgen, um eine effiziente Darstellung zu erzielen. Des Weiteren sollten die Punktattribute ebenfalls in das Gesamtmodell fusioniert werden. Eine Homogenisierung der räumlichen Auflösung sowie die Möglichkeit den Detaillierungsgrad zu variieren, sind wünschenswert. Das Gesamtmodell soll letztendlich auch eine einfache Möglichkeit bieten, einen Vergleich zwischen den aufgenommenen Modellen durchzuführen.

3.3 Lösungsansatz und Methoden

Der in dieser Dissertation vorgeschlagene Lösungsansatz für das Problem der autonomen 3D-Umweltmodellierung beruht auf tiefenbildbasierten Datenaufnahmen. Um die Umwelt in drei Dimensionen zu modellieren, reicht eine zeilenbasierte Datenaufnahme meist nicht aus. Dies gilt insbesondere, wenn der Untergrund Schräglagen aufweist, und die Daten nicht in einer Ebene aufgenommen werden können. Des Weiteren erweist sich eine tiefenbildbasierte Lageschätzung robuster gegenüber geometrisch mehrdeutigen Umgebungen, da nicht nur ein kleiner Ausschnitt der Umwelt zur Lageschätzung herangezogen wird.

Nachteilig ist, dass die Aufnahmefrequenz von Tiefenbildern gegenüber einzelnen Zeilen gering ist. Dies erschwert die schritthaltende Arbeitsweise, da die Echtzeitfähigkeit eingeschränkt ist. Neuere Tiefenbildsensoren, wie zum Beispiel der SwissRanger [Gut 04], können diesen Nachteil durch neuartige Messprinzipien reduzieren.

Um den Anforderungen an die Datenaufnahme gerecht zu werden, wurde der Tiefenbildsensor *Rosi* (Rotating Sick) entwickelt, der einen sehr großen Aufnahmekegel besitzt, und die erforderliche Reichweite erzielt. Durch die bekannten Sensoreigenschaften können benachbarte Punkte zu Oberflächen gruppiert werden. Neben den geometrischen Informationen stellt dieser Tiefenbildsensor auch Reflektionseigenschaften der gemessenen Punkte zur Verfügung.

Durch die Kombination des Tiefenbildsensors mit einer Farbkamera kann die Reflektivität der Umgebung über ein großes Spektrum gemessen werden. Die Kalibrierung beider Sensoren zueinander findet einmalig in einem sogenannten Prä-Prozess vor der Explorationsfahrt statt. Hierbei werden die vorhandenen Reflektionseigenschaften der Punkte ausgenutzt, und mit den Reflektionswerten der Kamera verglichen. Neben den Reflektionseigenschaften eines Punktes werden auch Texturkoordinaten ermittelt, welche das Bild innerhalb einer gegebenen Oberfläche repräsentieren.

Um die ermittelten Daten zu integrieren wird eine Tiefenbild-Registrierung auf Basis des sogenannten ICP-Algorithmus verwendet [Besl 92]. Dieser Algorithmus schätzt die Lage von sich teilweise überlappenden Tiefenbildern. Anhand dieser Schätzung kann der Odometriefehler korrigiert werden. Der Algorithmus ist in der Lage, neben 3D-Informationen auch die Punktattribute zu verarbeiten, und somit die Schätzung zu verbessern. Des Weiteren wurde die Laufzeit durch ein neuartiges Matching-Verfahren verbessert, um eine schritthaltende Modellierung zu ermöglichen.

Zur Planung der nächsten Aktion, insbesondere der nächsten Aufnahmeposition, wird ein neuartiger gitterbasierter Ansatz verwendet. Das Gitter repräsentiert hierbei die Umgebung in zwei Dimensionen. Es werden allerdings die vorhandenen 3D-Informationen genutzt, indem planungsrelevante 3D-Daten auf das Gitter projiziert werden. Es entsteht hierdurch ein attributiertes 2D-Gitter. Anhand der Attribute einer Gitterzelle kann das Planungssystem die Eigenschaften der Zelle bestimmen, und somit auf Merkmale wie Befahrbarkeit, Hindernis, Freiraum oder Türdurchfahrt schließen. Durch simulierte Datenaufnahmen werden Überlappungsbereiche und nicht explorierte Bereiche nach dem momentanen Wissensstand des Systems ermittelt.

Nach der Explorationsfahrt werden die Daten in einer Modelldatenfusion zu einem Gesamtmodell zusammengefasst. Hierbei wurde ein *Marching-Intersections*-Verfahren angewandt, welches in [Rocchini 04] vorgestellt wurde. Durch die Fusion werden die Tiefenbilder miteinander verschmolzen, und die Punktwolke homogenisiert. Die hierbei resultierende Auflösung ist variabel, sodass eine Darstellung in verschiedenen Detaillierungsgraden

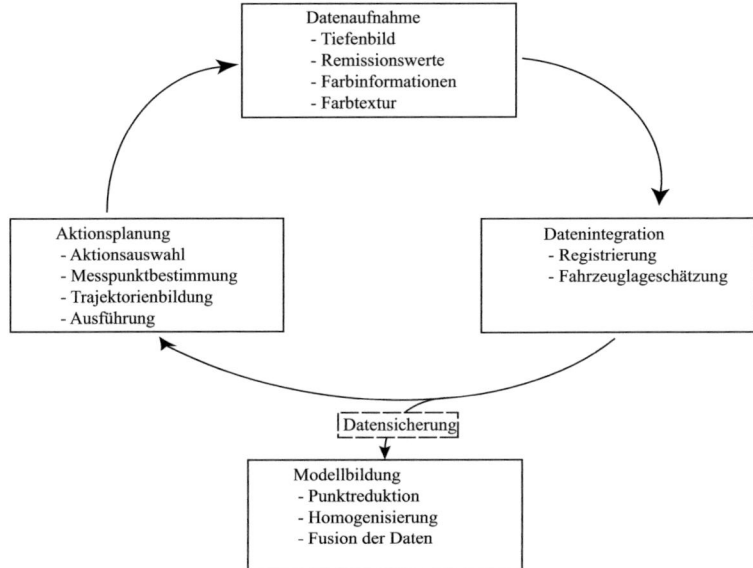

Abbildung 3.4: Lösungsansatz zur autonomen Modellierung

(sogenannte *Multiresolution*) möglich ist. Zusätzlich zu der Fusion der Geometriedaten wird ein Verfahren vorgeschlagen, um auch Punktattribute, und insbesondere die vorhandenen Texturen, in dem Gesamtmodell konsistent zu verschmelzen. Eine anschließende Anwendung des Marching-Cubes-Algorithmus ermöglicht die Ermittlung von Flächenstücken.

Abbildung 3.4 zeigt die Konzeption und das Zusammenspiel der Komponenten des vorgestellten Lösungsansatzes.

3.4 Systementwurf und Prozesskette

Der vorliegende Systementwurf sieht eine prozessorientierte Abarbeitung der genannten Teilschritte vor. Die Datenaufnahme gliedert sich hierbei in die Ermittlung des Tiefenbildes, die Fusion der Punktwolke mit den zugehörigen Punktattributen und die Schätzung der aktuellen Plattformlage.

In einem vorgelagerten Prozess wird hierbei der Ursprung des bildgebenden Sensors mit dem Ursprung des Tiefenbildsensors kalibriert. Die resultierende Punktwolke wird durch die

Lageschätzung der Plattform vorläufig in das Weltkoordinatensystem transformiert. Durch die Registrierung mit anderen überlappenden Tiefenbildern wird die Lage der Plattform korrigiert. Ein darauf folgender Prozess erstellt beziehungsweise erweitert das attributierte 2D-Gitter, und ermittelt die nächste beste Aufnahmeposition nach zustandsspezifischen Kriterien.

Nach Abschluss der Explorationsfahrt wird das Gesamtmodell in einem Post-Prozess erstellt, und steht dem Anwender zur Verfügung. Abbildung 3.5 zeigt diesen Ablauf schematisch.

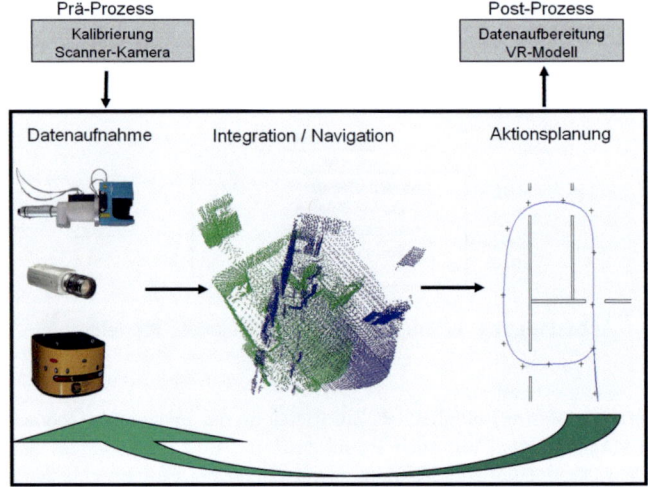

Abbildung 3.5: Verarbeitungschritte zur autonomen 3D-Modellierung

Die Daten werden hierbei wie folgt verarbeitet: Die Distanzwerte des Laserimpulses werden zunächst mit dem zugehörigen Winkel zu einer 2D-Zeile zusammengefasst. Durch eine Transformation mit dem zugehörigen Drehwinkel können für jeden Punkt kartesische Koordinaten ermittelt werden. Der Remissionswert eines jeden Punktes wird zusätzlich als Punktattribut aufgenommen. Durch eine Transformation des Bildpunktes der Kamera anhand der Kalibriermatrix werden jedem Punkt zusätzlich seine Texturkoordinaten und ein RGB-Farbwert zugeordnet. Durch das Wissen über die sensorspezifische Reihenfolge der Punkte können benachbarte Punkte im Rahmen einer Triangulation zu Dreiecken verbunden werden. Die Punkte der Punktwolke werden in einem letzten Schritt durch ein Glättungsfilter geglättet. Als weitere Dateneinheit dient die aktuelle Lage der Plattform. Diese wird ermittelt und der Punktwolke zugeordnet. Es liegt nun eine partielle attributierte Punktwolke zur Weiterverarbeitung vor. Abbildung 3.6 zeigt diesen Ablauf nochmals schematisch.

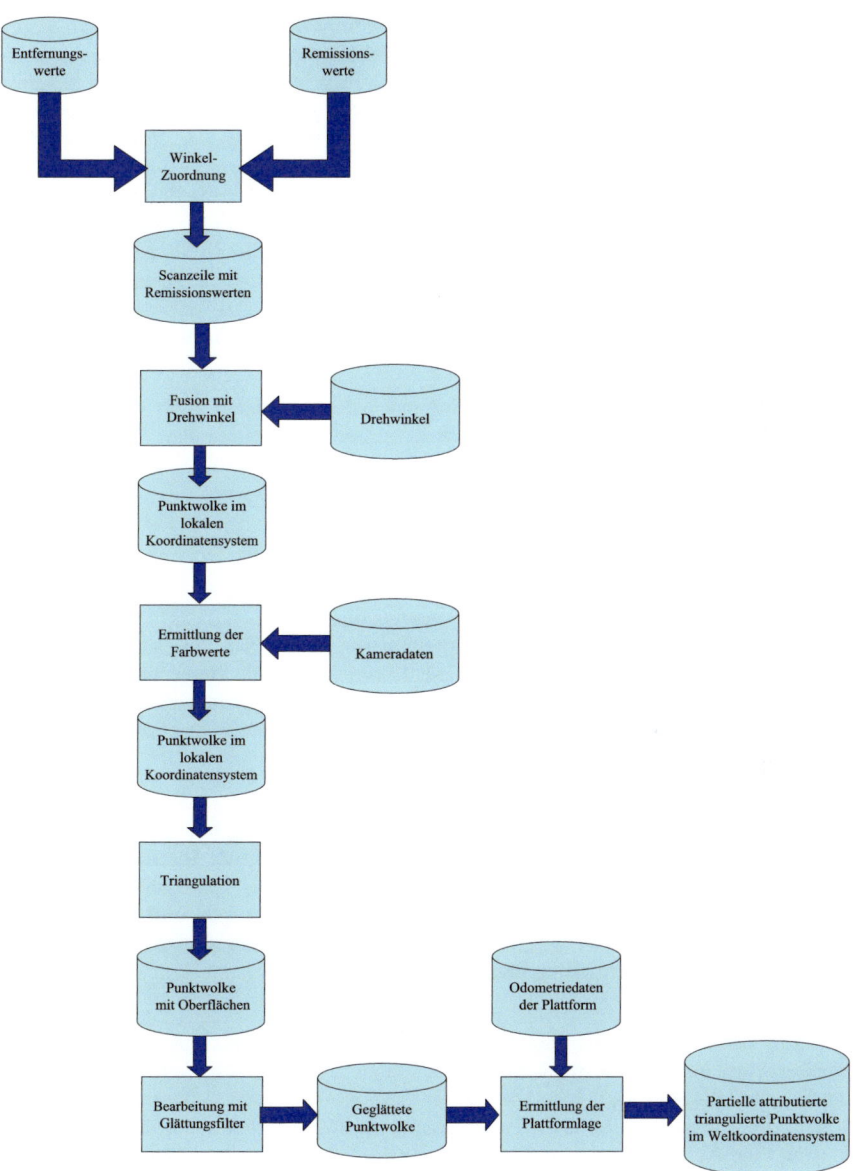

Abbildung 3.6: Prozesskette und Datenfluss bei der Datenaufnahme

Die weitere Verarbeitung der Sensordaten findet wie folgt statt:
Die erfasste partielle Punktwolke wird dann auf Basis der geschätzten Plattformlage in das Weltkoordinatensystem überführt. Dann findet eine Projektion der vorhandenen 3D-Daten auf ein zweidimensionales Gitter statt, um die korrespondierende Partnerpunktwolke zur Registrierung zu bestimmen. Daraufhin wird der Ursprung der Punktwolke durch eine Registrierung an einer vorhandenen Punktwolke neu geschätzt. Die resultierende Punktwolke wird für die spätere Verarbeitung gespeichert. Die aktuelle Punktwolke wird für die Planungsaufgabe abstrahiert, indem die planungsrelevanten Zellattribute des 2D-Gitters berechnet, und in das Gitter integriert werden. Anhand der Zellattribute und des derzeitigen Explorationsmodus wird die nächste Aufnahmeposition berechnet. In einem letzten Schritt wird eine Trajektorie anhand von Stützpunkten bestimmt, um den Zielpunkt zu erreichen. Die ermittelten Stützpunkte und der Zielpunkt werden daraufhin angefahren.

Dieser Prozess findet solange statt, bis keine neuen Informationen mehr durch die Plattform gesammelt werden können. Danach wird der komplette vorhandene Datensatz in ein konsistentes 3D-Umweltmodell fusioniert. Abbildung 3.7 zeigt diesen Ablauf schematisch.

3.5 Systemintegration der Prozesse

Die skizzierten Teilschritte werden durch unterschiedliche Prozesse ausgeführt (siehe Abbildung 3.8). Die Hauptsteuerung mit der Datenintegration und der Aktionsplanung wird in einem sogenannten *Rosete*-Prozess ausgeführt. Dieser fordert die Daten vom *Rosi*-Prozess an, welcher die Aufnahme der Geometriedaten und Punktattribute steuert. Die physikalische Bewegung des Gesamtsystems zu einem neuen Messpunkt, sowie die Lageschätzung der Plattform, werden durch den *Odete*-Prozess koordiniert.

Diese modulare Prozeßstruktur wird durch die Implementierung auf Basis des Software-Frameworks MCA (Modular Controller Architecture) ermöglicht. Hierdurch lassen sich die einzelnen Komponenten unabhängig voneinander entwerfen, testen und erweitern. Die Ausführung wird auf zwei Rechner verteilt, wobei die Prozesse *Rosi* und *Rosete* auf dem gleichen Rechner, in der Abbildung in blau dargestellt, ausgeführt werden. Eine detaillierte Beschreibung der Implementierung findet sich in Anhang B.

Der Aufruf der Prozesse orientiert sich an dem vorgeschlagenen Explorationszyklus. Die Hauptsteuerung im Rosete-Prozess fordert die Daten der Umgebung vom *Rosi*-Prozess an. Daraufhin wird die geschätzte Lage vom *Odete*-Prozess angefordert. Sobald alle Daten vorliegen, wird die Roboterlage durch die Registrierung im *Rosete*-Prozess neu geschätzt. Danach wird durch die Aktionsplanung, ebenfalls im *Rosete*-Prozess, ein neuer Messpunkt und die zugehörigen Zwischenpunkte ermittelt. Diese Daten werden an den *Odete*-Prozess weitergegeben, welcher daraufhin die Bewegung zum neuen Messpunkt über die Zwischenpunkte koordiniert. Dieser Ablauf wird in Abbildung 3.9 verdeutlicht.

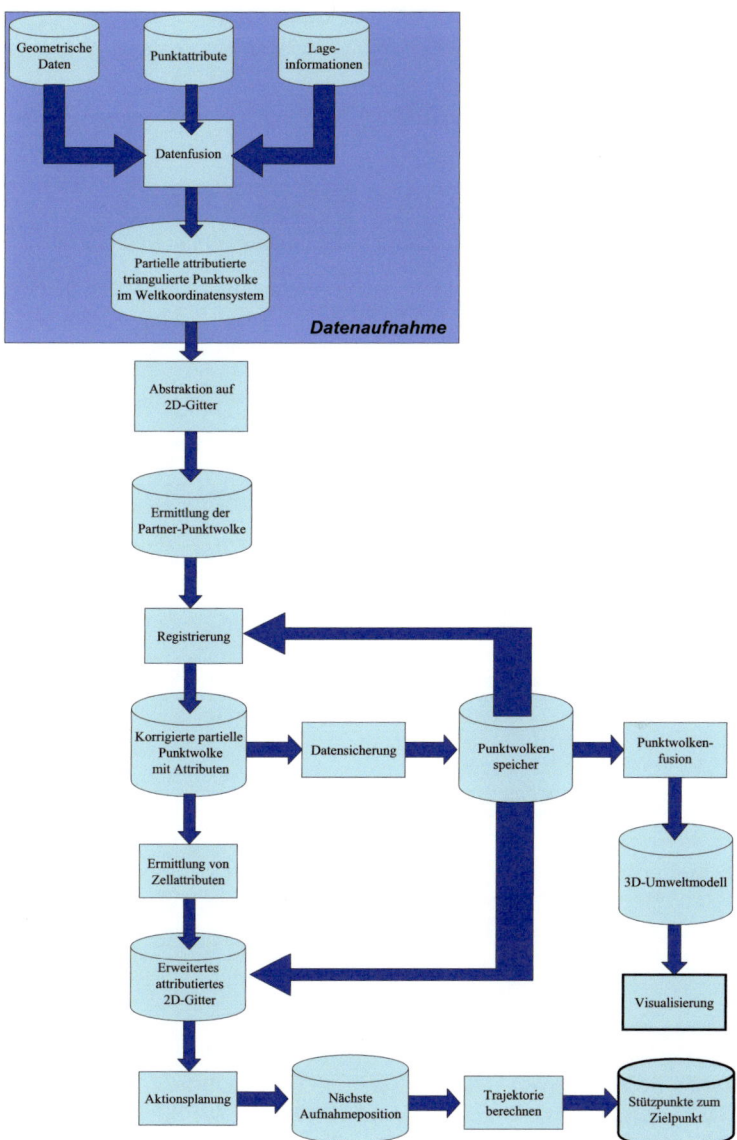

Abbildung 3.7: Datenfluss der autonomen 3D-Modellierung

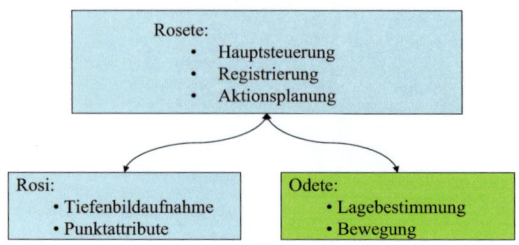

Abbildung 3.8: Systemintegration der Prozesse

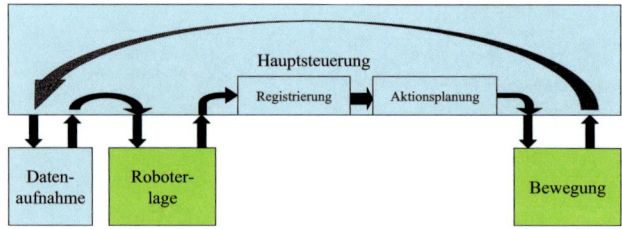

Abbildung 3.9: Ablaufsteuerung der Prozesse

3.6   Zusammenfassung

Dieses Kapitel erläuterte die Grundlagen zur autonomen Umweltmodellierung. Es zeigte auf, wie das Problem in Teilprobleme zerlegt werden kann, und diese in unterschiedlichen Prozessen bearbeitet werden. Der Datenfluss von der Datenaufnahme bis zum letzten Verarbeitungsschritt wurde beschrieben.

Es wurde diskutiert, welche Anforderungen zur autonomen Umweltmodellierung an das System und die Teilschritte gestellt werden. Hierbei zeigte sich, dass ein prozessorientierter Lösungsansatz im Aufnahmezyklus bestehend aus Datenaufnahme, Datenintegration und Aktionsplanung geeignet ist, die gestellte Aufgabe zu lösen. Die Beschreibung des Entwurfs des Gesamtsystems und der Integration der Teilkomponenten bildeten den Abschluss des Kapitels.

Kapitel 4

Tiefenbildaufnahme mittels 3D-Sensor

In diesem Kapitel wird die Aufnahme des Tiefenbildes behandelt. Hierzu gehört zunächst die sensorische Aufnahme der geometrischen Daten, und die anschließende Ermittlung weiterer Punktattribute. In einem weiteren Schritt werden die geometrischen Daten für die Weiterverarbeitung aufbereitet.

4.1 Aufnahme der Rohdaten

Die Rohdaten bestehen aus den kartesischen Koordinaten der Punkte des Tiefenbildes, sowie den zugehörigen Remissionswerten. Die Remissionswerte sind ein Maß für die Reflexion ρ von Objektoberflächen, und werden von dem benutzten Scanner ohne Kalibrierung zur Verfügung gestellt.

4.1.1 Aufnahme eines dichten Tiefenbildes

Zur Aufnahme von 3D-Tiefenbildern sind heute zahlreiche kommerzielle 3D-Scanner verfügbar, allerdings ist durch deren begrenzten Öffnungswinkel von meist unter 90° × 90° die vorausgesetzte Überlappung der Teilbilder nur beschränkt gegeben. Eine alternative Lösung zur 3D-Aufnahme von Tiefenbildern sind mit zusätzlichen Bewegungsachsen ausgestattete 2D-Laserscanner (z. B. Sick LMS200 in [Steinhaus 03]). Translatorisch senkrecht zur Fahrtrichtung aufgehängte Scanner erzeugen mit den Positionswerten des Roboters zwar eine 3D-Punktwolke, jedoch gibt es keine Überlappung der Teilbilder. Tiefenbilder mit großen Überlappungsbereichen (bis zu 360° Öffnungswinkel) können mit Hilfe rotatorisch angebrachte 2D-Scanner erzeugt werden [Wulf 03]. Abbildung 4.1 zeigt zwei mögliche Varianten.

Eine Rotation senkrecht zur zentralen Blickrichtung des Scanners (optischen Achse) und senkrecht zur Fahrebene, wie in Abbildung 4.1a gezeigt, hat einen sehr hohen Überlappungsgrad der Tiefenbilder bei homogener Winkelauflösung der Punkte in beide Winkelrichtungen

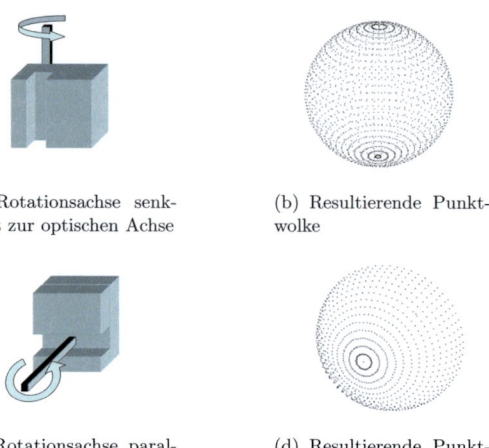

(a) Rotationsachse senkrecht zur optischen Achse

(b) Resultierende Punktwolke

(c) Rotationsachse parallel zur optischen Achse

(d) Resultierende Punktwolke

Abbildung 4.1: Rotatorische Anordnungen

zur Folge. Die Auflösung im Raum ist hierbei direkt über und direkt unter dem Scanner am höchsten. Eine Rotation parallel zur optischen Achse, wie in Abbildung 4.1c gezeigt, besitzt wiederum die höchste Auflösung in Fahrtrichtung der Plattform. Bei einem Scankegel von 180° kann eine vollständige Hemisphäre abgedeckt werden, was eine ausreichende Überlappung der Teilbilder darstellt. Ein jeweils neues Tiefenbild ist bereits nach einer halben Drehung verfügbar.

Abbildung 4.2 zeigt den Prototyp eines nach dieser Methode rotierenden Laserscanners Rosi in seiner ursprünglichen Version (Rosi I) und einer weiterentwickelten Version (Rosi II) und zugehörigem Koordinatensystem.

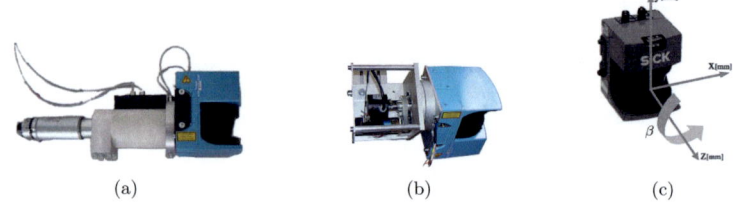

(a)   (b)   (c)

Abbildung 4.2: Rosi I (a), Rosi II (b) und das zugehörige Koordinatensystem (c)

Nach [Steinhaus 04] können die kartesischen Koordinaten eines Raumpunktes $\vec{x} = (x, y, z)^T$

angegeben werden zu

$$x_i = \cos\beta \cdot \cos\alpha_i \cdot r_i$$
$$y_i = \sin\beta \cdot \cos\alpha_i \cdot r_i$$
$$z_i = \sin\alpha_i \cdot r_i$$

Hierbei ist r_i die gemessene Entfernung, α_i der Messwinkel in der Scanebene und β der Rotationswinkel um die Drehachse.

Die Auflösung in rotatorischer Richtung hängt von der eingestellten Drehgeschwindigkeit $v_{rot} = \dot\beta$ ab. Die Auflösung in lateraler Richtung ist von der Scannerkonfiguration abhängig. Diese kann auf $\frac{1}{4}°$, $\frac{1}{2}°$ oder $1°$ eingestellt werden. Der Öffnungswinkel des Scanners kann auf $100°$ oder $180°$ eingestellt werden. Um eine vollständige Hemisphäre abzudecken wird der Scankegel auf $180°$ eingestellt. Bei einer gleichen lateralen und rotatorischen Winkelauflösung von $1°$ und der Dauer für einen Zeilenscan von $t_{scan} = 15\,\text{ms}$ muss die Rotationswinkelgeschwindigkeit v_{rot} auf

$$v_{rot} = \frac{180°}{t_{scan} \cdot 180} = \frac{1}{t_{scan}} \approx 67°/s \approx 0,18\,\text{Hz}$$

eingestellt werden. Da für die Aufnahme eines vollständigen Tiefenbildes nur eine halbe Umdrehung benötigt wird, hat dies zur Folge, dass ein Tiefenbild mit $N = 180 * 180 = 32400$ Punkten nach

$$T_{Bild} = \frac{180°}{v_{rot}} \approx 2,7\,\text{s}$$

vorliegt.

Bei schrittweiser Aufnahme entspricht dies dem Zeitraum, in dem die Plattform sich nicht bewegen darf, während ein Tiefenbild aufgenommen wird.

Ein Tiefenbild aus mehreren Perspektiven, aufgenommen mit $\frac{1}{4}°$ Auflösung bei $100°$ Scankegel, zeigt Abbildung 4.3.

Das Tiefenbild besteht hierbei aus einer Menge $P = \{\vec{x}_1 \ldots \vec{x}_i \ldots \vec{x}_n\}$ von n Elementen, wobei jedes Element einen Punkt mit einem Merkmalsvektor von

$$\vec{x}_i = \begin{pmatrix} x_i \\ y_i \\ z_i \end{pmatrix}$$

mit x,y,z als Koordinaten darstellt.

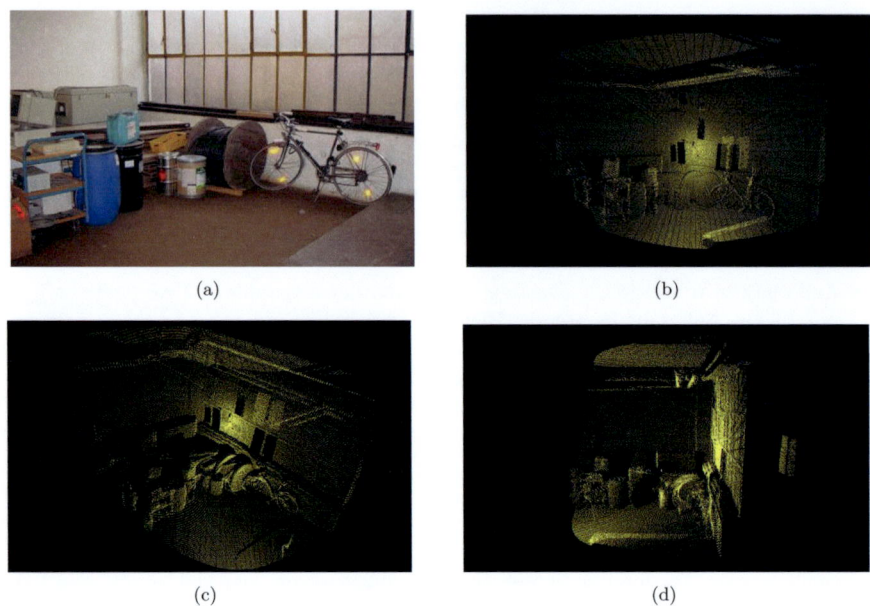

(a) (b)

(c) (d)

Abbildung 4.3: Originalbild und generierte Punktwolke aus unterschiedlichen Perspektiven

Auf den Tiefenbildern sind die Elemente des Originalbildes deutlich zu erkennen. Objekte wie ein Fahrrad, Fässer und Wände sind für das menschliche Auge einfach zu identifizieren. Eine automatisierte Klassifikation durch das System ist allerdings nicht trivial. Einige der Fenster sind für den Laserstrahl durchlässig. Hier wurde die hinter den Fenstern liegende Wand durch den Scanner erfasst.

4.1.2 Aufnahme von Remissionswerten

Als Remissionswerte bezeichnet man diejenigen Zahlenwerte, welche eine quantitative Aussage über die reflektierte Lichtenergie im Vergleich zur ausgesendeten Lichtenergie machen. Die empfangene Lichtenergie ist von der Reflexion (r), der Transmission (t) und der Absorption (a) des ausgesendeten Lichtstrahls (L) an der Oberfläche des gemessenen Objekts abhängig. Hierbei gilt:

$$r + t + a = L \hat{=} 100\%$$

Im Wesentlichen sind drei Faktoren für das Maß der reflektierten Energie bei gleicher Wellenlänge maßgeblich: der Auftreffwinkel des Strahls auf das Objekt, die Oberflächeneigenschaften des Objekts und die Entfernung zum Messobjekt.

Unterschiedliche Oberflächen (z. B. rau, matt, dunkel, hell) streuen bzw. reflektieren das Licht unterschiedlich stark. Raue Oberflächen streuen das Licht im Gegensatz zu glatten Flächen sehr diffus. Dunkle Oberflächen absorbieren viel Licht im Gegensatz zu hellen Flächen. Und gemäß des Prinzips von Huygens wird der Laserstrahl je nach Einfallswinkel mehr oder weniger stark gebrochen, und somit ein kleinerer oder größerer Anteil an Licht reflektiert.

Ein Remissionswert beschreibt also die Reflexionsgüte eines Objektes. Allerdings ist der empfangene Energiepegel von Messobjekten nicht identisch zu deren absoluter Remission, beide Werte sind vielmehr korreliert miteinander [SICK AG 03b]. Durch eine entsprechende Konfiguration des Scanners ist allerdings eine Entkopplung des Remissionswertes von der Entfernung und des Auftreffwinkels des Strahls möglich. Hierdurch ist der Remissionswert maßgeblich von der Materialeigenschaft des reflektierten Objektes abhängig. Somit hilft eine Auswertung der Remissionswerte bei der Aussage über Strukturübergänge bei gleichen Messentfernungen.

Durch die Integration von Remissionswerten als Punktattribute, lässt sich der Merkmalsvektor $\vec{x}_i$ eines jeden Punktes erweitern auf

$$\vec{x}_i = \begin{pmatrix} x_i \\ y_i \\ z_i \\ r_i \end{pmatrix}$$

mit r_i als Remissionswert zu Element i.

Abbildung 4.4 zeigt ein aufgenommenes Tiefenbild im Original, ohne Remissionwerte und den zugehörigen Remissionswerten als Graustufenwert des Punktes.

4.2 Datenaufbereitung

In diesem Schritt werden die aufgenommenen geometrischen Daten für die Weiterverarbeitung aufbereitet, indem ungültige Punkte markiert werden, und das Tiefenbild durch Glättungsoperatoren bearbeitet wird. Außerdem werden Oberflächen gebildet, indem benachbarte Punkte in Dreiecksnetzen dargestellt werden.

4.2.1 Markierung ungültiger Punkte

Die erfassten geometrischen Punkte eines Tiefenbildes können aus drei Gründen ungültig sein:

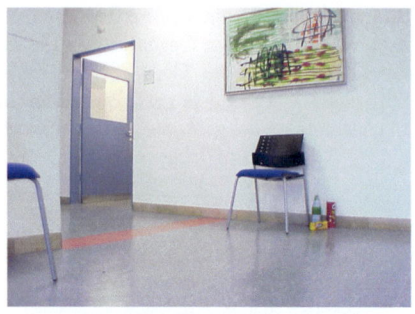

(a) Originalbild

(b) generierte Punktwolke

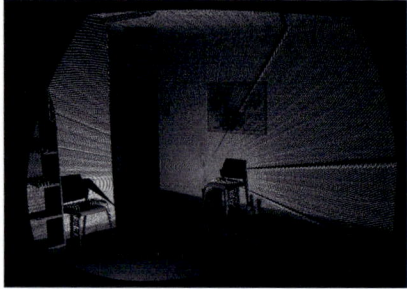

(c) mit Remissionswerten (Punktgröße 1 mm)

(d) mit Remissionswerten (Punktgröße 3 mm)

Abbildung 4.4: 3D-Szene mit Remissionswerten

1. Der Punkt liegt außerhalb der Scannerreichweite von 8m. Der Scanner liefert in diesem Falle einen Punkt bei 8m Entfernung. Dieser Punkt ist allerdings ungültig und wird deshalb markiert und von der Weiterverarbeitung ausgeschlossen (siehe Abbildung 4.5a).

2. Der Punkt liegt auf einer Sprungkante. Durch die Breite des Laserstrahls wird die Kante eines Objekts nur zum Teil angemessen. Ein weiterer Teil des Strahls wird durch ein weiter hinten liegendes Objekt reflektiert. Der resultierende Punkt wird in dem Bereich dazwischen angegeben und ist somit ebenfalls als ungültig zu markieren (siehe Abbildung 4.5b).

3. Der Punkt ist ein Teil der beweglichen Roboterplattform. Da keine dynamischen Objekte aufgenommen werden sollen, werden die Punkte, welche die Roboterplattform repräsentieren, als ungültig markiert (siehe Abbildung 4.5c).

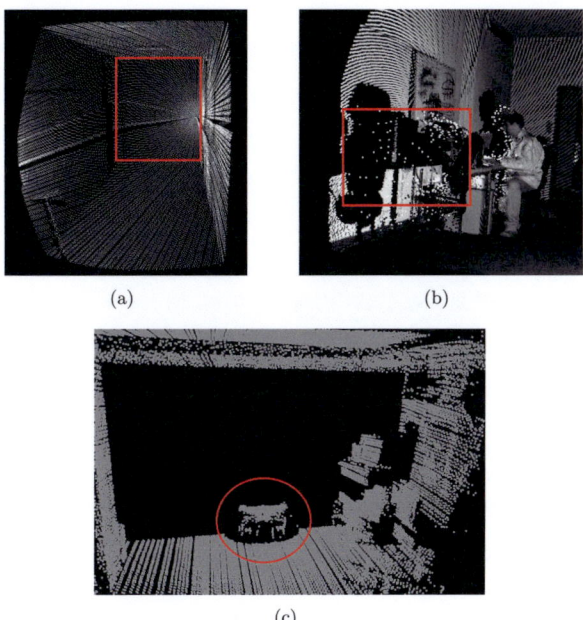

(a) (b)

(c)

Abbildung 4.5: Ungültige Punkte durch 8m Scannerreichweite (a), durch Sprungkanten (b) und durch Eigenaufnahmen der Plattform (c)

Durch die Markierung ungültiger Punkte erweitert sich der Merkmalsvektor $\vec{x}_i$ auf

$$\vec{x}_i = \begin{pmatrix} f_i \\ x_i \\ y_i \\ z_i \\ r_i \end{pmatrix}$$

mit einer Boolschen Variablen f_i, welche die Gültigkeit des Punktes des Elementes i beschreibt.

4.2.2 Glättung der Punktwolke

Eine Glättung des Tiefenbildes durch geeignete Filter soll Messfehler und Störungen reduzieren, welche bei der Datenaufnahme auftreten. Die Entfernungsinformationen des Scanners sind durch Ungenauigkeiten von ca. 1–2 cm in der Tiefe belegt. Ein Glättungsoperator, welcher direkt auf den Scanzeilen operiert, ist sehr effizient, da jeweils nur ein Tiefenbildpunkt neu berechnet werden muss. Neben der Unsicherheit in der Entfernungsmessung gibt es allerdings weitere Ursachen für eine fehlerbehaftete Ermittlung der kartesichen Punktkoordinaten.

Zunächst ist auch die Auflösung des rotatorisch angebrachten Winkelenkoders nicht beliebig hoch, so dass hier durch Quantisierungsfehler eine inkorrekte Zuordnung der Scanzeile zum Scanwinkel entsteht. Des Weiteren ist die Drehgeschwindigkeit des Scanners durch eine vorhandene Unwucht nicht immer exakt konstant. Dies führt ebenfalls zu einer fehlerhaften Zuordnung der Scanzeile zum Scanwinkel.

Unter der Annahme, dass die Ungenauigkeit nicht nur durch die unzureichende Messgenauigkeit des Zeilenscanners verursacht wird, ist es sinnvoll, eine Glättung der Punktwolke auf den kartesischen Koordinaten vorzunehmen. Bei der Glättung der Punktwolke muss allerdings darauf geachtet werden, dass kleine Details nicht verschwinden, oder Kanten zu sehr verwaschen.

Eine Lösung dieses Problems besteht in einem modifizierten Mittelwertfilter. Der klassische Mittelwertfilter (Tiefpass) ermittelt den geglätteten Raumpunkt $\vec{x}_{ij}^{g}$ mit i und j als Zeilenbeziehungsweise Spaltenindex und b als Filterbreite nach

$$\vec{x}_{ij}^{g} = \frac{\sum_{p=i-b}^{i+b}\sum_{q=j-b}^{j+b}\vec{x}_{pq}}{(8 \cdot \sum_{r=0}^{b} r) + 1}.$$

Eine mehrmalige iterative Anwendung des Mittelwertfilters führt zu einer stärkeren Glättung. Würde dieser Punkt stärker als ein Schwellwert δ verändert, weil zum Beispiel eine Sprungkante in der Nachbarschaft ist, wird der ursprüngliche Wert übernommen. Falls dies nicht der Fall ist, wird der geglättete Wert übernommen, so dass gilt:

$$\vec{x}_{ij}^{*} = \begin{cases} \vec{x}_{ij}^{g} & \text{falls} & |\vec{x}_{ij}^{g} - \vec{x}_{ij}| \leq \delta \\ \vec{x}_{ij} & \text{falls} & |\vec{x}_{ij}^{g} - \vec{x}_{ij}| > \delta \end{cases}$$

Auf diese Weise wird sichergestellt, dass die Werte von Punkten, bei denen es in der Nachbarschaft zu Sprüngen in der Tiefe kommt, unverändert bleiben, und nur Punkte mit ähnlichen Koordinaten miteinander geglättet werden. Algorithmus 4.1 zeigt das Verfahren in Pseudocode.

Eingabe: Punktwolke X, Anzahl der Iterationen N, Fenstergröße b, Schwellwert der Änderung δ
Ausgabe: geglättete Punktwolke X'
1: $X' \leftarrow \emptyset$
2: $D \leftarrow \emptyset$
3: $Xtemp \leftarrow X$
4: **for** $s = 1$ to N **do**
5:    **for** allPoints x_{pq} **do**
6:       $x'_{pq} \leftarrow$ BildeMittelwert$(Xtemp, b)$
7:    **end for**
8:    $Xtemp \leftarrow X'$
9: **end for**
10: **for** allPoints x_{pq} **do**
11:    $d_{pq} = x_{pq} - x'_{pq}$
12:    **if** $d_{pq} < \delta$ **then**
13:       $x_{pq} = x'_{pq}$
14:    **end if**
15: **end for**

Algorithmus 4.1: Glättung der Punktwolke

Durch die Bearbeitung der 3D-Punktkoordinaten ändert sich der Merkmalsvektor $\vec{x}_i$ auf

$$\vec{x}_i = \begin{pmatrix} f_i \\ x_i^* \\ y_i^* \\ z_i^* \\ r_i \end{pmatrix}$$

mit x_i^*, y_i^*, z_i^* als Koordinaten des bearbeiteten 3D-Punktes i. Der Einfluss der Glättung wird hauptsächlich in einer Darstellung der Punktwolke in Dreiecksoberflächen deutlich. Ein Beispiel ist in Abbildung 4.6 zu sehen.

4.2.3 Triangulation

Durch eine Triangulation kann das Punktmodell in ein einfaches Oberflächenmodell transformiert werden. Hierin wird das Modell anstatt durch Punkte durch Dreiecke im Raum dargestellt. Die Dreiecke werden durch benachbarte Punkte bestimmt. Durch die spezifische Scannerarchitektur liegt in diesem Fall eine geordnete Punktwolke vor.

Eine Triangulation dieser Punktwolke erfolgt durch die Bildung eines Dreiecks anhand zweier benachbarter Punkte einer Scanlinie ($\vec{P}_{i,j}$ und $\vec{P}_{i+1,j}$), und des zugehörigen Punktes

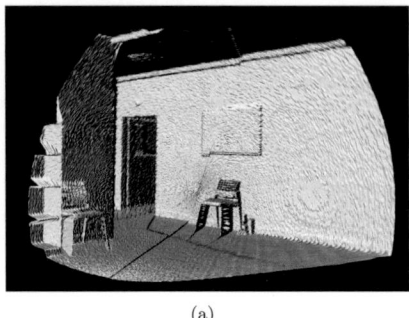 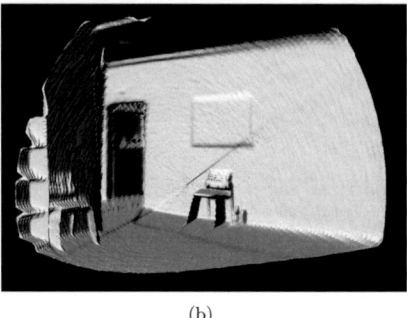

(a) (b)

Abbildung 4.6: Ungeglättetes Tiefenbild (a) und geglättetes Tiefenbild (b)

der Nachbarscanlinie $(\vec{P}_{i,j+1})$ mit i als Punkteindex auf einer Scanzeile und j als Scanzeilenindex. Durch Hinzunahme des nächsten Punktes der vorherigen Scanlinie $(\vec{P}_{i+1,j-1})$, kann ein weiteres Dreieck gebildet werden (siehe Abbildung 4.7).

Die Anwendung dieses Algorithmuses auf alle Punkte führt allerdings auch zu Dreiecken, welche nicht zu einem gemessenen Objekt gehören, da Punkte des Vordergrunds und des Hintergrunds trianguliert werden. Ein zu definierender Schwellwert für die Differenz der Entfernungen verhindert eine Triangulation dieser Punkte. Abbildung 4.8 zeigt ein Beispiel hierfür, ohne (a) und mit (b) Schwellwertfilterung.

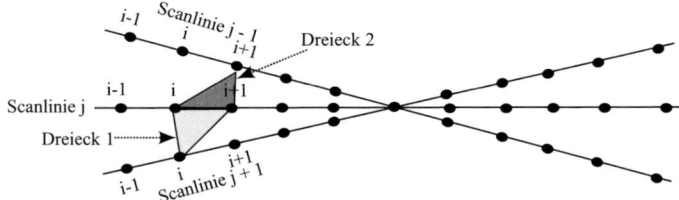

Abbildung 4.7: Triangulation

Hier wird auch die Markierung von Sprungkantenpunkten relevant, da nicht markierte Sprungkantenpunkte den Schwellwert unterschreiten können und somit eine fehlerhafte Triangulation verursachen. Abbildung 4.9 zeigt ein trianguliertes Tiefenbild mit Remissionswerten in Gitternetzdarstellung (a) und in Oberflächendarstellung (b). In dieser Darstellung sind Unebenheiten trotz glatter Oberflächen zu erkennen, da die Rohdaten nicht durch den Glättungsoperator bearbeitet wurden. Abbildung 4.6b zeigt ein nach dem beschriebenen Verfahren geglättetes trianguliertes Tiefenbild.

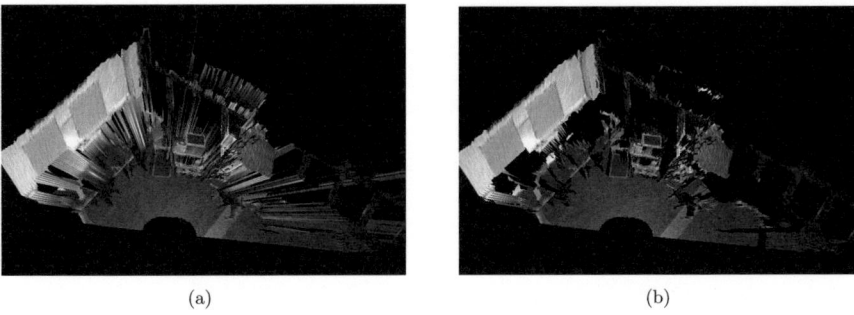

(a) (b)

Abbildung 4.8: Trianguliertes Tiefenbild ohne (a) und mit (b) Schwellwertfilterung

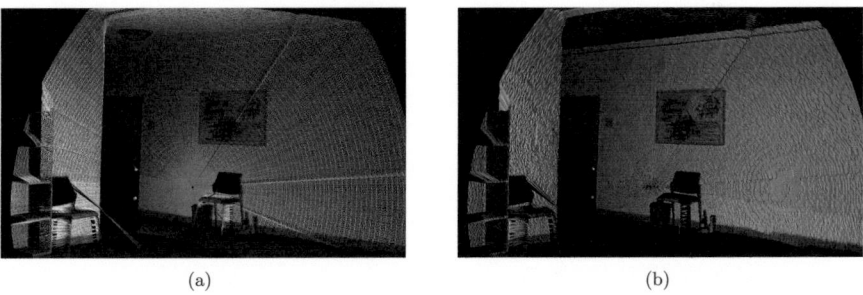

(a) (b)

Abbildung 4.9: Trianguliertes Tiefenbild als Gitternetz (a) und Oberflächen (b)

Weiterhin ist die Auswirkung der Sprungkantenpunkte auf das triangulierte Gesamtbild an den Stuhlbeinen deutlich zu erkennen. Das aufgenommene Tiefenbild besteht nun nicht mehr nur aus der Menge P der einzelnen Punkten $\vec{x}$, sondern auch aus der Menge $D = \left\{ \vec{d}_1 \ldots \vec{d}_n \ldots \vec{d}_m \right\}$ der Dreiecke mit

$$\vec{d}_i = \begin{pmatrix} \vec{x}_{i1} \\ \vec{x}_{i2} \\ \vec{x}_{i3} \end{pmatrix}$$

und m als Anzahl der Dreiecke. Eine Darstellung des Tiefenbildes durch Oberflächen gewinnt an Bedeutung, sobald eine Textur aus einer Farbkamera auf das Tiefenbild projiziert wird.

4.3 Integration von Farbinformationen

Die Integration von Farbinformationen in das bestehende Tiefenbild dient sowohl der Navigation, als auch der Visualisierung. Die Farbinformationen in Form von RGB-Werten der einzelnen Punkte verbessern die Lageschätzung, indem sie mit in das Distanzmaß aufgenommen werden. Bei der Modellierung und Visualisierung des Gesamtmodells werden die Farbinformationen als Oberflächentextur verwendet.

Zur Integration dieser zusätzlichen Farbinformationen wird ein bildgebender Sensor (wie z. B. Sony DFW-SX900, Abbildung 4.10a) verwendet.

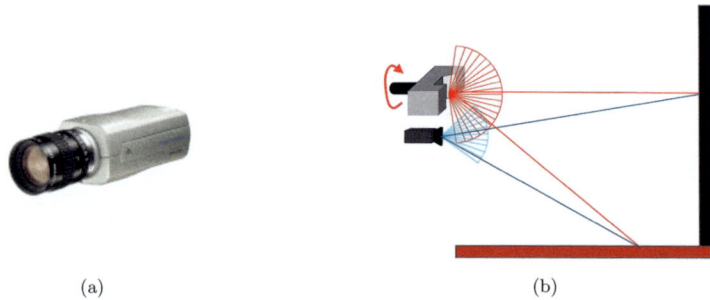

(a)   (b)

Abbildung 4.10: Farbkamera (a), Ermittlung der Farbwerte (b)

Um den Farbwert eines Punktes bestimmen zu können, wird das Bildpixel auf den der Raumpunkt projiziert wird, ermittelt (siehe Abbildung 4.10b). Anhand der diskreten Bildkoordinaten (u, v) des Bildpixels kann daraufhin der zugehörige Farbwert bestimmt werden.

Durch eine Transformation werden die Koordinatensysteme des Tiefenbildsensors und des bildgebenden Sensors ineinander überführt. Hierfür werden im Rahmen einer Kalibrierung die Kameraparameter ermittelt, und in einer homogenen Transformationsmatrix C zusammengefasst. Die Kameraparameter lassen sich in intrinsische Parameter und extrinsische Parameter differenzieren. Hierbei gilt nach [Gockel 07]:

intrinsische Parameter: Sie definieren die nicht eindeutig umkehrbare Abbildungsfunktion f, die einen Punkt vom Kamerakoordinatensystem eindeutig in das Bildkoordinatensystem abbildet, so dass

$$f : \Re^3 \longrightarrow \Re^2.$$

Hierzu gehören die Brennweite, der Bildhauptpunkt und die Parameter für die Beschreibung radialer/tangentialer Linsenzeichnungen. Diese Parameter werden auch *innere Orientierung* genannt.

extrinsische Parameter: Sie definieren die Beziehung zwischen dem Kamerakoordinaten-system und dem Weltkoordinatensystem, im Allgemeinen beschrieben durch eine Rotation R und eine Translation t. Diese Parameter werden auch *äußere Orientierung* genannt.

Der Raumpunkt $\vec{x}_s$ wird durch die Transformationsmatrix C auf den Bildpunkt $\vec{x}_b$ abgebildet, somit gilt

$$\vec{x}_b = C \cdot \vec{x}_s.$$

Im Rahmen der Kalibrierung der Sensoren wird die Transformationsmatrix C bestimmt. Zur Kalibrierung des bildgebenden Sensors stehen zwei Verfahren zur Verfügung:

- Interaktive Kalibrierung

- Automatische Kalibrierung

Das Ergebnis der Kalibrierung ist jeweils die Transformationsmatrix C, durch die das Scannerkoordinatensystem in das Koordinatensytem des bildgebenden Sensors überführt wird. Hierdurch kann der zu einem 3D-Punkt zugehörige Pixelwert ermittelt werden. Die Kalibrierung ist ein einmaliger Vorgang, welcher erst bei einer Änderung der mechanischen Anordnung oder einem Wechsel des Objektivs wiederholt werden muss.

4.3.1 Interaktive Kalibrierung

Bei der interaktiven Kamerakalibrierung wird ein Kalibrierobjekt verwendet, welches als Zwischenkoordinatensystem zwischen Scanner und Kamera dient [Walther 06].

Das Kalibrierobjekt ist ein auf einer Seite offener Kasten mit den Maßen (B×H×T in mm) 507 × 610 × 310. An der Innenwand sind 16 Stäbe in vier Reihen befestigt. Die Stäbe haben alternierend eine Länge von 30 mm beziehungsweise 280 mm. An ihrer Vorderseite befindet sich jeweils eine schwarz-weiße Markierung (siehe Abbildung 4.11).

Die Position dieser Markierungen im Bezug auf das Zwischenkoordinatensystem mit Ursprung an der linken, vorderen, unteren Ecke des Kalibrierobjekts ist bekannt. Beim Zwischenkoordinatensystem handelt es sich um ein Rechtssystem, wobei die x-Achse koaxial zur linken, unteren, inneren Kante liegt (siehe Abbildung 4.11a).

Die 16 Messpunkte des Kalibrierobjektes lassen sich nur schwer aus den Scannerdaten extrahieren. Dies hängt vor allem mit der Komplexität der Szene und Messungenauigkeiten zusammen. Außerdem wird jeder Messpunkt aufgrund seiner geringen Ausmaße nur durch wenige Messdaten beschrieben, was in Verbindung mit dem Scannerrauschen zu ungenauen und stark schwankenden Resultaten führen würde. Daher wird durch den Schnitt dreier

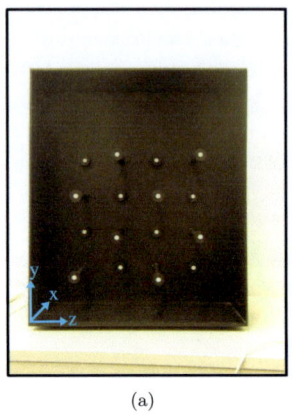

(a) (b)

Abbildung 4.11: Das Kalibrierobjekt real (a) und im Tiefenbild mit den bestimmten Ebenen und Punkt 2 als ermittelten Ursprung des Zwischenkoordinatensystems (b).

Ebenen (Rückwand, linke Seitenwand und Boden) die linke, hintere, untere Ecke des Objekts in Scannerkoordinaten bestimmt.

Die Bestimmung der drei Ebenen erfolgt interaktiv. Der Anwender wählt jeweils drei Punkte p, q, r der entsprechenden Ebene in der Visualisierung der Scandaten aus. Zwei Methoden kommen zur Bestimmung der Ebene zum Einsatz:

1. Es wird die durch die Punkte p, q und r eindeutig bestimmte Ebene

$$E_1: \quad \vec{n}^T \cdot \vec{x} - d = 0 \qquad \text{mit} \quad \vec{n} = \frac{\vec{pq} \times \vec{pr}}{\|\vec{pq} \times \vec{pr}\|} \quad \text{und} \quad d = \|\vec{p}\| \tag{4.1}$$

   verwendet.

2. Es wird die durch die Punkte $\bar{p}$, $\bar{q}$ und $\bar{r}$ eindeutig bestimmte Ebene E_2 analog zu (4.1) verwendet. Dabei sind $\bar{p}$, $\bar{q}$ und $\bar{r}$ jeweils das arithmetische Mittel der Mengen

$$P = \{x | E1(\vec{x}) < DMAX \wedge \|\vec{x} - \vec{p}\| < 10 * DMAX\} \tag{4.2}$$

$$Q = \{x | E1(\vec{x}) < DMAX \wedge \|\vec{x} - \vec{q}\| < 10 * DMAX\} \tag{4.3}$$

$$R = \{x | E1(\vec{x}) < DMAX \wedge \|\vec{x} - \vec{r}\| < 10 * DMAX\} \tag{4.4}$$

DMAX beschreibt dabei den maximal erlaubten Abstand eines Punktes vom p, q bzw. r. Abb. 4.11b zeigt ein Beispiel nach Methode 2.

Die aus dem paarweisen Schnitt der ermittelten Ebenen miteinander resultierenden Schnittgeraden repräsentieren die Richtungen der Koordinatenachsen des Zwischenkoordinatensystems. Zusätzlich zu den Richtungen muss noch der Ursprung U bestimmt werden. Dies geschieht mit Hilfe der Schnittgeraden g_x zwischen der linken Seitenwand und dem Boden, und dem Schnittpunkt S der drei Ebenen. Durch Vermessung des Kalibrierobjektes lässt sich d_{SU}, der Abstand zwischen Ebenenschnittpunkt und Ursprung zu 310 mm bestimmen. Da sowohl U als auch S auf g_x liegen, gilt also:

$$U = S + d_{SU} \cdot \vec{g}_x \quad \text{, wobei } \vec{g}_x \text{ der normierte Richtungsvektor von } g_x \text{ sei} \qquad (4.5)$$

Nun kann die Transformationsmatrix C_{Scanner}, die zur Bestimmung der Zwischenkoordinaten eines Messpunktes dient, berechnet werden.
Prinzipiell handelt es sich bei der Transformation um eine Translation und drei Rotationen um die Zwischenkoordinatenachsen. Also

$$C_{\text{Scanner}} = R_x * R_y * R_z * T \qquad (4.6)$$

wobei T die Translationsmatrix ist, und die R_i die Rotationsmatrizen um die jeweiligen Achsen darstellen. Jeder Punkt $\vec{x}_s$ in Scannerkoordinaten lässt sich nun mit Hilfe von

$$\vec{x}_z = C_{\text{Scanner}} \cdot \vec{x}_s$$

in Zwischenkoordinaten transformieren.

Die Kalibrierung der Kamera erfolgt über die Detektion der 16 Messpunkte des Kalibrierobjektes. Dazu wird zunächst ein einzelnes Kamerabild aufgenommen. Unter der Annahme, dass sich die Szene während des Kalibriervorgangs nicht verändert, muss dies nicht direkt mit der Scannerkalibrierung erfolgen, sondern kann zeitlich versetzt geschehen. Um die Messpunkte extrahieren zu können, muss das Bild segmentiert werden, das heisst, dass die Messpunkte und der Hintergrund getrennt werden. Hierfür kommt zunächst ein Schwellwertverfahren zur Anwendung. Die Aufnahme wird dabei in den drei Grundfarben rot, grün und blau binarisiert. Werte über dem Schwellwert werden auf den maximalen Farbwert von 255 angehoben, die übrigen auf Null gesetzt. Über die Anwendungsoberfläche lassen sich die jeweiligen Schwellwerte so anpassen, dass die Messpunkte im Resultat deutlich hervortreten. Um die Erkennung zu vereinfachen, wird der Suchbereich im Bild durch den Anwender auf das Kalibrierobjekt eingeschränkt. Innerhalb dieses Bereiches sollten nur die Messpunkte erkennbar sein. Einige Fehlmarkierungen werden jedoch toleriert. Wichtig dabei ist jedoch, dass die Messpunkte im Bezug auf die Anzahl zugehöriger Pixel größer sind als die Fehlerflächen. Der Grund hierfür liegt in dem verwendeten Auswahlverfahren. Die eigentliche Segmentierung erfolgt mit der Methode des *Connected Components Labeling* [Davies 96] im binarisierten Kamerabild.

Bei einer korrekt durchgeführten Binarisierung und Einschränkung des Suchraums sollte der Hintergrund schwarz sein, die Messpunkte, also der Vordergrund, farbig. Für den Segmentierungsalgorithmus sollen daher die Pixel p und q als ähnlich gelten, wenn sie nicht schwarz sind. Um die verbleibenden Punkte den Messpunkten des Kalibrierobjektes zuzuordnen, werden sie zunächst mit dem Quicksort-Verfahren nach x-Koordinaten sortiert. Anschließend werden jeweils vier aufeinander folgende Punkte nach ihrer y-Koordinate sortiert. Das Ergebnis wird aus Abbildung 4.12 ersichtlich.

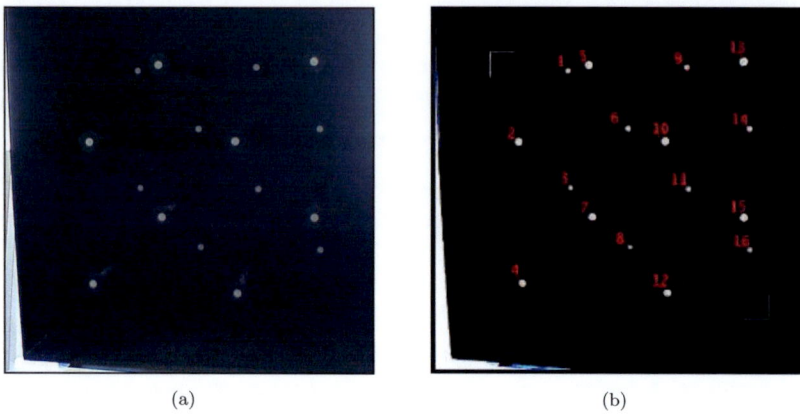

(a)   (b)

Abbildung 4.12: Kalibrierung der Kamera: (a) Ausschnitt des Kamerabildes (b) Erkannte Messpunkte im binarisierten Bild; die Zahlen stehen für die Zuordnung der Koordinaten, die eckigen Markierungen begrenzen den Suchbereich.

Die nun vorliegenden Bildkoordinaten der Messpunkte ermöglichen die Berechnung der DLT-Matrix. Sie beschreibt die als linear angenommene Beziehung zwischen Zwischen- und Bildkoordinaten. Eine Verzeichnung durch die Objektive, welche hauptsächlich bei Weitwinkelobjektiven auftritt, findet also keine Berücksichtigung. Für die Bildkoordinaten gilt allgemein:

$$p_i = C_{\text{Kamera}} \cdot q_i \quad \text{mit} \quad p_i = \begin{pmatrix} wx_i \\ wy_i \\ w \end{pmatrix} \quad \text{und} \quad q_i = \begin{pmatrix} X_i \\ Y_i \\ Z_i \\ 1 \end{pmatrix} \tag{4.7}$$

wobei p_i der Punkt i in Bildkoordinaten, q_i der Punkt i in Zwischenkoordinaten ist. C_{Kamera} ist die zu bestimmende Kalibrierungsmatrix für die Kamera.

Aufgelöst ergeben sich also folgende Gleichungen:

$$wx_i = c_{11}X_i + c_{12}Y_i + c_{13}Z_i + c_{14}$$
$$wy_i = c_{21}X_i + c_{22}Y_i + c_{23}Z_i + c_{24}$$
$$w = c_{31}X_i + c_{32}Y_i + c_{33}Z_i + c_{34}$$

Da die Tiefeninformation im Kamerabild nicht vorhanden ist, genügt ein 3-elementiger Ergebnisvektor und somit für C_{Kamera} eine 3×4-Matrix. Durch Einsetzen von w in die ersten beiden Gleichungen ergibt sich:

$$c_{11}X_i + c_{12}Y_i + c_{13}Z_i + c_{14} - c_{31}X_ix_i - c_{32}Y_ix_i - c_{33}Z_ix_i = c_{34}x_i$$
$$c_{21}X_i + c_{22}Y_i + c_{23}Z_i + c_{24} - c_{31}X_iy_i - c_{32}Y_iy_i - c_{33}Z_iy_i = c_{34}y_i$$

c_{34} fungiert hierbei als homogene Komponente und wird zu $c_{34} = 1$ gesetzt. Die X_i, Y_i und Z_i ($i = 1, 2, ..., 16$) sind durch Vermessung des Kalibrierobjektes bekannt, die x_i und y_i wurden durch das beschriebene Verfahren aus dem Kamerabild extrahiert. Zu bestimmen sind also die 11 Koeffizienten c_{rs} ($r = 1, 2, 3, 4$ und $s = 1, 2, 3$ ohne c_{34}). Mit

$$A = \begin{pmatrix} X_1 & Y_1 & Z_1 & 1 & 0 & \cdots & \cdots & 0 & -X_1x_1 & -Y_1x_1 & -Z_1x_1 \\ \vdots & & & & & & & & & & \vdots \\ X_{16} & Y_{16} & Z_{16} & 1 & 0 & \cdots & \cdots & 0 & -X_{16}x_{16} & -Y_{16}x_{16} & -Z_{16}x_{16} \\ 0 & \cdots & \cdots & 0 & X_1 & Y_1 & Z_1 & 1 & -X_1y_1 & -Y_1y_1 & -Z_1y_1 \\ \vdots & & & & & & & & & & \vdots \\ 0 & \cdots & \cdots & 0 & X_{16} & Y_{16} & Z_{16} & 1 & -X_{16}y_{16} & -Y_{16}y_{16} & -Z_{16}y_{16} \end{pmatrix}$$

und

$$b = \begin{pmatrix} x_1 \\ \vdots \\ x_{16} \\ y_1 \\ \vdots \\ y_{16} \end{pmatrix}$$

ist also das Gleichungssssystem

$$b = Ac \qquad (4.8)$$

zu lösen. Dieses Gleichungssystem ist überbestimmt. Für 11 der gesuchten Koeffizienten stehen 32 Gleichungen zur Verfügung. Mit der Methode der kleinsten Fehlerquadrate nach Gauß ergibt sich:

$$c = (A^T A)^{-1} A^T b$$

Dabei repräsentiert der 11-elementige Vektor c die gesuchten Koeffizienten in der Form:

$$c = \begin{pmatrix} c_{11} \\ c_{12} \\ \vdots \\ c_{33} \end{pmatrix}$$

Für sie ist der quadratische Fehler zwischen den Messwerten und der angenommen Hyperebene minimal.

Wenn sowohl C_{Scanner} als auch C_{Kamera} berechnet wurden, kann die Kalibriermatrix C_{gesamt} für das Gesamtsystem bestimmt werden. Sie stellt dann die Gesamtheit der Transformationen dar, die nötig sind, um aus einem Punkt in Scannerkoordinaten, also aus den Messwerten des Scanners, die zugehörigen Bildkoordinaten im Kamerabild und somit die für die Texturierung notwendigen Texturkoordinaten, zu berechnen. Es ergibt sich also:

$$C_{\text{gesamt}} = C_{\text{Kamera}} \cdot C_{\text{Scanner}} \quad \text{mit} \quad C_{\text{gesamt}} \in \Re^{3 \times 4} \tag{4.9}$$

Zu einem beliebigen Punkt $\vec{x}_s$ in Scannerkoordinaten können nun durch

$$\vec{x}_b = \begin{pmatrix} u \\ v \end{pmatrix} = C_{\text{gesamt}} \cdot \vec{x}_s \tag{4.10}$$

die zugehörigen Bildkoordinaten im Kamerabild berechnet werden.

4.3.2 Automatische Kalibrierung

Falls die Remissionswerte des Scanners verfügbar sind, kann auf das Kalibrierobjekt verzichtet werden, und es können die extrinsischen Parameter auf einem korrelationsbasierten Verfahren ermittelt werden. Für die Ermittlung der intrinsischen Parameter ist nur ein kleines Schachbrettmuster nötig.

Durch eine starke Korrelation der Remissionswerte mit den Grauwerten eines Farbbildes ist es möglich, eine Kalibrierung automatisch anhand des Remissionsbildes durchzuführen. Diese Korrelation ist deutlich in Abbildung 4.13 anhand eines Farbbildes, einer Grauwertdarstellung und einer Punktwolke von einem Gemälde auf einer Leinwand zu erkennen. Vorteilhaft ist hierbei, dass die Remissionswerte implizit kalibriert sind. Durch ein Matchingverfahren kann das zugehörige Farbbild auf das Remissionsbild abgebildet, und somit die Kalibriermatrix bestimmt werden.

Um die intrinsischen Kameraparameter zu bestimmen, wird die Programmbibliothek OpenCV von Intel [OpenCV 07] verwendet. Hier genügt ein Schachbrettmuster mit bekannten Abmessungen, um die interne Kalibrierung durchzuführen. Bei Übergabe eines Kamerabildes des Schachbretts, der Anzahl der darin zu findenden Ecken, sowie deren Koordinaten relativ zueinander, werden die Parameter bestimmt und zur Verfügung gestellt. Hierbei werden die internen Ecken, also diejenigen Punkte, bei denen sich jeweils zwei schwarze und zwei weiße Felder berühren, detektiert. Es muss allerdings sichergestellt sein, dass das Schachbrettmuster vollständig im Kamerabild enthalten ist. Abbildung 4.14 zeigt

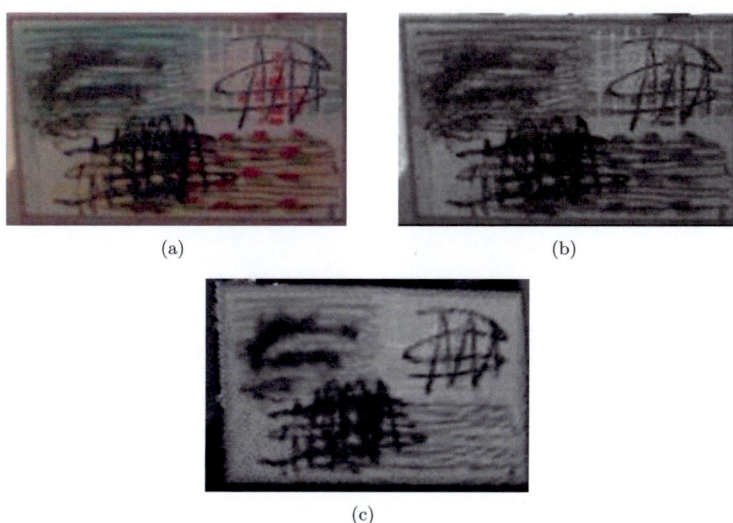

(a)　　　　　　　　　　(b)

(c)

Abbildung 4.13: Farb- (a), Graustufen- (b) und Remissionsbild (c) eines Gemäldes

Abbildung 4.14: Verwendetes Schachbrett und detektierte interne Ecken

das verwendete Muster und die gefundenen internen Ecken.

In Abbildung 4.14 sind allerdings auch deutlich Linsenverzeichnungen, welche durch die kurze Brennweite des Objektivs verursacht werden, zu erkennen. Kurze Brennweiten des Objektivs sind aber notwendig, um große Sichtbereiche aufnehmen zu können.

Die Linsenverzeichnung kann ebenfalls durch die Programmbibliothek OpenCV eliminiert werden. Hierfür sind die ermittelten intrinsischen Kameraparameter und das Originalbild zu übergeben. Als Ergebnis wird ein entzerrtes Bild zurückgeliefert. Abbildung 4.15 zeigt ein Rohbild und ein durch dieses Verfahren entzerrtes Bild.

(a) (b)

Abbildung 4.15: Rohbild der Kamera (a) und entzerrtes Bild (b)

Zur Bestimmung der extrinsischen Kameraparameter wird auf den Ansatz in [Andreasson 05] zurückgegriffen, welcher auf einer Korrelation der Remissionswerte des Scanners r_i mit der Helligkeit der Bildpunkte H_i basiert. Hierbei gilt

$$H_i = \frac{R_i + G_i + B_i}{3}.$$

Der Abstand zwischen einem Remissionswert r und einem Helligkeitswert H wird definiert als

$$d(r, H) = r - H.$$

Der Abstand eines ganzen Kamerabildes zu den Remissionswerten einer Punktwolke wird definiert als

$$d(K, P)^2 = \left(\sum_{m=1}^{M} d(r_{p(m)}, H_m) \right)^2$$

mit p(m) als Abbildungsfunktion des Bildindexes zu dem korrespondierenden Punkt im Tiefenbild, und M als Gesamtzahl der Bildpixel. Diese Abstandsfunktion soll minimiert werden. Hierfür wird ein Gradientenabstiegsverfahren verwendet. Es wird also eine Transformation gesucht, welche das Scannerkoordinatensystem in das Kamerakoordinatensystem überführt. Diese Transformation besteht aus den Translationen um t_x, t_y, t_z entlang der jeweiligen Achsen und den Rotationen um die Winkel α, β, γ um die entsprechenden Achsen.

Diese Parameter werden in dem Parametervektor $\vec{p}^{\,k}$ zusammengefasst zu

$$\vec{p}^{\,k} = \begin{pmatrix} t_x \\ t_y \\ t_z \\ \alpha \\ \beta \\ \gamma \end{pmatrix} \qquad (4.11)$$

mit k als Schrittvariable.

Anschließend wird der Gradient ∇d^k berechnet, welcher die partiellen Ableitungen des Gesamtfehlers $d_{t_x}^k, d_{t_y}^k, d_{t_z}^k, d_\alpha^k, d_\beta^k, d_\gamma^k$ enthält. Daraus wird der neue Parametersatz p^{k+1} berechnet nach der Formel [Spellucci 93]

$$\vec{p}^{\,k+1} = \vec{p}^{\,k} - \sigma_k \nabla d^k$$

Hierbei beschreibt d^k den Gesamtfehler und σ_k die Schrittweite des Abstiegs.

Dieser Vorgang wird wiederholt, bis eine der folgenden Bedingungen erfüllt wird:

1. Eine vorher festgelegte Fehlerschranke ϵ wird unterschritten. Das Verfahren ist in das gesuchte Minimum konvergiert.

2. Der Fehler ändert sich nicht mehr. In diesem Fall wurde ein lokales Minimum erreicht.

3. Die maximale Iterationszahl wurde erreicht. Hierdurch wird eine Endlosschleife vermieden, falls zum Start der Optimierung ein Parametersatz verwendet wurde, welcher zu weit von der angestrebten Lösung entfernt liegt.

Analog zur interaktiven Kalibrierung können nun die Bildkoordinaten $\vec{x}_b = (u, v)^T$ eines Raumpunktes $\vec{x}_s$ durch die Gleichungen 4.6, 4.9 und 4.10, mit C_{Kamera} als Transformationsmatrix der intrinsischen Parameter und C_{Scanner} als Transformationsmatrix der extrinsischen Parameter, bestimmt werden.

4.3.3 Farbinformationen und Farbtexturen

Die Daten des bildgebenden Sensors werden während der Navigation, sowie zur Erstellung des Gesamtmodells, benötigt. Bei der Aufnahme eines Tiefenbildes wird jedem Punkt, der im Sichtkegel des bildgebenden Sensors liegt, zusätzlich ein Farbwert in Form eines rot-grün-blau (RGB) Tripels zugewiesen.

Hierdurch erweitert sich der Merkmalsvektor eines Punktes auf

$$\vec{x}_i = \begin{pmatrix} f_i \\ x_i \\ y_i \\ z_i \\ r_i \\ R_i \\ G_i \\ B_i \end{pmatrix} \tag{4.12}$$

mit R,G,B als Rot-, Grün- beziehungsweise Blauwerte des Punktes. Diese Zusatzinformationen werden zur Navigation benutzt, indem der Farbwert in das Distanzmaß des Registrierungsalgorithmus einfließt. Eine Punktwolke mit zusätzlichen Farbinformationen der Punkte ist in Abbildung 4.16 zu sehen.

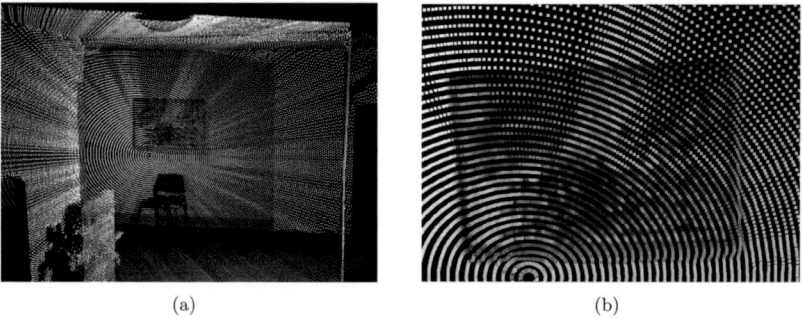

(a)　　　　　　　　　　　　　(b)

Abbildung 4.16: Farbbehaftete Punktwolke (a) und ein Detailauschnitt (b)

Im Gegensatz dazu beschreibt die Textur einen Teil einer Abbildung auf ein Polygon. Als Polygone dienen in dieser Arbeit die Dreiecke, welche aus der Triangulation (siehe Abschnitt 4.2.3) ermittelt wurden. Es müssen somit die Bildpunkte p_i der drei Eckpunkte q_i des Dreiecks mit $i = 1, 2, 3$ nach

$$p_i = C_{\text{gesamt}} \cdot q_i$$

berechnet werden. Da Texturkoordinaten zwischen Null und Eins liegen, müssen die ermittelten Werte mit der maximalen Bildbreite und -höhe $r = (r_x, r_y)^T$ normiert werden. Falls ein Punkt ausserhalb des Bildbereiches projiziert wird, erhält der die Texturkoordinaten $(0, 0)$.

Somit gilt

$$\vec{T}^* = \begin{pmatrix} T_x^* \\ T_y^* \end{pmatrix} = \begin{pmatrix} p_x/r_x \\ p_y/r_y \end{pmatrix} \tag{4.13}$$

und

$$\vec{T} = \begin{cases} \vec{T}^* & \text{falls} \quad T_x^*, T_y^* \in [0,1] \\ (0,0)^T & \text{falls} \quad T_x^*, T_y^* \notin [0,1] \end{cases}$$

Abbildung 4.17 veranschaulicht diesen Ablauf nochmals.

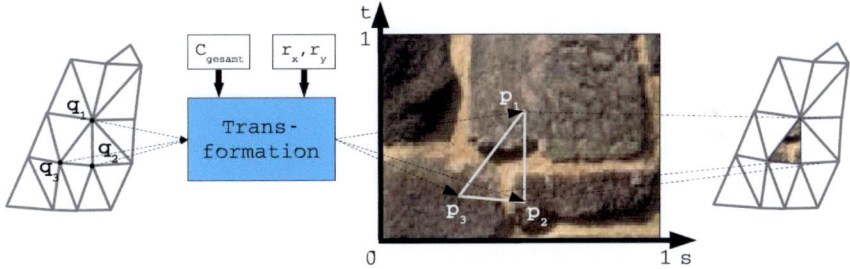

Abbildung 4.17: Texturierung eines Dreiecks

Hierdurch erweitert sich der Merkmalsvektor eines Punktes auf

$$\vec{x}_i = \begin{pmatrix} f_i \\ x_i \\ y_i \\ z_i \\ r_i \\ R_i \\ G_i \\ B_i \\ T_{x_i} \\ T_{y_i} \end{pmatrix}. \tag{4.14}$$

Die Textur dient rein der Visualisierung des Gesamtmodells. Da die Textur erst bei der Erstellung eines Gesamtmodells zur Anwendung kommt, wird das zugehörige Bild zunächst abgespeichert und bei Bedarf abgefragt. Somit gehört zu einem Tiefenbild neben der Punktmenge P und der Dreieckmenge D die Menge der Bildpunkte $B = \left\{ \vec{b}_{11} \ldots \vec{b}_{pq} \right\}$, welche das zugehörige Bild mit der Auflösung p×q beschreibt. Die Elemente $\vec{b}_i$ von B beschreiben hierbei die Rot-,Grün- und Blauwerte des Bildpixels.

Durch eine Oberflächendarstellung der farbbehafteten Punkte und eine Interpolation der Farbwerte zwischen den Punkten kann eine texturähnliche Darstellung erreicht werden. Bei detaillierter Betrachtung des resultierenden Tiefenbildes ist aber eine deutlich verschlechterte Qualität zu erkennen, sodass dieses Verfahren für eine realitätsgetreue Darstellung des Modells ungeeignet ist (Abbildung 4.18).

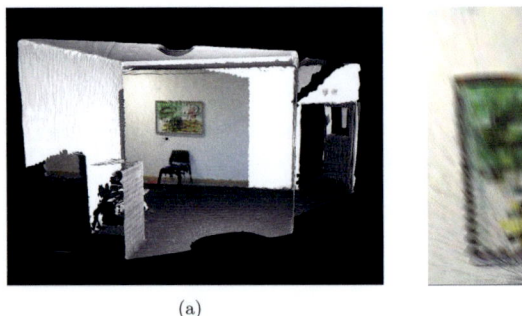
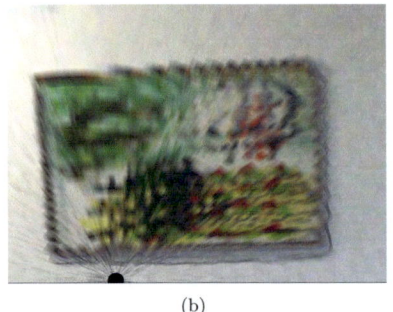

(a)   (b)

Abbildung 4.18: Interpoliertes Oberflächenmodell (a) und ein Detailausschnitt (b)

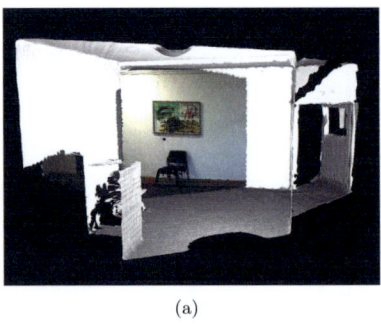
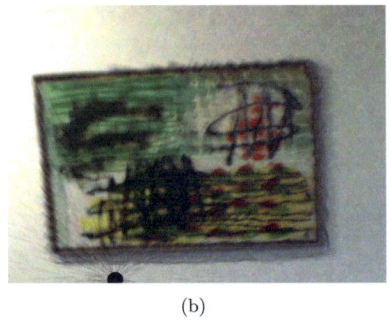

(a)   (b)

Abbildung 4.19: Texturüberlagertes Oberflächenmodell (a) und ein Detailausschnitt (b)

Abbildung 4.19 zeigt das entsprechende Tiefenbild mit zugehöriger Textur. In den jeweils hervorgehobenen Ausschnitten aus Abbildung 4.16, 4.18 und 4.19 ist deutlich der Unterschied zwischen farbigen Punktwolken, farbigen Oberflächen und texturüberlagerten

Oberflächen zu sehen. Durch die Interpolation der Farben auf den Oberflächen zwischen den drei Punkten gehen Bilddetails verloren. Dies wirkt sich vor allem bei scharfen Bildkanten wie dem Gemälderahmen und größeren Dreiecken wie an der rechten oberen Ecke des Gemäldes aus. Bei texturüberlagerter Darstellung bleiben die scharfen Bildkanten auch bei beliebig grossen Dreiecken erhalten.

4.3.4 Okklusionen

Durch die unterschiedliche räumliche Anordnung des 3D-Sensors und der für die Texturinformation benötigten Kamera, kann die Situation auftreten, dass vom Scanner Raumpunkte erfasst werden, die von der Kameraposition aus nicht sichtbar sind. Dabei handelt es sich um diejenigen Punkte, die sich im Sichtschatten der Kamera befinden.

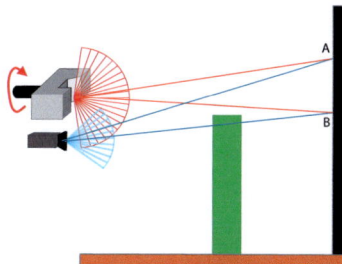

Abbildung 4.20: Verdeckung schematisch

Abbildung 4.20 zeigt diese Problematik schematisch. Die Texturkoordinaten des Punktes A werden hierbei korrekt ermittelt, während Punkt B durch eine Okklusion (Verdeckung) eine falsche Farb- bzw. Texturinformation zugeordnet wird. Aus der Sicht der Kamera sind diese Punkte von einem anderen Objekt verdeckt. Bei der oben erwähnten Berechnung der Texturkoordinaten mit Hilfe von Transformationsmatrizen, wird nun jedem verdeckten Punkt gerade die Texturkoordinate im Bild zugewiesen, die dem Punkt des verdeckenden Objektes entspricht, auf den ein Sichtstrahl von der Kamera zum verdeckten Punkt trifft. Dies hat zur Folge, dass bei einer Texturierung der verdeckte Bereich mit der gleichen Textur versehen wird wie der ihn verdeckende Bereich. Abbildung 4.21 zeigt einen solchen Fall in der Realität. Durch die fehlerhafte Zuordnung der Texturkoordinaten wird das Objekt im Vordergrund des Originalbilds (a) sowohl auf das zugehörige Objekt im 3D-Bild, als auch auf die dahinterliegende Wand projiziert.

Der beschriebene Effekt tritt besonders dann stark auf, wenn sich ein Gegenstand relativ nah vor der Kamera und in deutlichem Abstand vor dem Hintergrund befindet. In dieser

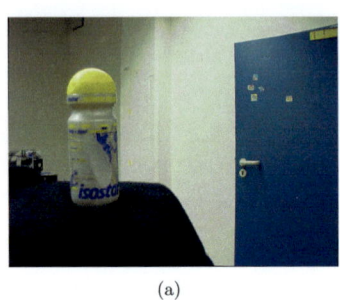
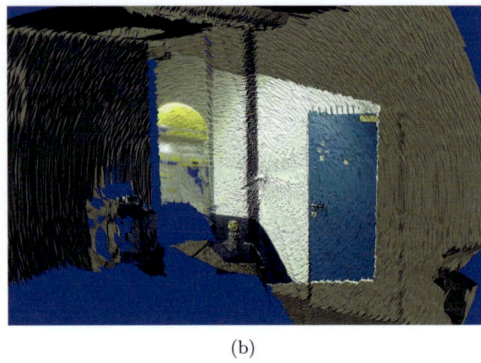

(a) (b)

Abbildung 4.21: Originalbild (a) und resultierende Verdeckung (b)

Konstellation wird ein besonders großer Bereich des Hintergrunds verdeckt und falsch texturiert.

Falls also mehrere Raumpunkte auf das gleiche Bildpixel $\vec{P}_{u,v}$ abgebildet werden, darf nur diejenige Raumpunkt $\vec{x}_s$ die Texturkoordinaten erhalten, welcher der Kamera am nächsten liegt, so dass

$$\vec{T}(\vec{x}_s) = \begin{cases} \vec{T}^*(\vec{x}_s) & \text{falls } \left\|\vec{x}_s - \vec{P}_{u,v}\right\| = min\forall_i \left\|\vec{x}_i - \vec{P}_{u,v}\right\| \\ (0,0)^T & \text{sonst} \end{cases} \tag{4.15}$$

mit $T^*(\vec{x}_s)$ als aktuelle Texturkoordinaten des Raumpunktes $\vec{x}_s$. Um dies zu gewährleisten, wird ein Entfernungspuffer angelegt, welcher die aktuell geringste Entfernung des zugehörigen 3D-Punktes speichert. Hierdurch kann der fälschlicherweise texturierte Bereich erkannt und entfernt werden. Abbildung 4.22 zeigt dies anhand der realen Szene.

4.4 Zusammenfassung

Dieses Kapitel erläuterte den Prozess der Datenaufnahme. Dieser beginnt mit der Aufnahme einer Punktwolke und den zugehörigen Remissionwerten. Danach werden die aufgenommenen Daten bearbeitet, indem sie gefiltert und geglättet werden, um darauf Oberflächen durch Triangulation zu bilden. Des Weiteren widmete sich dieses Kapitel der Integration von Farbinformationen anhand eines bildgebenden Sensors. Es wurden insbesondere zwei Verfahren zur Kalibrierung der Sensoren vorgestellt, sowie der Umgang mit Okklusionen.

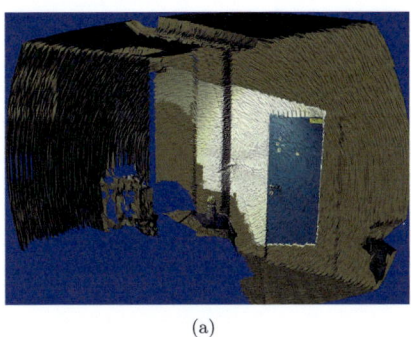 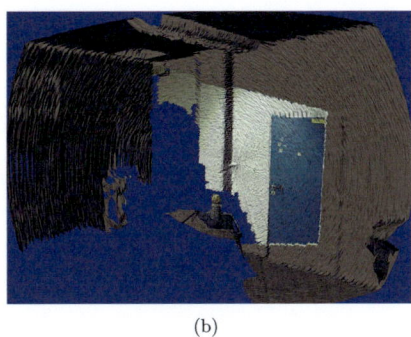

(a) (b)

Abbildung 4.22: Verdeckung mit falscher Textur markiert (a) und entfernt (b)

Es wurde ein Merkmalsvektor $\vec{x}_i$ gebildet, welcher die kartesischen Koordinaten, den Remissionswert, eine boolsche Gültigkeitsvariable, die Farbwerte sowie die Texturkoordinaten für jeden Punkt i der Punktmenge P enthält. Zusätzlich wird das Tiefenbild durch eine Menge D an Dreiecken und das zugehörige Farbbild B charakterisiert.

Kapitel 5

Registrierung der Teilansichten

Nachdem nun die Geometriedaten und die Punktattribute einer partiellen Punktwolke in einem lokalen Sensorkoordinatensystem zur Verfügung stehen, werden diese mit der Lageschätzung der mobilen Plattform in ein Weltkoordinatensystem transformiert.

Aufgrund verschiedener Ursachen stellt die mobile Plattform nicht die korrekte Roboterlage zur Verfügung, sondern eine fehlerbehaftete Schätzung der Lage. Um diesen Fehler kompensieren zu können, müssen die Punktwolken zueinander registriert werden. Eine notwendige Bedingung hierfür ist allerdings, dass sich die Punktwolken im Weltkoordinatensystem ausreichend überlappen. Ist dies gegeben, so kann eine Transformation zwischen zwei aufeinander folgenden Punktwolken ermittelt werden. Da auch die Registrierung der Punktwolken fehlerhaft sein kann, wird bei einer Überlappung der Punktwolke mit einer ursprünglichen Punktwolke (die Punktwolke wurde mehrere Schritte zuvor generiert) ebenfalls eine Registrierung durchgeführt. Dieser Fall tritt immer bei Kreisschlüssen (Loop Closing) auf. Um den Registrierungfehler zu kompensieren, muss dementsprechend der verbleibende Fehler, der so genannte Abschlussfehler, über die vorausgegangenen Punktwolken verteilt werden.

5.1 Informationsgehalt der Daten

Um das Registierungsverfahren und die Registrierungsergebnisse beurteilen zu können, ist es notwendig, die verschiedenen Datentypen Roboterlage, Entfernungswert, Remissionswert und Farbwert nach ihrem Informationsgehalt zu durchleuchten. Erst durch die Kenntnis möglicher Fehlinformationen im System, können diese durch andere Datentypen ausgeglichen werden.

5.1.1 Positions- und Orientierungsfehler

Die mobile Plattform *Odete* (Odometric Transport Engine, siehe Abbildung 5.1) dient als Trägersystem für den 3D-Sensor und die Farbkamera. Sie verfügt über einen Differentialantrieb und wird mit dem Echtzeitbetriebssytem RT-Linux betrieben. Die Bestimmung der aktuellen Lage erfolgt durch eine odometrische Schätzung. Die aktuelle Lage L wird neben der Punktmenge P, der Dreiecksmenge D und der Bildpunktmenge B zur aktuellen Punktwolke hinzugefügt. Die Lage besteht aus einer Position und einer Orientierung, und kann somit beschrieben werden als

$$L = \begin{pmatrix} x \\ y \\ z \\ \alpha \\ \beta \\ \gamma \end{pmatrix}$$

mit x, y, z als Translation und α, β, γ als die Euler-Winkel zur Beschreibung der Rotation. Die inkrementellen Wegdistanzen ΔU_R des rechten, und ΔU_L des linken Rades können

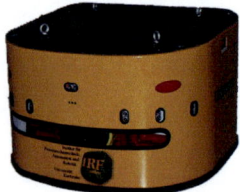

Abbildung 5.1: Mobile Plattform Odete

anhand von Enkodern ermittelt werden. Mit D als Raddurchmesser, n als Getriebeübersetzung, C als Enkoderauflösung und N als Anzahl der Enkoderimpulse, ergibt sich nach [Borenstein 96]

$$\Delta U = \frac{\pi D}{nC} N.$$

Aus den beiden Werten ΔU_R und ΔU_L kann die Position x und y und die Orientierung α in der Ebene zum Zeitpunkt i für einen Roboter der Breite b durch folgende mathematische Umformung bestimmt werden (siehe Abbildung 5.2):

$$\begin{aligned} \Delta U_i &= (\Delta U_R + \Delta U_L)/2 \\ \Delta \alpha_i &= (\Delta U_R - \Delta U_L)/b \\ \alpha_i &= \alpha_{i-1} + \Delta \alpha_i \\ x_i &= x_{i-1} + \Delta U_i \cos \alpha_i \\ y_i &= y_{i-1} + \Delta U_i \sin \alpha_i \end{aligned}$$

Die weiteren Lageparameter können durch Lagesensoren wie zum Beispiel Inklinometer bestimmt werden, oder im Rahmen der Registrierung geschätzt werden. Dies ist allerdings nur notwendig, falls die Bodenfläche Neigungen aufweist.

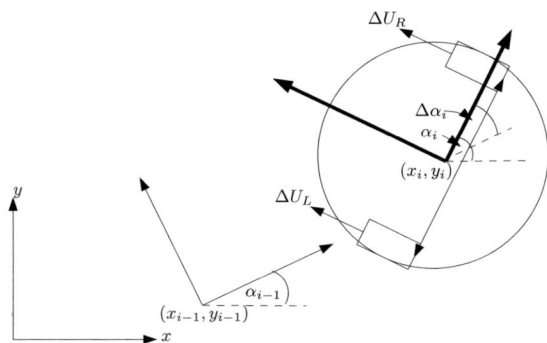

Abbildung 5.2: Berechnung der Plattformlage

Einen großen Einfluss auf die Genauigkeit dieser Daten haben die folgenden Faktoren [Borenstein 96]:

- Radgeometrie (Unrundheit, Verschleiß, fehlerhafte Messung des Durchmessers)

- Bodenbeschaffenheit (Unebenheit, Schlupf)

- Fahrgestellgeometrie (Spiel, fehlerhafte Messung der Radabstände und Lenkeinrichtungen)

- Fahrzeuggewicht (ungleiche Verteilung: Stärkere Belastung und Verformung einzelner Räder)

Alle diese Fehler fließen in die Lagebestimmung ein. Hierdurch addieren sich die Fehler mit jedem Messschritt, und mit länger andauernder Messung entsteht eine immer größere Abweichung. Dieser so genannte Schleppfehler in der odometrischen Positions- und Orientierungsbestimmung ist nicht zu vermeiden. Deshalb muss die Lage der Plattform extern korrigiert werden, indem ein Abgleich (die so genannte Registrierung) stattfindet. Dieser kann, wie in [Steinhaus 04] beschrieben, mit einem a priori bestimmten Modell erfolgen. Falls kein Modell vorhanden ist, kann die Registrierung zu dem gerade ermittelten Teilmodell stattfinden. Dies führt zu dem bekannten SLAM-Problem, der gleichzeitigen Modellbildung und Lokalisierung. Unter Nutzung der 3D-Informationen aus der vorausgegangenen Punktwolke, können durch die Registrierung alle sechs Raumparameter der Lage geschätzt werden.

Sobald die korrigierte Lage ermittelt ist, entsteht zu der Punktwolke ein Vektor $\vec{L}^*$ mit

$$\vec{L}^* = \begin{pmatrix} x^* \\ y^* \\ z^* \\ \alpha^* \\ \beta^* \\ \gamma^* \end{pmatrix}$$

mit $x^*, y^*, z^*, \alpha^*, \beta^*, \gamma^*$ als den korrigierten Elementen. Durch Fehler und Ungenauigkeiten in der Registrierung kann aber auch diese Lage fehlerbehaftet sein. Durch einen Kreisschluß (siehe Abschnitt 5.3) kann dieser Fehler minimiert, beziehungsweise eliminiert werden.

5.1.2 Informationsgehalt der Entfernungswerte

Das Messprinzip des verwendeten Laserscanners LMS-200 der Firma SICK AG [SICK AG 03a] basiert auf dem Pulslaufzeitverfahren. Hierbei wird vom Laserscanner in bestimmten Zeitabständen ein kurzer Laserlichtimpuls ausgesendet. Die Zeit vom Austritt des Lichtimpulses bis zum Empfang des reflektierten Lichtimpulses, wird gemessen und mittels der konstanten Lichtgeschwindigkeit von $c = 2,998 \cdot 10^8 \ m/s$ in die Entfernung d umgerechnet. Durch einen rotierenden Umlenkspiegel werden bei entsprechender Taktung pro Umdrehung 180 Scanwerte aufgenommen. Hierdurch wird eine Auflösung von $1°$ erreicht. Höhere Auflösungen ($\frac{1}{2}°, \frac{1}{4}°$) werden durch mehrere Spiegelumdrehungen mit jeweils einer aufgelegten Verschiebung um $\frac{1}{2}°$ beziehungsweise $\frac{1}{4}°$ erreicht.

Trifft der Lichtimpuls auf ein Objekt, so wird nur ein Teil dieses Lichtes in Richtung des Laserscanners zurückreflektiert. Dieser reflektierte Lichtimpuls wird von der Empfangseinheit über einen Schwellwertfilter ausgewertet. Die typische Messgenauigkeit der Entfernungswerte beträgt nach [SICK AG 03a] $\pm 15\,\text{mm}$.

Abbildung 5.3 veranschaulicht dieses Messprinzip. Der blaue Impuls stellt dabei den ausgesendeten Lichtimpuls dar, und der grüne sowie der rote Impuls den jeweils reflektierten Lichtimpuls. Der grüne Impuls entstand aus einer Messung gegen ein Objekt, dessen Material mehr Intensität reflektiert als das Material, welches bei der Messung des roten Lichtimpulses verwendet wurde.

Der Teil der Oberfläche des Objektes, der durch einen Lichtimpuls getroffen wird, wird Spot genannt. Nach [SICK AG 03c] wird dieser Spot als kreisförmig angenommen. Da der Lichtimpuls mit der Divergenz von $4,4\,\text{mrad}$ ausgesendet wird, steigt der Spotdurchmesser mit der Entfernung an. Bei $8\,\text{m}$ beträgt der Spotdurchmesser beispielsweise nach

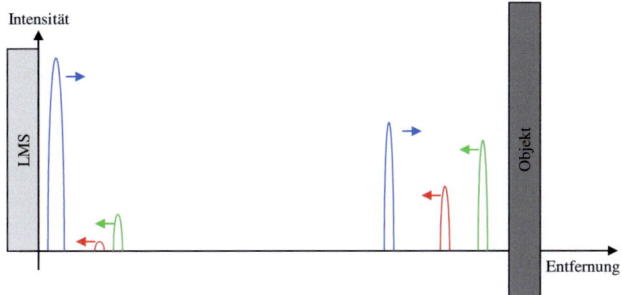

Abbildung 5.3: Das Messprinzip des LMS200 Laserscanner. Blau: Ausgesendeter Lichtimpuls, Grün: Starke Reflektion, Rot: Schwache Reflektion

[SICK AG 03a] circa 5 cm. Trifft der Lichtimpuls auf eine Kante oder auf ein Objekt, dessen Ausdehnung kleiner ist als der Spot, so kann nach [SICK AG 03c] keine Aussage gemacht werden, ob die gemessene Entfernung dem Messobjekt oder dem Hintergrund zuzuordnen ist. Ebenso problematisch sind Messungen, bei welchen der Spot zum einen Teil auf ein Objekt im Vordergrund, und zum anderen Teil auf ein Objekt im Hintergrund trifft. Der resultierende Entfernungswert eines solchen, sogenannten Sprungkantentreffers liegt dann zwischen Vorder- und Hintergrund und wird deshalb eliminiert (siehe Abschnitt 4.2.1).

5.1.3 Informationsgehalt der Remissionswerte

Die Intensität des reflektierten Lichtimpulses bildet die Basis des Remissionswertes r und ist nach [SICK AG 03c] maßgeblich von der Entfernung des Objekts zum Scanner und den Oberflächeneigenschaften des Objektes abhängig. Die Abhängigkeit von der Entfernung wird allerdings durch den Scanner bereits aus den Remissionsdaten eliminiert, wodurch die Remissionswerte r ausschließlich von den Oberflächeneigenschaften abhängen. Im Folgenden werden diejenigen Oberflächeneigenschaften näher beschrieben, die die Remissionswerte maßgeblich beeinflussen.

Beim Auftreffen des Lichtimpulses auf eine Objektoberfläche wird dieser nach den Gesetzen der Wellenoptik reflektiert und gebeugt. Nach den physikalischen Gesetzen würde also theoretisch nur dann ein Lichtimpuls in die Empfangsbaugruppe des Scanners reflektiert, wenn der Lichtimpuls parallel zur Oberflächennormalen das Objekt trifft. Da die für das menschliche Auge glatt erscheinenden Objektoberflächen kleine Strukturen aufweisen, zeigen die Oberflächennormalen von infinitesimalen Oberflächenstücken in der Regel nicht in die gleiche Richtung. Dadurch reflektiert also auch bei nicht senkrechtem Auftreffen auf die Objektoberfläche ein Teil des Lichtimpulses in die Empfangsbaugruppe des Scanners zurück. Zeigen alle infinitesimalen Oberflächennormalen in die selbe Richtung, so spricht man nach

[Krieg 92] von einer gerichteten Reflexion, und bei gleichmäßig verteilten, infitesimalen Oberflächennormalen von einer ungerichteten oder von einer völlig diffusen Reflexion. Bei einer völlig diffusen Reflexion entsteht ein so genannter Lambertscher Kreis.

Die gerichtete und die völlig diffuse Reflexion, sowie die gerichtete und die völlig diffuse Beugung sind ideale Extremfälle, die in der Praxis nicht erreicht werden. Bei den meisten Materialien vermischen sich diese Extremfälle. Je nach Ausrichtung der infitisimalen Oberflächennormalen tendiert das Reflexionsverhalten der Objektoberflächen zur gerichteten oder zur völlig diffusen Reflexion. Spiegelnde Oberflächen tendieren zur gerichteten Reflexion, und raue Oberflächen zur diffusen Reflexion. Die gemessenen Remissionswerte sind dementsprechend bei glänzenden oder spiegelnden Objektoberflächen vom Auftreffwinkel des Lichtimpulses abhängig. Bei matten, rauen Oberflächen spielt der Auftreffwinkel eher eine untergeordnete Rolle.

Bei transparenten Materialien wird ein Großteil der Intensität des ausgesendeten Lichtimpulses gebeugt. Das Verhältnis von empfangener zu ausgesendeter Lichtintensität für den fast senkrechten Einfall auf die Objektoberfläche ergibt sich nach [Meschede 04] theoretisch durch:

$$\frac{I_{\text{ref}}}{I_{\text{em}}} = \left(\frac{n_{\text{Material}} - n_{\text{Luft}}}{n_{\text{Material}} + n_{\text{Luft}}}\right)^2 \tag{5.1}$$

mit n_{Material} und n_{Luft} als materialspezifischen Brechzahlen, und I_{ref} und I_{em} als reflektierte beziehungsweise emittierte Intensität. Die reflektierte Intensität ist zum Beispiel bei Glas 2% und bei Wasser 4%. Durch die optischen Komponenten des Scanners wird dieses Verhältnis stark beeinflusst, wodurch dieses Verhältnis nur quantitativ für die gemessenen Remissionswerte gilt.

In Tabelle 5.1 sind die gemessenen Remissionswerte verschiedener Materialien angegeben. Je nachdem, ob die reflektierte Intensität eines transparenten Materials bei einem bestimmten Auftreffwinkel ausreicht oder nicht, wird dieses Objekt oder das hinter diesem liegende Objekt erkannt. Dadurch können transparente Objekte bei Messungen von verschiedenen Orten große Abweichungen in den Entfernungs- und Remissionswerten aufweisen. Da die materialspezifische Brechzahl n_{Material} durch die Dispersion von der Wellenlänge abhängig ist, kann von der Farbe eines Materials im Allgemeinen nicht auf dessen spezifische Brechzahl bei der vom LMS ausgestrahlten Wellenlänge von $\lambda = 905\,\text{nm}$ geschlossen werden, und somit auch nicht auf dessen Reflexionsverhalten. Beim Vergleich von schwarz eloxiertem Aluminium mit schwarzem Fotokarton zum Beispiel ergibt sich nach Tabelle 5.1 ein Unterschied in den Remissionswerten von über 100%.

Als Schlussfolgerung der obigen Ausführungen ergibt sich, dass sich die Remissionswerte r von Objekten mit diffus reflektierenden Oberflächen als Kriterium für die Suche nach korrespondierenden Punkten eignen, da sie von der Lage des LMS zum Objekt unabhängig sind.

Material	Remission
Photokarton, schwarz matt	10%
Karton, grau	20%
Holz (Tanne roh, verschmutzt)	40%
PVC grau	50%
Papier, weiß matt	80%
Aluminium, schwarz eloxiert	110 - 150%
Stahl, rostfrei glänzend	120 - 150%
Stahl, hochglänzend	140 - 200%
Reflektoren	> 2000%

Tabelle 5.1: Remission verschiedener Materialien

Bei spiegelnden oder transparenten Oberflächen hingegen hängt der gemessene Remissionswert, und unter Umständen auch der gemessene Entfernungswert, stark von der Lage des LMS bezüglich des Objektes ab, und ist daher weniger aussagekräftig. Bei Kantentreffern und bei Treffern auf sich ändernde Oberflächeneigenschaften kann der Entfernungswert, beziehungsweise der Remissionswert, stark variieren.

5.1.4 Informationsgehalt der Farbwerte

Die RGB-Farbwerte eines jeden 3D-Punktes werden über die Kamera und eines der in Abschnitt 4.3.2 beschriebenen Kalibrierverfahren bestimmt. Diese Verfahren sind nicht exakt, sodass eine Divergenz der Farbwerte des gleichen Punktes auf zwei unterschiedlichen Aufnahmen auftreten kann. Diese ist allerdings minimal, sodass sie die Registrierung nicht maßgeblich beeinflusst.

Schwerwiegender sind Fehlzuordnungen aufgrund fehlender Farbinformationen. Dies kann durch die in Abschnitt 4.3.4 dargestellten Okklusionen auftreten, bei denen verdeckten Bereichen keine Farbinformationen zugeordnet wird. Fehlende Farbinformation kann aber auch durch einen Sichtkegelunterschied der Sensoren hervorgerufen werden, da die Kamera im Allgemeinen einen Sichtkegel von kleiner 180° besitzt.

Ein weiterer Faktor stellt die Änderung der Beleuchtung zwischen zwei korrespondierenden Aufnahmen dar. Um eine separate Betrachtung der Beleuchtung durchführen zu können, wird der RGB-Wert jedes Punktes in einen HSI-Wert überführt mit

$$H \; = \; \arccos \left(\frac{\frac{(R-G)+(R-B)}{2}}{\sqrt{(R-G)^2 + (R-B)\cdot(G-B)}} \right) \tag{5.2}$$

$$S \; = \; 1 - \left(\frac{3}{R+G+B} \cdot (\min(R,G,B)) \right) \tag{5.3}$$

$$I \; = \; \frac{1}{3} \cdot (R+G+B). \tag{5.4}$$

Zur schnelleren Berechnung wird der H- und der S-Wert zusammengefasst als

$$HS_x \; = \; S \cdot \cos(H) \tag{5.5}$$

$$HS_y \; = \; S \cdot \sin(H). \tag{5.6}$$

Mit Hilfe dieser Aufteilung kann der Einfluss der Beleuchtung auf das Registrierungsergebnis gesteuert werden.

5.2 Registrierung zweier Punktwolken

Die Registrierung zweier Punktwolken basiert auf dem Iterative Closest Points (ICP) Verfahren, erstmals vorgestellt in [Besl 92]. Eine initiale Lageschätzung [Nüchter 05]der Plattform gegenüber der vorausgegangen Punktwolke ist hilfreich, damit das Verfahren in das globale Minimum konvergiert. Dies erhöht die Robustheit des Verfahrens bei großen Odometriefehlern. Um weiterhin geometrische Mehrdeutigkeiten (Ambiguitäten) auflösen zu können, wurden die vorhandenen Remissions- und Farbwerte in den Registrierungsprozess einbezogen.

5.2.1 Umrechnung der Odometriedaten

Die Positions- und Orientierungsänderungen der Plattform lassen sich über die Matrix M^{ODOM} bestimmen. Das hierbei verwendete Koordinatensystem wird nach jeder Punktwolkenaufzeichnung erneut definiert, und hat seinen Ursprung jeweils im Aufzeichnungspunkt der Ziel-Punktwolke. Die x-Achse der Plattform zeigt in deren Fahrtrichtung, und stimmt mit der z-Achse des Koordinatensystems der Ziel-Punktwolke überein. Die y-Achse der Plattform entspricht der x-Achse des Koordinatensystems der Ziel-Punktwolke (siehe Abbildung 5.4a). Mit x_{Rob} und y_{Rob} als Positionsänderung und γ als Orientierungsänderung (siehe Abbildung 5.4b) ergibt sich für M^{ODOM}

$$M^{ODOM} = \begin{pmatrix} \cos\gamma & 0 & \sin\gamma & y_{Rob} \\ 0 & 1 & 0 & 0 \\ -\sin\gamma & 0 & \cos\gamma & x_{Rob} \\ 0 & 0 & 0 & 1 \end{pmatrix} \tag{5.7}$$

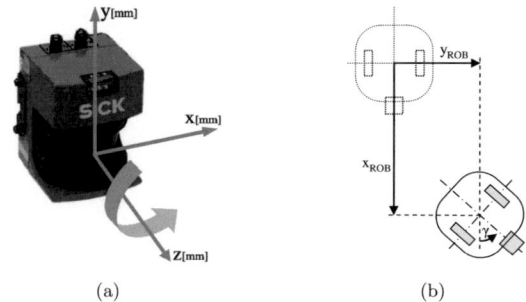

(a) (b)

Abbildung 5.4: Transformation aus dem Koordinatensystem des Quellbildes (a) in das Zielkoordinatensystem der Plattform (b)

5.2.2 Grundform der Registrierung

Zur Registrierung der Teilansichten wird eine Modifikation des ICP-Algorithmus verwendet. Nach [Besl 92] besteht die Grundform des ICP-Algorithmus aus den folgenden Schritten:

1. Berechne für jeden Punkt den nächsten Nachbarn

2. Berechne die Transformation, die die Summe der quadrierten Abstände minimiert

3. Wende die Transformation an

4. Errechne den neuen Gesamtfehler. Wenn dieser größer ist als ein vorgegebener Schwellwert ϵ, gehe zu 1.

Die erweiterte Selektions- und Verwerfungsstrategie ist in Abschnitt 5.2.3 beschrieben. Die Paarungsstrategie findet sich in Abschnitt 5.2.4.

Die Grundform des ICP-Algorithmus benötigt hierfür die Berechnungsschritte *Selektion, Paarung, Gewichtung, Verwerfung, Fehlerfunktion* und deren *Minimierung*. Es handelt sich hierbei um einen iterativen Algorithmus, welcher Punktkorrespondenzen aufgrund der Nähe der nächsten Punkte findet.

Gegeben seien die Quell-Punktwolke TB_Q und die Ziel-Punktwolke TB_Z. Diese bestehen jeweils aus einer Menge P von Punkten, wobei jeder Punkt durch ein 10-Tupel repräsentiert wird (siehe Abschnitt 4.3.3).

Im ersten Schritt werden Punkte nach bestimmten Kriterien zur Paarung aus den beiden Punktwolken TB_Q und TB_Z ausgewählt. Die hierbei gewählte Selektionsstrategie entscheidet über die Zusammensetzung der selektierten Punkte. Die daraus resultierenden Punktwolken

TB_Q^{Selk} und TB_Z^{Selk} werden an die Paarungsstrategie weitergegeben.

Mit Hilfe der homogenen Matrix M_{ODOM} aus Gleichung 5.7 werden die selektieren Punkte p_i^{Selk} der Quell-Punktwolke TB_Q^{Selk} in das Koordinatensystem der Ziel-Punktwolke nach

$$p_i^{Neu} = M_{ODOM} \cdot p_i^{Selk}$$

transformiert. Mittels der Paarungsstrategie werden korrespondierende Punkte gesucht. Sobald ein korrespondierendes Punktepaar gefunden ist, wird dieses durch die Verwerfungsstrategie überprüft. Nach erfolgreicher Prüfung wird das Paar in einer Statistik festgehalten. Hieraus können die folgenden Informationen über die Punktepaare ausgelesen werden:

- Mittlere quadratische Distanz $\bar{d}^2$ der Paare

- Mittlere Distanz $\bar{d}$ der Paare

- Standardabweichung σ der Distanzen

- Schwerpunkte μ_q und μ_z

- Kovarianzmatrix $\sum_{QZ}$

Da diese Informationen iterativ berechnet werden, kann auf eine Speicherung der einzelnen Paare verzichtet werden. Stattdessen werden die 3×3-Matrix Δ_{QZ}, die dreidimensionalen Spaltenvektoren ς_Q und ς_Z, sowie die Skalare θ und δ gespeichert. Diese werden jeweils mit dem Nullelement initialisiert.

Sind $m-1$ Paare in der Statistik erfasst, so ändern sich die Variablen beim Hinzufügen eines m-ten Punktepaares (p_q, p_z) gemäß

$$\delta_m = \delta_{m-1} + d(p_q, p_z) \tag{5.8}$$

$$\theta_m = \theta_{m-1} + \sqrt{d(p_q, p_z)} \tag{5.9}$$

$$\varsigma_{Z,m} = \varsigma_{Z,m-1} + (x_z, y_z, z_z)^T \tag{5.10}$$

$$\varsigma_{Q,m} = \varsigma_{Q,m-1} + (x_q, y_q, z_q)^T \tag{5.11}$$

$$\Delta_{QZ,m} = \Delta_{QZ,m-1} + (x_q, y_q, z_q)^T \cdot (x_z, y_z, z_z) \tag{5.12}$$

Hierbei beschreibt $d(p_q, p_z)$ die euklidische Distanz zwischen den Punkten p_q und p_z. Die oben genannten Informationen berechnen sich nach

$$\mu_Q = \frac{1}{m}\varsigma_{Q,m} \tag{5.13}$$

$$\mu_Z = \frac{1}{m}\varsigma_{Z,m} \tag{5.14}$$

$$\sum_{QZ} = \frac{1}{m}\Delta_{QZ,m} - \mu_Q\mu_Z^T \tag{5.15}$$

$$\bar{d} = \frac{1}{m}\theta \tag{5.16}$$

$$\bar{d^2} = \frac{1}{m}\delta \tag{5.17}$$

$$\sigma = \sqrt{\frac{1}{m(m-1)}(m \cdot \delta_m - \vartheta^2)} \tag{5.18}$$

Der Wert m beschreibt hierbei die Anzahl der erfassten Paare.

Die ermittelten Schwerpunkte μ_q und μ_z, sowie die Kovarianzmatrix $\sum_{QZ}$, werden daraufhin in die Minimierungsstrategie eingesetzt. Diese nutzt das auf Einheitsquaternionen basierende Minimierungsverfahren nach [Horn 87]. Dieses Verfahren berechnet eine Transformation ΔM_Q, welche den Fehler der gefundenen korrespondierenden Punktepaare minimiert. Die hierfür verwendete erweiterte Fehlerfunktion ist in Abschnitt 5.2.5 beschrieben.

Die oben genannten Schritte werden in einer Schleife ausgeführt, bis eine der folgenden Abbruchbedingungen erfüllt ist [Azad 03]:

- Die mittlere quadratische Distanz $\bar{d^2}$ zwischen den Punktepaaren ist kleiner als ein vorgegebener Schwellwert d^2_{Min}, und gleichzeitig sind mindestens $n\%$ der maximal möglichen korrespondierenden Punktepaare gefunden worden.

- Die Änderung $\Delta\bar{d^2}$ der mittleren quadratischen Distanz ist kleiner als ein Schwellwert Δd^2_{Min}.

- Die maximale Anzahl der zulässigen Iterationen ist erreicht.

5.2.3 Erweiterter Algorithmus(1): Octreebasierte Selektionsstrategie

Durch das Messprinzip der Punktwolkenaufnahme durch den Rosi-Scanner ist die Punktedichte im Zentrum höher als an den Rändern. Hierdurch ist der Einfluss von Randbereichen auf das Registrierungsergebnis wesentlich geringer, als der Einfluss des Zentrums. Des Weiteren sorgen spiegelnde und transparente Oberflächen dafür, dass einzelne Punkte im

Raum schweben. Dies wirkt sich ebenfalls negativ auf das Registrierungsergebnis aus. Ferner ist es wünschenswert, dass bei anfänglichen Iterationen des ICP-Algorithmus nur die Umrisse der Szene miteinander verglichen werden, und im Verlauf der Registrierung immer mehr Details der Szene hinzugefügt werden. Dies hat den Vorteil, dass am Anfang die Umrisse der beiden Punktwolken grob zugeordnet werden, um danach mit jeder Iteration immer feinere Registrierungen durchzuführen.

Die im Folgenden vorgestellte Paarungsstrategie erfüllt die drei genannten Anforderungen, indem sie die Punkte einer Punktwolke durch einen Octree approximiert [Strand 07]. Hierbei wird für beide Punktwolken jeweils ein Octree erstellt. Die Mittelpunkte der belegten Zellen bilden zwei Punktwolken, mit denen die Suche nach korrespondierenden Punkten durchgeführt wird. Wird eine Verfeinerung der Datenstruktur erwünscht, dann wird die Baumhöhe der beiden Octrees um Eins erhöht.

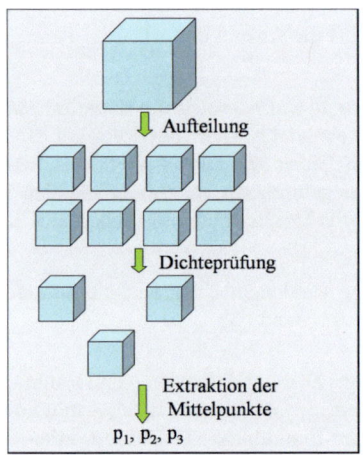

Abbildung 5.5: Verfeinerung eines Quaders

Zu Beginn des Verfahrens wird die maximale Ausdehnung beider zu approximierenden Punktmengen gemeinsam ermittelt. Im nächsten Schritt werden die Punktwolken durch jeweils einen Quader ersetzt, und die Punkte den entsprechenden Quadern zugeordnet. Die Größe der Quader entspricht hierbei der zuvor ermittelten maximalen Ausdehnung der Punktwolke. Beide Quader werden jeweils in Listen gespeichert, die anfänglich nur ein Element besitzen. Ausgehend von dieser Quaderliste wird eine verfeinerte Liste erzeugt, deren Quader die Szene detaillierter beschreiben. Die Punkte werden hierzu in die neu entstandenen Quader einsortiert. Die Verfeinerung kann solange durchgeführt werden, bis die Quader ein Volumen von V_{min} unterschreiten.

Um die beschriebenen vereinzelten, fehlerhaften Punkte aus den Punktwolken zu filtern, wird nun die Punktedichte eines jeden Quaders überprüft. Liegt die Punktedichte unterhalb einer vorgegebenen Minimaldichte ρ_{Min}, so wird der Quader aus der Liste entfernt.

Von den verbleibenden Quadern wird der Mittelpunkt bestimmt, sowie die Mittelwerte der Farb- und Remissionswerte der eingehüllten Punkte. Die zwei auf diese Weise ermittelten neuen Punktwolken werden an die Paarungsstrategie weitergegeben.

5.2.4 Erweiterter Algorithmus(2): Gitterbasierte Paarungsstrategie

Bei der Suche nach korrespondierenden Punktepaaren kann, im einfachsten Fall, zu jedem Punkt der Quell-Punktwolke die Distanz zu jeden Punkt der Ziel-Punktwolke berechnet werden. Der hierbei benötigte quadratische Aufwand verlangsamt allerdings den Registrierungsprozess enorm. Im Zusammenspiel mit der Octree-basierten Selektionsstrategie und dessen Verfeinerungsstufen ist dieser Aufwand nicht zu vernachlässigen. Aus diesem Grund wird eine Paarungsstrategie eingeführt, welche auf einem dreidimensionalen Gitter basiert.

Hierzu wird der Suchraum in allen drei Dimensionen gleichmäßig diskretisiert. Die Größe der Gitterzellen wird von der maximal zu erwartenden Distanz d_{Max}^2 festgelegt. Bei der Übernahme der Punktwolken werden die Punkte anhand ihrer 3D-Koordinaten in das Gitter einsortiert, indem die dazugehörige Gitterzelle bestimmt wird.

Bei der Suche nach korrespondierenden Punkten wird für jeden Punkt der Quell-Punktwolke zunächst die ihm zugehörige Zelle durchsucht, und der nächste Punkt nach euklidischem Distanzmaß ermittelt. Durch den Quellpunkt q, den nächsten Punkt p und das erweiterte Distanzmaß $d(q,p)$ nach Gleichung 5.20 aus Abschnitt 5.2.5 wird eine Kugel K nach

$$(x - q_x)^2 + (y - q_y)^2 + (z - q_z)^2 = d(q,p)^2 \tag{5.19}$$

definiert. In einem weiteren Schritt werden alle Nachbarzellen überprüft, welche sich mit der Kugel K schneiden. Findet sich dort ein Punkt h mit geringerer erweiterter Distanz zum Quellpunkt als $d(q,p)$, wird der Radius der in Gleichung 5.19 definierten Kugel auf die erweiterte Distanz $d(q,h)$ gesetzt. Die weiteren Nachbarzellen werden wiederum nur dann durchsucht, wenn sie sich mit der neu definieren Kugel schneiden. Abbildung 5.6) zeigt diesen Vorgang schemtisch in 2D.

Das gefundene Punktepaar wird daraufhin an die Verwerfungsstrategie übergeben. Ergibt die Überprüfung, dass es sich um ein gültiges Punktepaar handelt, wird dies in der Paarungsstatistik festgehalten.

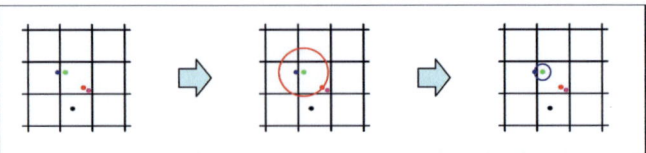

Abbildung 5.6: Gitterbasierte Paarungsstrategie

5.2.5 Erweiterter Algorithmus(3): Farb- und Remissionswerte in Distanzfunktion

Die Suche nach korrespondierenden Punkten wird in der Regel mit Hilfe der quadratischen euklidischen Norm

$$d_E^2(p_Q, p_Z) = (x_Q - x_Z)^2 + (y_Q - y_Z)^2 + (z_Q - z_Z)^2$$

durchgeführt. Die Nutzung der vorhandenen Farb- und Remissionswerte hilft, lokale geometrische Ambiguitäten aufzulösen. Unter Ausnutzung der Farb- und Remissionswerte ergibt sich ein erweitertes Distanzmaß. Die Distanz der Remissionswerte lässt sich durch

$$d_R^2(p_Q, p_Z) = (r_Q - r_Z)^2$$

beschreiben. Die Distanz der Intensitätswerte nach Umwandlung gemäß Gleichung 5.4 als

$$d_I^2(p_Q, p_Z) = (i_Q - i_Z)^2.$$

Die Distanzfunktion der Farbwerte ergibt sich nach Gleichung 5.6

$$d_{HS}^2(p_Q, p_Z) = (HS_{x,Q} - HS_{x,Z})^2 + (HS_{y,Q} - HS_{y,Z})^2.$$

Die gesamte erweiterte Distanzfunktion ergibt sich somit zu

$$d(p_Q, p_Z) = d_E(p_Q, p_Z) + \Gamma_R \cdot d_R(p_Q, p_Z) + \Gamma_{HS} \cdot d_{HS}(p_Q, p_Z) + \Gamma_I \cdot d_I(p_Q, p_Z). \tag{5.20}$$

Über die Parameter Γ_R, Γ_{HS} und Γ_I kann der Einfluss der Remissions-, Farb- und Intensitätswerte gesteuert werden.

5.3 Kreisschluss

Bei jeder Registrierung zweier Punktwolken lässt sich ein kleiner Fehler, der so genannte Registrierungsfehler, nicht vermeiden. Dieser akkumuliert sich durch die Matrizenmultiplikation. Mit zunehmender Anzahl der Aufnahmen werden durch diese Divergenz die Transformationsmatrizen zum Weltkoordinatensystem stärker verfälscht.

In einem Registrierungsgraph können die Transformationen schematisch dargestellt werden. Hierbei werden die Punktwolken durch Knoten, und die zugehörigen Transformationen durch gerichtete Kanten dargestellt. Die Beschriftung der Knoten gibt die fortlaufende Nummer der Punktwolke an. Die Kanten geben die Transformationsmatrizen von der Quell-Punktwolke zur Ziel-Punktwolke an. Der Pfeil zeigt hierbei immer in Richtung der Ziel-Punktwolke.

Im Allgemeinen wird jede Aufnahme mindestens mit ihrem Vorgänger registriert. Wird eine Aufnahme zusätzlich gegen eine andere Aufnahme registriert, entsteht im Registrierungsgraph ein Zyklus. Bei fehlerlosen Registrierungsergebnissen müsste die Multiplikation der einzelnen Übergangsmatrizen entlang des Zykluses die Einheitsmatrix ergeben. Da in der Praxis bei jeder Registrierung ein kleiner Fehler auftritt und dieser sich bei der Multiplikation der Übergangsmatrizen fortpflanzt, kann die Einheitsmatrix in der Regel nicht erreicht werden. Es ergibt sich eine homogene Transformationsmatrix, die den Zyklusfehler repräsentiert. Mit dem im Folgenden vorgestellten Kreisschluss-Verfahren wird dieser Zyklusfehler auf die einzelnen Aufnahmen verteilt, und somit eliminiert.

5.3.1 Umrechnung ins Weltkoordinatensystem

Der ICP-Algorithmus gibt bei der Registrierung zweier Punktwolken eine homogene Transformationsmatrix $^{Z}M_Q$ zurück. Diese Matrix beschreibt die Transformation vom Koordinatensystem der Quell-Punktwolke KS_Q in das Koordinatensystem der Ziel-Punktwolke KS_Z als

$$^{Z}M_Q : KS_Q \rightarrow KS_Z$$

Für die Fusion der Punktwolken ist allerdings eine Transformation $^{0}T_i$ in ein Weltkoordinatensystem erforderlich mit

$$^{0}T_i : KS_i \rightarrow KS_0.$$

Das Weltkoordinatensystem wird auf das Koordinatensystem der ersten Aufnahme KS_0 gesetzt. Da die Registrierung der Punktwolken in der Regel nicht gegen die erste Punktwolke erfolgt, müssen die Transformationsmatrizen $^{0}T_i$ aus den Ergebnismatrizen $^{i}M_j$ mittels Matrixmultiplikation ermittelt werden.

Abbildung 5.7 zeigt die Transformationen $^{Z}M_Q$ (links) und $^{0}T_i$ (rechts) mit Hilfe des Registrierungsgraphs. Die Transformation $^{0}T_3$ der dritten registrierten Punktwolke errechnet sich beispielsweise durch

$$^{0}T_3 = {}^{0}M_1 \cdot {}^{1}M_3.$$

Allgemein kann die Transformationsmatrix $^{0}T_j$ einer neu hinzugefügten Punktwolke durch

$$^{0}T_j = {}^{0}T_i \cdot {}^{i}M_j \tag{5.21}$$

berechnet werden.

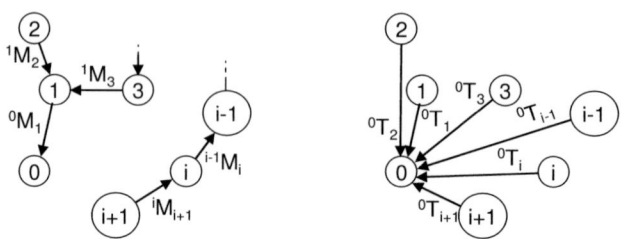

Abbildung 5.7: Registrierungsgraph zur Visualisierung relativer Transformationen $^Z M_Q$ (links) und absoluter Transformationen $^0 T_i$ (rechts)

5.3.2 Verteilung der Registrierungsfehler

Um den Zyklusfehler zu eliminieren, werden die in dem Zyklus vorhandenen Transformationen angepasst. Abbildung 5.8a zeigt einen Registrierungsgraph, welcher mehrere Punktwolken enthält. Werden die beiden Punktwolken TB_i und TB_j zusätzlich gegeneinander registriert, mit TB_i als Quell- und TB_j als Ziel-Punktwolke, ergibt sich die Transformationsmatrix $^j M_i$, und hieraus nach Gleichung 5.21 die Transformationsmatrix $^0 T_i'$. Idealerweise müssten $^0 T_i'$ und $^0 T_i$ identisch sein. Da dies in der Praxis im Allgemeinen nicht der Fall ist, besitzt die Punktwolke TB_i zwei unterschiedliche Transformationen in das Weltkoordinatensystem. Diese Mehrdeutigkeit muss aus Konsistenzgründen eliminiert werden. Hierzu werden die Transformationsmatrizen $^0 T_{i+1} ... ^0 T_j$ so ausgeglichen, dass

$$I = \prod_{k=i}^{j-1} \left(^k M_{k+1} \right) \cdot ^j M_i \tag{5.22}$$

mit I als homogener Einheitsmatrix gilt. Um dies zu erreichen, wird das im Folgenden vorgestellte Verfahren verwendet [Nüchter 05].

Es seien die Punktwolken TB_i, $TB_{i+1}, TB_{i+2}, \ldots, TB_{j-1}, TB_j$ auf einem Pfad registriert und

$$^0 T_s = \begin{pmatrix} R_s & t_s \\ 0 & 1 \end{pmatrix} \qquad mit \quad s = i, \ldots, j$$

die zugehörigen Transformationsmatrizen zum Weltkoordinatensystem KS_0. Weiterhin sei

$$^0 T_i' = \begin{pmatrix} R_i' & t_i' \\ 0 & 1 \end{pmatrix}$$

aus der zusätzlichen Registrierung der Punktwolken TB_i und TB_j nach Gleichung 5.21 bekannt. Der Zyklusfehler ergibt sich dann aus dem Unterschied zwischen $^0 T_i$ und $^0 T_i'$. Da eine direkte Differenzbildung keine gültige homogene Matrix ergibt, wird der Fehler für Rotation und Translation getrennt korrigiert.

Der translatorische Korrekturterm t_k ergibt sich durch

$$t_i = t_k + t'_i$$

und somit

$$t_k = t_i - t'_i.$$

Analog hierzu gilt für die rotatorische Korrekturmatrix R_k

$$R_i = R_k \cdot R'_i$$

und somit

$$R_k = R_i \cdot R'^{-1}_i. \tag{5.23}$$

Zur Berechnung der rotatorischen Korrekturen werden Quaternionen verwendet, da die Interpolation von Drehwinkeln damit einfach durchgeführt werden kann. Eine Zusammenfassung der Quaternionen-Mathematik findet sich in Anhang A. Die Rotationsmatrizen R_i und R'_i werden hierzu in die Einheitsquaternionen r_i und r'_i umgewandelt. Die Darstellung von Gleichung 5.23 in Quaternionenform ist

$$r_k = r_i \otimes r'^{-1}_i$$

mit $\otimes$ als Quaternionenmultiplikation nach A.1, und des inversen Quaternions nach A.2.

Die ermittelten Korrekturterme werden nun, unter Annahme eines konstanten Registrierungsfehlers, linear auf die Transformationsmatrizen der Punktwolken TB_i, $TB_{i+1}, TB_{i+2}, \ldots, TB_{j-1}, TB_j$ verteilt. Hierzu müssen die Korrekturterme linear ansteigen. Der Anstieg des translatorischen Korrekturterms wird durch die Funktion

$$t_k(c) = c \cdot t_k \qquad c \in [0 \ldots 1]$$

interpoliert.

Um den linearen Anstieg des rotatorischen Korrekturterms zu gewährleisten, wird eine *SLERP*-Interpolation, wie im Anhang A.3 beschrieben, durchgeführt. Hierzu wird das Einheitsquaternion q auf das neutrale Element der Quaternionenmulitplikation gesetzt, so dass

$$r_k(c) = \text{Slerp}\left((0,0,0,1), r_k, c\right) = \frac{\sin\left((1-c)\Theta\right)}{\sin \Theta}(0,0,0,1) \oplus \frac{\sin\left(c \cdot \Theta\right)}{sin\Theta} r_k$$

mit

$$\Theta = \arccos r_{k,w}$$

und $r_{k,w}$ als Realteil des Korrekturquaternions.

Bevor die Transformationsmatrizen ^0T_s korrigiert werden, wird der relative Abstand c_s der Punktwolke TB_s zur Punktwolke TB_i ermittelt nach

$$c_s = \frac{s - i}{j - i} \quad \text{mit} \quad s = i + 1, ..., j.$$

Nun wird zu jeder Punktwolke im Zyklus die korrigierte Position t_s^{Neu} und Orientierung r_s^{Neu} berechnet durch

$$
\begin{aligned}
t_s^{Neu} &= t_k(c_s) + t_s & (5.24) \\
r_s^{Neu} &= r_k(c_s) \otimes r_s. & (5.25)
\end{aligned}
$$

Hierbei repräsentiert r_s das Einheitsquaternion zur Rotationsmatrix R_s. Aus dem Einheitsquaternion r_s^{Neu} wird die Rotationsmatrix R_s^{Neu} nach A.5 gebildet. Die korrigierte homogene Transformationsmatrix $^0T_s^{Neu}$ ergibt sich dann aus

$$^0T_s^{Neu} = \begin{pmatrix} R_s^{Neu} & t_s^{Neu} \\ 0 & 1 \end{pmatrix} \quad \text{mit} \quad s = i + 1, \ldots, j.$$

Abbildung 5.8 zeigt exemplarisch einen Registrierunggraph (a) und die korrigierten Aufnahmepositionen (b), sowie die zugehörigen Urspünge der Koordinatensystem vor Kreisschluss (c) beziehungsweise danach (d). Das Kreisschlussverfahren ist in Algorithmus 5.1 nochmals zusammengefasst.

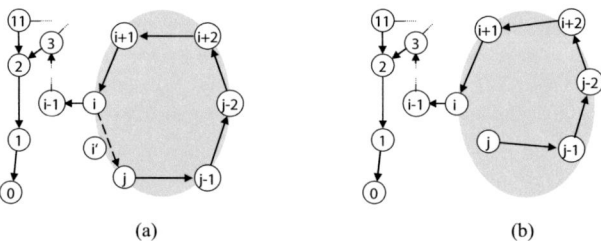

(a)   (b)

Abbildung 5.8: Registrierungsgraph vor (a) und nach Kreisschluss (b)

5.4   Zusammenfassung

Die auftretenden fehlerhaften Positions- und Orientierungszuweisungen werden durch zwei Verfahren korrigiert. Die zunächst fehlerhafte Lageschätzung der mobilen Plattform (lokaler Fehler) wird weitestgehend durch die Registrierung ausgeglichen. Hierzu wird ein iterativer Algorithmus benutzt, welcher auch Farb- und Intensitätswerte verarbeitet. Des Weiteren

Eingabe: Tiefenbild i, Tiefenbild j, Transformationen $\{^0T_i, ..., ^0T_j\}$
Ausgabe: Korrigierte Transformationen $\{^0T_i^{Neu}, ..., ^0T_j^{Neu}\}$
1: $^0T_i' \leftarrow \text{Registriere}(^0T_i, ^0T_j)$
2: $r_i \leftarrow \text{BildeEinheitsquaternion}(^0T_i)$
3: $r_i' \leftarrow \text{BildeEinheitsquaternion}(^0T_i')$
4: $t_k = t_i - t_i'$
5: $r_k = r_i \otimes r_i'^{-1}$
6: **for** $s = i + 1$ to j **do**
7: $\quad c_s = \frac{s-1}{j+1-i}$
8: $\quad t_s^{Neu} = t_k(c_s) + t_s$
9: $\quad r_s \leftarrow \text{BildeEinheitsquaternion}(^0T_s)$
10: $\quad r_s^{Neu} = r_k(c_s) \otimes r_s$
11: $\quad R_s^{Neu} \leftarrow \text{BildeRotationsmatrix}(r_s^{Neu})$
12: **end for**
13: return $\{^0T_i^{Neu}, ..., ^0T_j^{Neu}\}$

Algorithmus 5.1: Das Kreisschlussverfahren

kann der Algorithmus verschiedene Verfeinerungsstufen der Punktwolken auswählen, um in das globale Minimum zu konvergieren.

Der resultierende Registrierungsfehler (globaler Fehler) kann bei einem Kreisschluss auf die im Zyklus vorhandenen Punktwolken durch das vorgestellte Kreisschlussverfahren verteilt werden. Hierbei wird der Rotationsfehler mittels sphärischer linearer Interpolation (*SLERP*) durch Quaternionen verteilt.

Kapitel 6

Aktionsplanung

Nachdem die Tiefenbildaufnahme abgeschlossen ist und die zugehörige Aufnahmelage ermittelt wurde, erfolgt die Planung der nächsten Aktion. Dieses Kapitel behandelt verschiedene Planungsebenen, die für die autonome 3D-Umweltmodellierung benötigt werden [Schmidberger 06]. Zunächst wird die Messpunktplanung auf einem attributierten 2D-Gitter vorgestellt. Hierbei sollen ausgehend von den Daten bereits aufgenommener Tiefenbilder die nächste beste Position und Orientierung der Plattform ermittelt werden. Die Planung erfolgt unter Berücksichtigung verschiedener Randbedingungen und Gütekriterien. Die letztendliche Auswahl der nächsten Position und Orientierung erfolgt abhängig von der benutzten Explorationsstrategie. Hierdurch kann der Einfluss verschiedener Randbedingungen und Gütekriterien zielgerichtet gesteuert werden. Das Zusammenspiel der Komponenten Datenaufnahme, Datenverarbeitung und Planung wird am Ende des Kapitels behandelt.

Um die Umgebung möglichst effizient abtasten zu können, muss eine Messpunktplanung die nächsten Messpunkte anhand der bisher gewonnenen Daten ermitteln. Dies bezeichnet man als *Next-Best-View*-Problem. Hierfür muss das Modell in Bereiche aufgeteilt werden, wie zum Beispiel

- unbekannter Bereich

- belegeter Bereich

- freier Bereich

- Randbereich

- befahrbarer Bereich

Um dieses Daten effizient verwalten zu können, ist eine entsprechende Datenstruktur erforderlich. Auf dieser Datenstruktur, dem sogenannten *Planungsmodell*, können die nächsten Messpunkte nach verschiedenen Gütekriterien (Länge des Anfahrtweges, Größe des Überlappungsbereiches, etc.) ermittelt werden. Hierbei wird nach folgendem Verfahren vorgegangen:

1. Die Erreichbarkeitsanalyse auf den gesammelten Daten liefert den Suchraum

2. Die simulierten Aufnahmen liefern eine Schätzung der zu erwartenden Anzahl verschiedener Merkmale (unbekannte Zellen, belegte Zellen, Verdeckungen)

3. Die Berechnung der Gütefunktion aus der gewichteten Summe der einzelnen Kriterien für jeden Messpunkt

4. Die Auswahl des nächsten Messpunktes unter Voraussetzung der Erreichbarkeit

Wurde die prinzipielle Erreichbarkeit des ermittelten Messpunktes bestätigt, folgt eine Planung der zu fahrenden Trajektorie. Daraufhin wird der nächste Messpunkt angefahren und ein weiteres Tiefenbild aufgenommen.

Um die Komplexität des 2D-Modells in Grenzen zu halten, wird ein mehrstufiges Aufnahmeverfahren angewandt. In einem ersten Durchgang wird durch wenige Aufnahmen ein kompletter Raum mit geringer Auflösung aufgenommen. In einem zweiten Schritt folgen detaillierte Aufnahmen feiner Strukturen zur 3D-Modellierung. Dementsprechend müssen die Gewichte der Gütekriterien den unterschiedlichen Stufen angepasst sein.

6.1 Das attributierte 2D-Gitter

Da jede Aufnahme des 3D-Scanners mehrere zehntausend Punkte enthält, ist eine Planung anhand der Rohdaten sehr aufwendig. Es wird stattdessen eine planungsgeeignete Abstraktion und Kombination dieser Daten verwendet. Mit dieser Repräsentation können die Daten planungsspezifisch verarbeitet und nach bestimmten Strategien durchsucht werden.

Eine mögliche Repräsentation der Daten in einem Planungsmodell ist eine Diskretisierung auf ein dreidimensionales Gitter (sog. Voxelmodell), dessen Zellen als belegt oder unbelegt markiert werden. Vorteilhaft ist hierbei die realitätsnahe Repräsentation. Es kann zum Beispiel ein ausgesandter Scanstrahl verfolgt werden, und alle durchdrungenen Zellen als unbelegt markiert werden. Hiervon profitiert auch die Schätzung der Güte neuer Aufnahmen. Ein bedeutender Nachteil ist allerdings der enorm hohe Speicher- und Rechenaufwand zu Planung. Hinzu kommt der sehr hohe Anteil an unbelegten „Luft"-Zellen, die nur wenig Aussagekraft bezüglich der Planung besitzen. Boden- und Wandzellen sind hier sehr viel aussagekräftiger, da sie die Grundlage der Planung bilden.

Um auf die wertvolle 3D-Information nicht verzichten zu müssen, aber trotzdem effektiv planen zu können, wurde ein attributiertes 2D-Gitter entwickelt. Dieses hinterlegt indirekt die für die Planung notwendigen 3D-Informationen in den Zellattributen, wo zum Beispiel verschiedene Trefferarten (Decke, Boden, Hindernis etc.) unterschieden werden können.

Somit kann aus den Attributen zum Beispiel auch abgeleitet werden, ob es sich bei einer Zelle um ein befahrbares Bodenflächenstück handelt oder nicht (wie zum Beispiel bei einer Treppe). Dies ist bei einem reinen 2D-Aufnahmeverfahren aufgrund der fehlenden Höheninformation nicht möglich. Somit kombiniert das attributieren 2D-Gitter die Vorteile der Informationen aus einem 3D-Tiefenbild, mit der Einfachheit des 2D-Gitters durch die hochgradige Datenreduktion.

Es entsteht hierdurch inkrementell ein einfach zu handhabendes 2D-Modell zur Planung der nächsten Position und Orientierung. Abbildung 6.1 zeigt in einer Simulationsumgebung einen 3D-Scan (a) mit dem dazugehörigen Gitter (b), beziehungsweise drei Aufnahmen (c) und das zugehörige Gitter (d). Zellen, welche als befahrbar ermittelt wurden, sind hierbei rot markiert. Die Helligkeit einer befahrbaren Zelle spiegelt die ermittelte Zellbewertung wieder.

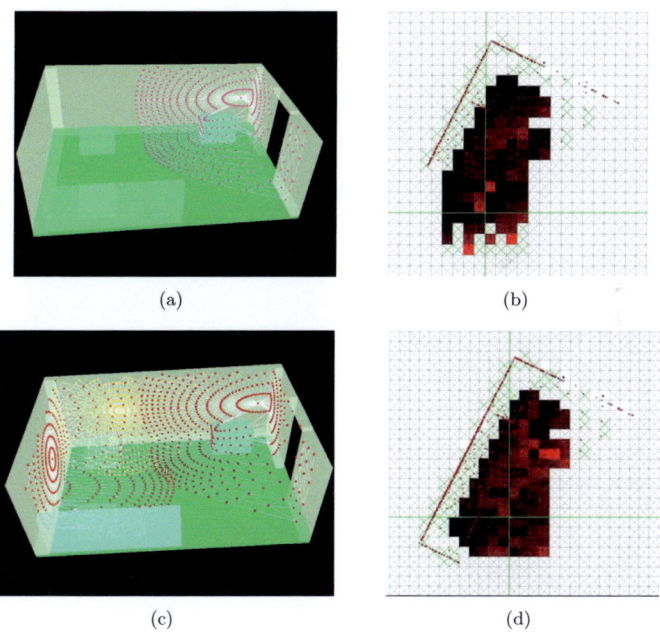

(a)   (b)

(c)   (d)

Abbildung 6.1: 3D-Aufnahme in einer Simulationsumgebung (a) und das zugehörige 2D-Gitter (b) sowie drei 3D-Aufnahmen (c) und das zugehörige 2D-Gitter (d)

6.1.1 Bestimmung der Gittergröße

Die Wahl der Zellgröße ist bei der Erstellung des 2D-Gitters ein entscheidendes Design-kriterium. Ein zu grobmaschiges Gitter kann zu falschen Annahmen über Blockaden zwischen nahe stehenden Hindernissen führen, die eigentlich passierbar wären. Eine zu klein gewählte Zellgröße erhöht den Speicher- und Rechenaufwand. Außerdem werden Interpolationstechniken benötigt, um die Zellen zwischen zwei benachbarten Scanlinien zu berechnen.

Eine sinnvolle Zellgröße lässt sich durch die Angabe einer Maximalgröße l_{max} und einer Mini-malgröße l_{min} einschränken. Die maximale Zellgröße, die gewährleistet, dass immer ein Pfad durch die Hindernisse gefunden werden kann, ist nach Abbildung 6.2 durch den minimalen Abstand b_h zweier Hinderinisse gegeben mit

$$l_{max} < \frac{1}{2}b_h.$$

Hiermit bleibt immer mindestens eine Zelle zwischen den Hindernissen befahrbar.

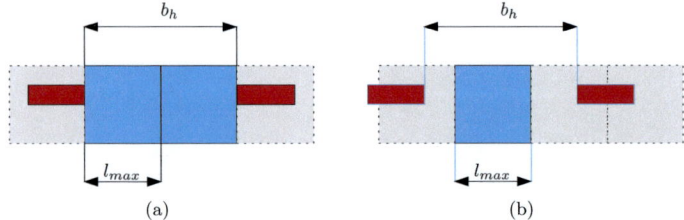

Abbildung 6.2: Maximale Gittergröße l_{max} bei extremen (a) und normalen (b) Hinderniskon-stellationen mit belegten Zellen in Grau und befahrbaren Zellen in blau

Da

$$b_h > b_r + 2 \cdot b_s$$

mit b_r als Roboterbreite und b_s als Sicherheitsabstand gilt, kann die maximale Gittergröße weiter eingeschränkt werden durch

$$l_{max} < \frac{1}{2}(b_r + 2 \cdot b_s).$$

Hierbei werden Türdurchfahrten im Rahmen der Explorationsstrategie gesondert betrach-tet, sodass b_s nicht durch zu enge Türrahmen begrenzt wird. Bei einer Roboterbreite von $b_r = 75\,cm$ und einem Sicherheitsabstand von $b_s = 15\,cm$ ergibt sich eine maxiamle Zellgröße von $l_{max} = 52,5\,cm$.

Für die minimale Zellgröße l_{min} lässt sich ebenfalls eine Schätzung angeben. Diese ergibt sich aus der Forderung, dass benachbarte Scanlinien auf gleiche oder benachbarte Zellen fallen sollen, damit sich möglichst wenig unbekannte Zellen ergeben. Dies ist insbesondere für Bodenzellen von Bedeutung, da aus diesen der befahrbare Bereich abgeleitet wird. Wie aus Abbildung 6.3a deutlich wird, gilt

$$l_{\min} = h_s \cdot \tan(\varphi + \Delta\alpha) - h_s \cdot \tan\varphi.$$

Mit $\tan\varphi = \frac{d_s}{h_s}$ und somit $\varphi = \arctan\left(\frac{d_s}{h_s}\right)$ gilt weiterhin

$$l_{\min} = \left(h_s \cdot \tan\left(\arctan\left(\frac{d_s}{h_s}\right) + \Delta\alpha \right) \right) - d_s \tag{6.1}$$

mit $\Delta\alpha$ als größtem Winkelschritt bei der Aufnahme, h_s als Scannerhöhe und d_s als größtem Abstand, bei dem die Annahme gelten soll (siehe Abbildung 6.3a). Das heisst im Umkreis von d_s der Plattform wird sichergestellt, dass jede Bodenzelle in der Aufnahme erkannt werden kann. Alle Bodenzellen in größerem Abstand werden unter Umständen nur zum Teil erkannt, wodurch Lücken in der Befahrfläche entstehen können. Diese werden jedoch im Laufe der Explorationsfahrt beseitigt. Bei einem rotatorischen Winkelschritt von $\Delta\alpha = 1,5°$ und einem größten Abstand $d_s = 4\,\mathrm{m}$, ergibt sich eine Abhängigkeit der Minimalgittergröße $l_{\min}$ von der Scannerhöhe h_s wie sie in Abbildung 6.3b gezeigt ist. Eine minimale Zellgröße von unter $l_{\max}$ ergibt sich damit erst ab einer Scannerhöhe von über $h_s > 1\,\mathrm{m}$. Für die Scannerhöhe von $h_s = 116\,\mathrm{cm}$ ergibt sich $l_{\min} = 43,04\,\mathrm{cm}$. Bei der Wahl von l zu $l = 50\,\mathrm{cm}$

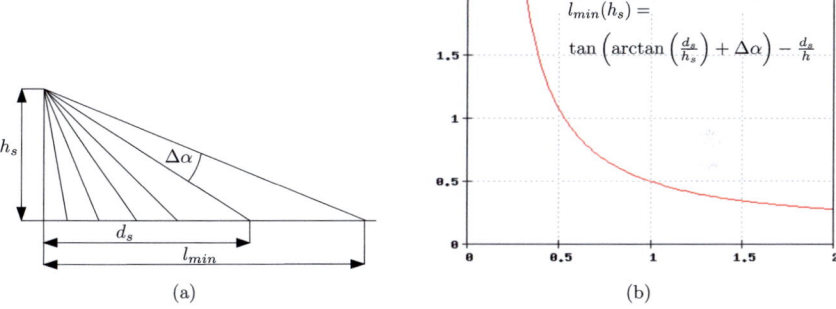

(a) (b)

Abbildung 6.3: Berechnung der minimalen Gittergröße $l_{\min}$ (a) und ihre Abhängigkeit von der Scannerhöhe h_s (b)

wird somit gewährleistet, dass eine Navigation durch zwei Hindernisse durchgeführt werden kann, und ein Bodenbereich im Umkreis von mindestens $4\,\mathrm{m}$ flächendeckend erkannt wird. Bei einer maximalen Winkelschritt von $\Delta\alpha = 0,5°$ ergibt sich eine minimale Zellbreite von $l_{\min} = 11,59\,\mathrm{cm}$.

Dies gilt allerdings nicht, falls Bodenneigungen auftreten. Falls sich also Lücken in der befahrbaren Bodenfläche im Umkreis von d_s befinden, bedeutet dies, dass der Boden entweder Löcher aufweist, oder Bodenneigungen vorhanden sind. Um dies zu erkunden, kann sich die Plattform den entsprechenden Stellen nähern, und nochmals aufnehmen. Eine Abhängigkeit des Bodenneigungswinkels γ von dem Mindestabstand d_s unter dem, trotz Neigung, eine lückenlose Markierung der Bodenzellen gewährleistet werden kann, wird im Folgenden hergeleitet.

Es wird angenommen, zwei benachbarte Scanstrahlen mit der maximalen Winkeldifferenz $\Delta\alpha$ sollen im ungünstigsten Fall Anfang und Ende einer Gitterzelle mit Größe l treffen (siehe Abbildung 6.4a). Die Höhendifferenz Δh ergibt sich zu

$$\begin{aligned} \Delta h &= h_n - h_s \\ &= \underbrace{\tan\left(\alpha + \Delta\alpha\right) \cdot \left(d_s + l\right)}_{h_n} - h_s \\ &\stackrel{!}{=} \frac{l}{\tan\gamma}. \end{aligned}$$

Daraus folgt mit $\alpha = \arctan\left(\frac{d_s}{h_s}\right)$

$$\frac{l}{\tan\gamma} = \tan\left\{\arctan\left(\frac{d_s}{h_s}\right) + \Delta\alpha\right\} \cdot \left(d_s + l\right) - h_s$$

und für γ demzufolge

$$\gamma(d_s) = \arctan\left[\frac{l}{\tan\left\{\arctan\left(\frac{d_s}{h_s}\right) + \Delta\alpha\right\} \cdot \left(d_s + l\right) - h_s}\right].$$

In Abbildung 6.4b ist der zugehörige Funktionsverlauf $\gamma(d_s)$ in Radiant mit den Werten $h_s = 116\,\text{cm}$, $l = 50\,\text{cm}$ und $\Delta\alpha = 1,5°$ zu sehen. Bei einer maximalen Bodenneigung von $\gamma = 20° \,\hat{=}\, 0,35\,\text{rad}$ für befahrbare Flächen entspricht dies einem Mindestabstand d_s von circa $1,5\,\text{m}$.

6.1.2 Zellattribute

Jeder Zelle werden ein oder mehrere Attribute zugeordnet, die den Zustand der Zelle beschreiben. Es wird zwischen zwei Attributarten unterschieden:

Direktes Attribut: Der Attributwert wird direkt aus dem Tiefenbild ermittelt

Indirektes Attribut: Der Attributwert ist von eigenen oder benachbarten Attributwerten abhängig.

Zu der Gruppe der direkten Attribute gehören:

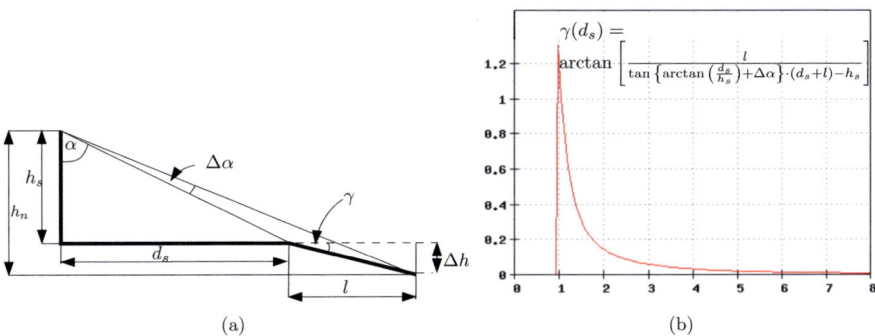

$$\gamma(d_s) = \arctan\left[\frac{l}{\tan\left\{\arctan\left(\frac{d_s}{h_s}\right)+\Delta\alpha\right\}\cdot(d_s+l)-h_s}\right]$$

(a)　　　　　　　　(b)

Abbildung 6.4: Berechnung des maximalen Neigungswinkels (a) und der dazugehörige Funktionsverlauf in rad in Abhängigkeit von d_s (b)

isExplored: Eine boolsche Variable, die *wahr* ist, wenn durch die vorhandenen Aufnahmen der zugehörigen Zelle bereits ein Scanpunkt zugeordnet ist.

min,max: Hier werden die vorkommenden minimalen und maximalen Höhenwerte der Scanpunkte einer Zelle abgelegt. Diese Information wird zur Berechnung der Bodenhöhe im Fall von Steigungen benötigt, und dient als Basis zur Kategorisierung von Scanpunkten in verschiedenen Höhen relativ zum Boden.

hasLowObstacle: Eine boolsche Variable, die auf *wahr* gesetzt wird, wenn ein Scanpunkt eine Höhe über dem Boden besitzt, der eine Kollisison mit der Plattform verursachen würde.

hasHighObstacle: Eine boolsche Variable, die bei Anwesenheit von Hindernissen, bei denen es sich nicht um die Decke handelt, und die von der Plattform kollisionsfrei passiert werden können (zum Beispiel Türoberlicht, hängende Gegenstände) *wahr* wird.

isGroundCandidate: Eine boolsche Variable, die *wahr* wird, falls die zugehörige Zelle ein Dreieck aus D besitzt, dessen Normalenkomponente in senkrechter Richtung größer als ein Schwellwert ist.

Die folgenden indirekten Attribute werden in Abhängigkeit der oben genannten Attribute berechnet:

isWall: Boolscher Wert, der die Existenz einer Wand darstellt. Er wird *wahr* falls sich sowohl ein niedriges, als auch ein hohes Hindernis in der Zelle befinden.

isNearObstacle: Eine boolsche Variable, die für Bodenzellen auf *wahr* gesetzt wird, falls sie den nötigen Sicherheitsabstand zu einem Hindernis nicht einhalten können.

isGround: Diese boolsche Variable ist *wahr*, falls der Zelle ausschließlich Punkte zugeordnet werden, die auf Höhe des Bodens liegen. Die Berechnung erfolgt über eine so genannte *Flood-Fill*-Methode, ausgehend vom der aktuellen Position der Plattform. Der Minimalwert der Zelle, die der aktuellen Plattformposition zugeordnet ist, dient als Referenzwert für die Bodenhöhe. Das *isGound*-Attribut von Nachbarzellen wird auf *wahr* gesetzt, falls sich deren Mininmalwert nur um einen bestimmten Schwellwert ϵ von dem Minimalwert der Ausgangszelle unterscheidet.

Bei dem Flutvorgang selbst werden nur Zellen betrachtet, deren *isGroundCanditate*-Attribut den Wert *wahr* besitzt. Damit führen auch niedrige Hindernisse zum Abbruch des Flutvorgangs.

Es werden allerdings minimale Abweichungen d mit $d < \epsilon$ zwischen den Minimalwerten toleriert. Hierdurch können das Scannerrauschen sowie Bodenneigungen berücksichtigt werden.

Für die *isGround*-Zellen wird eine Bewertung der Aufnahme durchgeführt, bei der die Güte der nächsten potenziellen Aufnahmepositionen berechnet wird.

6.1.3 Zellbewertung

Zur Bewertung der erwarteten Güte bestimmter Zellen wird ein *brute-force*-Verfahren eingesetzt. Für die übrig gebliebenen Bodenzellen werden horizontale Aufnahmen in verschiedenen Orientierungen simuliert. Die Schrittweite ist hierbei variabel.

Für die Bestimmung der Güte G einer simulierten Aufnahme werden die Zellattribute solcher Zellen untersucht, die von der Ausgangszelle durch den Teststrahl erreichbar sind. Bei den Teststrahlen handelt es sich um eine bestimmte Anzahl von Halbgeraden, die in gleichmäßigen Abständen um die zu testende Orientierung ausgesendet werden. Für jeden Teststrahl werden die Zellen des Gitters betrachtet, die er durchquert.

Trifft der Teststrahl in der Entfernung d_t von der Ausgangszelle auf eine Zelle, die einen Abbruch erzeugt, wird ein Treffer t_h beziehungsweise t_u erzeugt. Der Teststrahl wird hierbei solange verfolgt, bis er auf eine Zelle mit dem Attribut *isWall* (Hindernis, $t_h = 1, t_u = 0$) oder *!isExplored* (noch nicht explorierte Zelle, $t_h = 0, t_u = 1$) trifft. In Abbildung 6.5a ist dieser Vorgang exemplarisch für eine Orientierung und mehrere Teststrahlen dargestellt.

Durch eine entfernungsabhängige Bewertung können Zellen, die in einem ungewünschten Bereich liegen, weniger stark gewichtet werden. Ungewünschte Bereiche sind zum Beispiel Zellen, bei denen der Scanner zu nah an einem Hindernis steht ($d_t < d_{\min}$) oder zu weit von einem Hindernis weg ist ($d_t > d_{\max}$), da dann das Kriterium der lückenlosen Bodenabdeckung nach Gleichung 6.1 nicht mehr erfüllt ist.

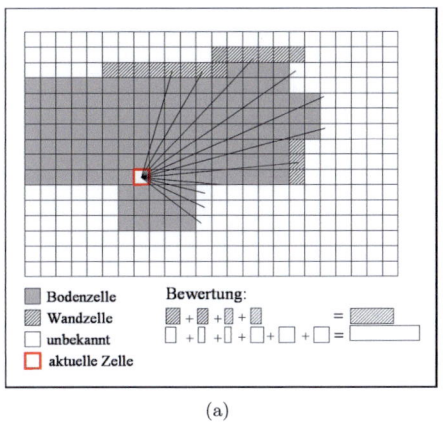

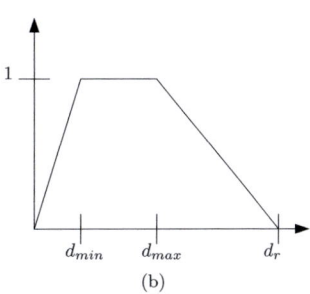

(a) (b)

Abbildung 6.5: Teststrahlen für eine vorgegebene Orientierug (a) und Gewichtungsfunktion $g(d_t)$ (b)

Abbildung 6.5b zeigt eine mögliche Gewichtungsfunktion $g(d_t)$. Es wurde hierbei ein stückweiser linearer Zusammenhang zwischen den Werten $d_{\min}$ und $d_{\max}$ gewählt mit

$$g(d_t) = \begin{cases} \frac{1}{d_{\min}} \cdot d_t & \text{für} \quad 0 \le d_t \le d_{\min} \\ 1 & \text{für} \quad d_{\min} < d_t \le d_{\max} \\ -\frac{1}{d_r - d_{\max}} \cdot d_t & \text{für} \quad d_{\max} < d_t \le d_r \end{cases}$$

mit d_r als maximaler Scannerreichweite.

Für beide Abbruchkriterien wird jeder Treffer t_i eines Teststrahls i gewichtet aufsummiert. Die Güte G einer Aufnahme berechnet sich dann aus der doppelt gewichteten Summe der beiden Treffertypen durch die Bewertungsfunktion

$$G = \sum_i w_h \cdot g_h \cdot t_{h_i} + \sum_i w_h \cdot g_u \cdot t_{u_i}. \qquad (6.2)$$

Die Strategiegewichte w_h und w_u sind hierbei abhängig von der aktuellen Explorationsstrategie (siehe Abschnitt 6.2). Hierdurch können die Randbedingungen verschiedener Explorationsstrategien berücksichtigt werden, wie zum Beispiel das Verhältnis von überlappendem Bereich zu unbekanntem Bereich.

Um die ermittelten Bewertungen der einzelnen Teststrahlen nicht für jede zu testende Orientierung des Scanners erneut berechnen zu müssen, werden diese Werte für jede Zelle in einem Schritt ermittelt. Dazu werden die Teststrahlen für jede Zelle einmalig im Kreis ausgesendet, und der Treffer t und der Abbruchtyp ermittelt. Bei der Berechnung der Gütefunktion G werden dann nur die Teststrahlen summiert, die in dem vorgegebenen Scanbereich liegen.

6.2 Explorationsstrategie für Indoor-Umgebungen

Eine grundsätzliche Problemstellung bei Planungssystemen ist die Frage, inwieweit bekannte Restriktionen und Randbedingungen der Umgebung in den Planungsvorgang einfließen. Wenige Restriktionen erlauben einen flexiblen Einsatz in beliebigen Umgebungen. Werden aber bekannte Randbedingungen der Umgebung zur Planung genutzt, kann das System effizienter arbeiten.

6.2.1 Explorationsmodi

Da das in dieser Arbeit entwickelte Explorationssystem im Indoor-Bereich arbeitet, wird im Folgenden davon ausgegangen, dass ausreichend aussagekräftige Punktwolken vorliegen, da der überwiegende Teil der ausgesandten Laserimpulse reflektiert wird. Bei einer Reichweite von $d_r = 8\,\text{m}$ bedeutet dies, dass die Räume keine größere Ausdehnung als $8\,\text{m}$ haben sollen, beziehungsweise diese nur in eine Richtung haben sollen (wie zum Beispiel bei einem Flurbereich). Größere Arbeitsräume, wie zum Beispiel Industrieanlagen, können dann nur mit der erweiterten Scannerreichweite von $d_r = 80\,\text{m}$ exploriert werden. Die hierbei ermittelbaren Remsisions- und Farbwerte sind allerdings so stark fehlerbehaftet, dass sie nicht zu einer Registrierung herangezogen werden können.

Eine gesonderte Betrachtung bei der kollisionsfreien Navigation durch Türen ist allerdings aufgrund der Plattformbreite nötig. Weiterhin setzt das in Abschnitt 5.3.2 vorgestellte Verfahren eine sortierte Reihenfolge der überlappenden Aufnahmen voraus. Um nicht bei jeder Aufnahme komplexe Berechnungen bezüglich eines Zyklenschlusses und den daraus resultierenden rückwirkenden Transformationsänderung für bereits registrierte Aufnahmen durchführen zu müssen, wurde ein mehrstufiges Explorationsverhalten entwickelt.

In einer ersten Stufe wird durch mehrere überlappende Aufnahmen ein Zyklus erzeugt, welcher durch das Verfahren aus Abschnitt 5.3.2 geschlossen wird. Die fehlenden (zum Beispiel verdeckten) Bereiche des Raums werden in der zweiten Stufe aufgenommen, und die zugehörigen Tiefenbilder zu den in der ersten Stufe aufgenommenen Aufnahmen registriert. Danach werden in einer dritten Stufe Durchfahrtsmöglichkeiten (zum Beispiel Türen) gesucht und ein neuer Raum befahren. Daraufhin wird wieder bei der ersten Stufe angesetzt (siehe Abbildung 6.6).

Hierfür wurden die folgenden Aufnahmemodi implementiert:

MakeFirstScan: In diesem Modus wird von der aktuellen Position eine Aufnahme gemacht. Dies ist der Anfangszustand des Systems. Außerdem wird dieser Zustand angenommen, wenn ein neuer Raum zu explorieren ist.

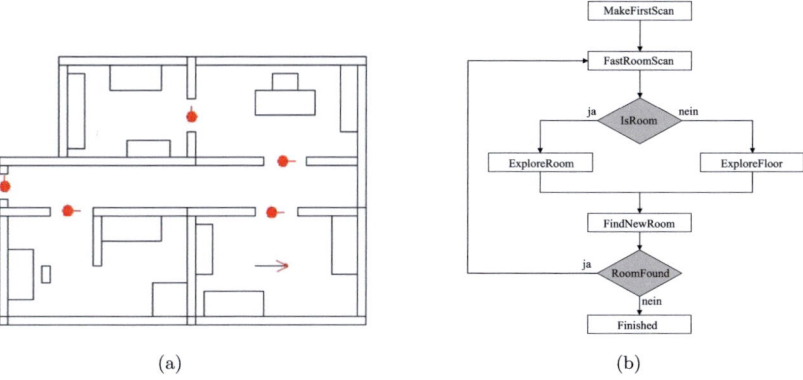

(a) (b)

Abbildung 6.6: Mögliche Konstellation einer Indoor-Umgebung mit potenziellen Türdurchfahrten in rot (a) und das Ablaufdiagramm der Explorationsstufen (b)

FastRoomScan: Dieser Modus liefert die Aufnahmen für welche ein Kreisschluss durchzuführen ist. Hierbei wird eine Rundumaufnahme auf der Stelle mit n-Aufnahmen im Abstand von $\frac{360°}{n}$ gemacht. Die Messpositionen sind hierbei vorgegeben und werden nicht über das Planungsmodell ermittelt.

ExploreRoom: Nachdem ein Raum in seinen Grundzügen erfasst worden ist, werden in diesem Modus Bereiche aufgenommen, die bisher nicht ausreichend erfasst wurden, weil sie zum Beispiel verdeckt waren. In der Bewertungsfunktion G (nach Gleichung 6.2) werden nur die gewichteten Werte der als *!isExplored* gekennzeichneten Zellen berücksichtigt. Um allerdings eine Registrierung durchführen zu können, muss ein überlappendes Tiefenbild bekannt sein. Dies kann unter Zuhilfenahme eines ID-Feldes erreicht werden, indem die beteiligten *ScanIDs* als weiteres Zellattribut gespeichert werden.

ExploreFloor: Bei der Erfassung von langen Fluren soll eine Oszillation zwischen den beiden unerforschten Gebieten vermieden werden. Deshalb berücksichtigt die Bewertungsfunktion neben Wandzellen auch die Entfernung der potenziellen neuen Aufnahmepositionen.

FindNewRoom: In diesem Modus werden keine neuen Aufnahmen gemacht, da der Raum, in dem sich das System befindet, als abgeschlossen gilt. Über eine Abarbeitung einer Liste von potenziellen Türen, die aus den Gitterdaten erstellt wird, wird eine Tür ermittelt, welche zu einem neuen Raum führt (siehe Abschnitt 6.2.2).

Finished: Wenn die Liste potenzieller Türen abgearbeitet ist, wechselt das System in den Zustand *Finished*. Der Explorationsvorgang ist damit abgeschlossen und aus den erstellten Aufnahmen kann ein fusioniertes 3D-Gesamtmodell erstellt werden.

6.2.2   Erkennung von Türen

Aufgrund der Ausdehnung der Explorationsplattform ist das Durchqueren von Türen gesondert zu betrachten, um Kollisionen zu vermeiden. Aus dem attributierten 2D-Gitter lassen sich Türen einfach extrahieren. Eine Zelle z_t, die innerhalb einer Tür liegt, enthält kein niedriges Hindernis (Attribut *hasLowObstacle*), besitzt allerdings ein hohes Hindernis (Attribut *hasHighObstacle*), da sich oberhalb von Türen im Allgemeinen eine Wand oder ein Oberlicht befindet. Dies muss je nach Zellgröße und Türbreite auch für Nachbarzellen gelten. Von diesen Zellen z_t besitzt jeweils die rechte und linke Randzelle einer Türdurchfahrt (z_r, z_l) in nächster Nachbarschaft eine Zelle mit gesetztem *isWall* Attribut. Liegen z_r und z_l in dem vorgegebenen Bereich, und ist das *isWall* Attribut auf verschiedenen Seiten der Nachbarzelle gesetzt, wurde eine Tür mit den Begrenzungszellen z_r und z_l gefunden.

Die Suche nach Türdurchfahrten ist jedes Mal durchzuführen, wenn in den *findNewRoom* Modus gewechselt wird. Dabei ist für jede Zelle zu prüfen, ob sie die oben genannten Kriterien erfüllt. Wenn dies der Fall ist, wird die Türe in einer Türliste eingetragen, falls sie dort noch nicht verzeichnet ist. Hierbei wird angenommen, dass die Mittelpunkte zweier Türen mindestens eine Türbreite voneinandner entfernt sind. Neue Türen werden eingetragen indem ihre Ausrichtung, ihr Ort und ein Vermerk, dass die Türe noch nicht benutzt wurde, gespeichert werden.

Falls ein Zimmer oder ein Flur als abgeschlossen betrachtet wird, muss dies in der Liste der angrenzenden Türen vermerkt werden. Die nötige Auswahl an Türen wird ermittelt, indem alle Nachbarzellen von Wandzellen in einem Umkreis markiert werden, so dass auch im Bereich von Türen sämtliche Zellen markiert sind. Anschließend wird mit einer *Floodfill*-Technik, ausgehend von der aktuellen Zelle der Plattform, der Bereich innerhalb der Markierung geflutet, und diejenigen Türen ausgewählt, welche im gefluteten Bereich liegen. Hierbei muss sichergestellt werden, dass der ganze Raum, aber kein Bereich außerhalb des aktuellen Raums, geflutet wird.

Abbildung 6.7 zeigt einen Raum mit drei Türen (a), das zugehörige Belegungsmodell des 2D-Gitters (b), sowie die gefundenen Türen (in rot) mit Ausrichtung (c) und eine triangulierte Darstellung des Raumes (d).

6.2.3   Planungsablauf

In diesem Abschnitt wird das Zusammenspiel zwischen den Aufnahmenmodi und der Bewertungsfunktion nach der Strategie aus Abbildung 6.6b geschildert. Die Bahnplanung startet im Modus *MakeFirstScan*. Hierzu ist die Plattform in einem Raum zu positionieren, so dass sich kein Hindernis in unmittelbarer Umgebung befindet. Nach dieser ersten Aufnahme wird in den Modus *FastRoomScan* gewechselt.

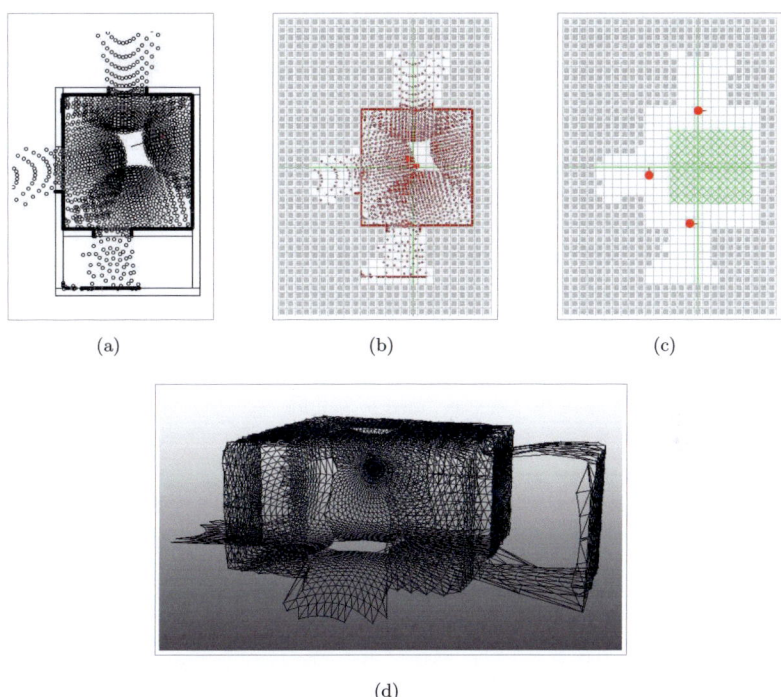

(a) (b) (c)

(d)

Abbildung 6.7: Raum mit 3 Türen (a), Zellbelegung des Gitters (b) und gefundene Türen (c), sowie das dazugehörige triangulierte 3D-Modell (d)

Nach jeder Aufnahme wird hierbei aus den Punkten die Gitterbelegung abgeleitet. Hierbei werden die Minimal- und Maximalwerte angepasst, sowie die Hindernisattribute und das *isGroundCandidate*-Attribut gesetzt.

Daraufhin werden die Boden- und Wandzellen ermittelt und, falls notwendig, die erreichbaren Bodenzellen berechnet. Für die ermittelten Bodenzellen wird eine Bewertung der Aufnahme nach Gleichung 6.2 vorgenommen. Hierbei ist allerdings der Winkelbereich eingeschränkt, da eine feste Drehrichtung vorausgesetzt wird. Die Position und Orientierung mit der höchsten Bewertung wird, falls sie einen vorgegebenen Schwellwert überschreitet, an die Plattform weitergegeben, die daraufhin das Ziel ansteuert.

Der *FastRoomScan*-Modus wird beendet, wenn alle n Positionen angefahren wurden. Daraufhin werden die Aufnahmen durch einen Zyklenschluss neu ausgerichtet. Dies erfordert die Verwerfung der bisherigen Gittereinträge, und einen Neueintrag der abgeänderten

Aufnahmen. Daraufhin wird durch *isRoom* überprüft, ob ein Zimmer oder ein Flur vorliegt. Charakteristisch für einen Flur ist die Existenz von unbekannten Zellen in Nachbarschaft von Bodenzellen, die von der aktuellen Roboterposition erreichbar sind. Diese werden durch eine begrenzte Reichweite des Scanners verursacht.

Falls die Existenz eines Zimmers erkannt wurde, wird in den Modus *ExploreRoom* gewechselt. Hier werden Zellen mit dem Attribut *!isExplored* von der Bewertungsfunktion hoch gewichtet, um bestehende Lücken zu schließen. Falls die Bewertungsfunktion ein zu geringes Ergebnis liefert, wird in den *FindNewRoom*-Modus gewechselt.

Wird dagegen durch *IsRoom* die Existenz eines Flures festgestellt, wird in den *ExploreFloor*-Modus gewechselt. Hier werden Aufnahmen mit einem hohem Anteil an ungesehenen Zellen und Wandzellen bevorzugt. Außerdem wird die Entfernung des neuen Zielpunktes von der aktuellen Position berücksichtigt, um ein Pendeln zwischen den Enden des Flurs zu vermeiden. Wird die Bewertung zu gering, wird in den *FindNewRoom*-Modus gewechselt.

Hier wird, wie in Abschnitt 6.2.2 beschrieben, das Gitter nach Türen durchsucht. Falls hierbei noch Türen ermittelt werden, die an einen noch nicht explorierten Raum anschließen, werdend diese angefahren und der Scanner ca. 1 m innerhalb des Raumes platziert. Daraufhin beginnt ein neuer Zyklus im Modus *FastRoomScan*.

Falls alle Türen abgearbeitet wurden, wird in den *Finished*-Modus gewechselt und die Exploration beendet.

6.3 Zusammenfassung

Dieser Abschnitt stellte das attributierte 2D-Gitter vor, auf welchem, unter Nutzung der vorhandenen 3D-Daten, effizient die nächsten Aufnahmepositionen geplant werden können. Es werden hierbei simulierte Aufnahmen in diskreten Aufnahmepositionen durchgeführt, und eine Bewertung je nach Aufnahmemodus durchgeführt.

Es wurde weiterhin eine Explorationsstrategie vorgestellt, welche es ermöglicht, Innenraumumgebungen, bestehend aus Fluren und Zimmern, zu erfassen. Hierbei wird jeder neue Raum durch eine Rundumaufnahme in *Zimmer* oder *Flur* klassifiziert, und der Aufnahmemodus dementsprechend gesetzt.

Kapitel 7

Modellbildung

Die Generierung des Gesamtmodells erfolgt nach der Aufnahme aller Daten. Als Daten liegen N Aufnahmen vor jeweils mit

- der Menge P_n der Punktmerkmale

- der Menge D_n der zugehörigen Dreiecke

- der Menge B_n der Kamerabildpunkte

- der Menge L_n^* der korrigierten Lagen

Aus diesem Datensatz wird nun ein einziger reduzierter Datensatz generiert, welcher die komplette aufgenommene Szene darstellt.
Hierbei wird durch einen Marching Intersections Ansatz analog zu [Rocchini 04] die Gesamtheit der Punkte innerhalb der Fusion neu berechnet.

7.1 Der Marching-Intersections Algorithmus

Der Marching-Intersections Algorithmus ist ein volumenbasiertes Fusionsverfahren. Es vereinigt gleichzeitig mehrere Aufnahmen. Hierbei geht allerdings die ursprüngliche Punktmenge verloren, und wird durch eine neue Punktmenge ersetzt. Diese bildet eine neue Punktwolke und entsteht durch den Schnitt mit einem homogenen 3D-Gitter, dem sogenannten Abtastgitter. Das Ergebnis der Fusion enthält somit eine sehr gleichmäßige Verteilung der Punkte.

Die Anzahl der Schnittpunkte hängt von der Auflösung des 3D-Gitters ab, und ist somit variabel. Hierdurch können Modelle in verschiedenen Auflösungs- und Komplexitätsstufen erstellt werden.

Der Algorithmus besteht aus den folgenden Schritten:

- Berechnung der Schnittpunkte zwischen den Oberflächendreiecken aller Aufnahmen und dem Abtastgitter

- Sortierung der Gittertreffer

- Elimination redundanter Treffer

- Fusion der Treffer

- Rekonstruktion der Oberfläche

- Überlagerung der Texturinformationen

7.2 Ermittlung der Schnittpunkte

Die Abtastung durch das 3D-Gitter erfolgt für jede Raumrichtung separat. Für jede Raumebene i mit $i \in \{XY, YZ, XZ\}$ werden in die orthogonale Richtung Z, X beziehungsweise Y die Schnittpunkte entlang des Sichtstrahls an den jeweiligen Gitterschnittpunkten ermittelt. Abbildung 7.1 zeigt schematisch diese Vorgehensweise anhand der Kurven A und B im zweidimensionalen Fall.

Es werden also für jede Raumebene Gittergeraden $g_i[a][b]$ gebildet, mit a und b als Zellindex. Der Schnitt dieser Gittergeraden mit einem der Dreiecke aller Aufnahmen erzeugt einen Schnittpunkt $\vec{p}$, welcher der Gittergeraden zugeordnet wird.

Zu diesem Schnittpunkt werden folgende Informationen gespeichert:

- Die Tiefe t des Schnittpunktes. Diese entspricht dem Wert entlang der Gittergeraden.

- Die Identifikationsnummer id der Aufnahme, zu der das entsprechende Dreieck zugeordnet ist als Binärzahl 2^{id}.

- Das Vorzeichen $sign$, das angibt, von welcher Seite die Dreiecksoberfläche durch den Gitterstrahl durchdrungen wurde.

- Der Attributswert rem, welcher dem Remissionswert r des nächsten Punktnachbarn des Schnittpunkts entspricht.

Die Treffer auf jeder Schnittgeraden $g_i[a][b]$ werden daraufhin nach der Tiefe t sortiert. Pro Schnittgerade liegen hier meist nur wenige Treffer vor. Bei senkrechten Schnittgeraden handelt es sich hierbei beispielsweise hauptsächlich um Decken- und Bodentreffer.

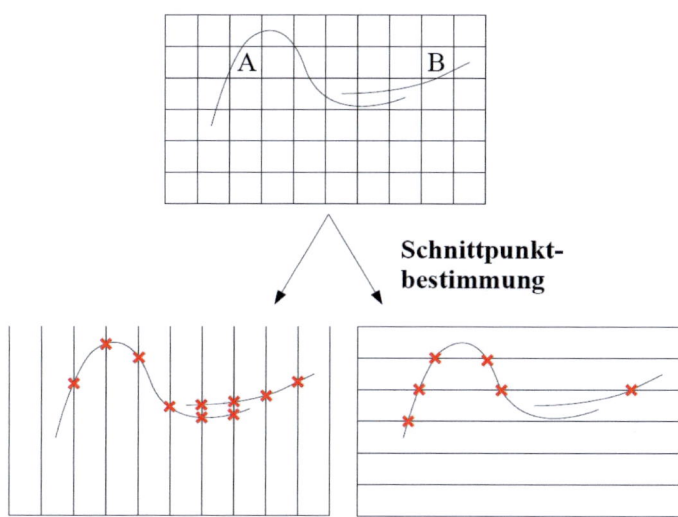

Abbildung 7.1: 2D-Darstellung der Schnittpunktbestimmung

Verläuft eine Schnittgerade allerdings nahe und parallel einer Fläche im Raum, zum Beispiel waagrecht entlang des Bodens, sind mehrere Schnittpunkte der selben Aufnahme innerhalb einer Zelle möglich. Dies wird durch das Scannerrauschen verursacht. Dieser hochfrequente Anteil kann durch die Diskretisierung auf das Gitter nicht abgebildet werden. Diese benachbarten Schnittpunkte der selben Aufnahme haben dann unterschiedliche Vorzeichen und werden entfernt. Abbildung 7.2 zeigt einen solchen Fall.

Die kartesischen Koordinaten $\vec{pk}$ können direkt aus den Gittervariablen a und b und der Tiefe t des Punktes bestimmt werden. Abbildung 7.3 zeigt das hierdurch entstandene Punktmodell in unterschiedlichen räumlichen Auflösungen.

7.3 Fusion der Treffer

Ziel des Fusionsschrittes ist es, die Marching-Cubes-Bedingung herzustellen. Diese besagt, dass nur jeweils ein Punkt auf einer Kante pro Gitterzelle liegen darf. Schnittpunkte von unterschiedlichen Aufnahmen werden deshalb fusioniert. Um Inkonsistenzen in der Oberflächendarstellung zu vermeiden, werden dafür unter Umständen neue Punkte hinzugefügt.

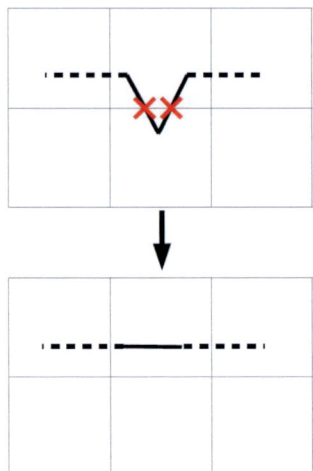

Abbildung 7.2: Zwei Punkte werden zu einem neuen Punkt vereinigt. Da der obere Punkt hierbei eine Zellgrenze passiert, sind an die angrenzenden Zellen neue Punkte hinzuzufügen

Benachbarte Punkte p_k und p_{k+1} der selben Schnittgeraden werden fusioniert, falls sie folgende Kriterien erfüllen:

- $\mathrm{id}_k \neq \mathrm{id}_{k+1}$: Die Punkte müssen von unterschiedlichen Aufnahmen abstammen.

- $\mathrm{sign}_k = \mathrm{sign}_{k+1}$: Die Punkte müssen das gleiche Vorzeichen haben.

- $\mathrm{dist}(p_k, p_{k+1}) < \mathrm{Max}$: Der Abstand *dist* der beiden Punkt muss kleiner als eine vorgegebene Schwelle *Max* sein.

Die Forderung nach einem gleichen Vorzeichen verhindert, dass Punkte von schmalen, von verschiedenen Seiten aufgenommenen Objekten (wie zum Beispiel Wänden), fusioniert werden. Der Schwellwert *Max* orientiert sich hierbei an dem Registrierungsfehler, der zwischen zwei Aufnahmen entstehen kann.

Werden die obigen Kriterien durch zwei Punkte erfüllt, müssen diese gelöscht, und durch einen neuen Punkt $\vec{p}_{\mathrm{neu}}$ ersetzt werden. Dieser ist wieder in die Punkteliste der jeweiligen Gittergeraden einzusortieren. Für den neuen Punkt $\vec{p}_{\mathrm{neu}}$ gilt:

- $t_{\mathrm{neu}} = \frac{t_k + t_{k+1}}{2}$: Die neue Tiefe ist das arithmetische Mittel der Tiefen der zwei Punkte

- $\mathrm{id}_{\mathrm{neu}} = \mathrm{id}_k \cup \mathrm{id}_{k+1}$: Dies bedeutet, das Namensfeld umfasst alle Aufnahmen aus denen es hervorgegangen ist

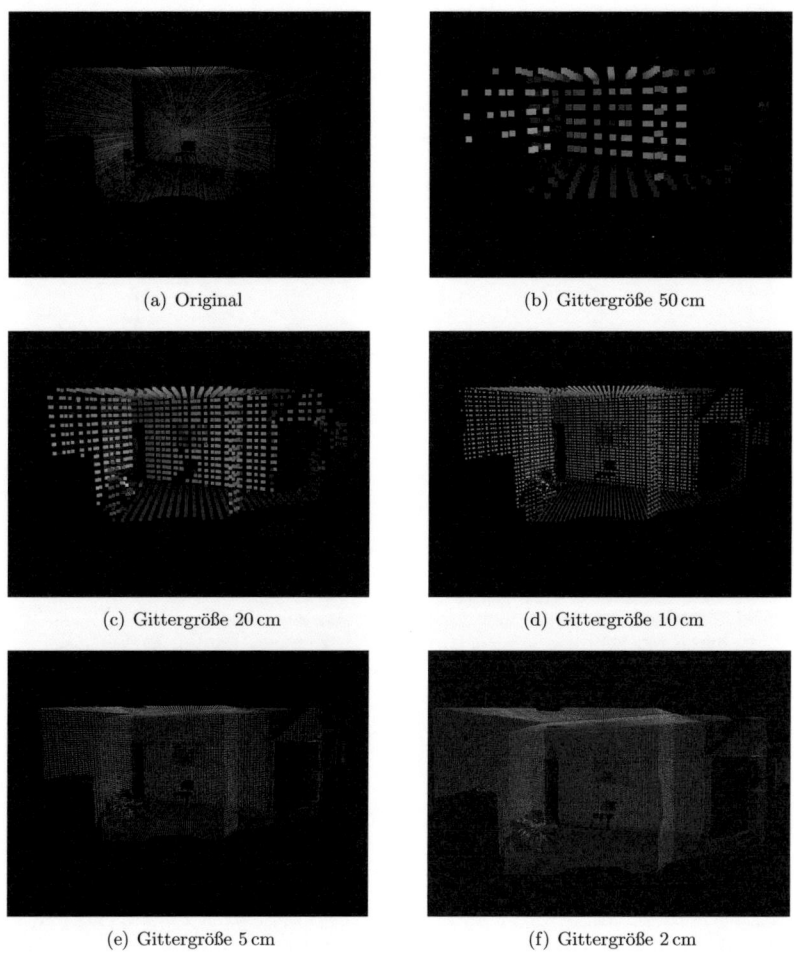

(a) Original

(b) Gittergröße 50 cm

(c) Gittergröße 20 cm

(d) Gittergröße 10 cm

(e) Gittergröße 5 cm

(f) Gittergröße 2 cm

Abbildung 7.3: Punktmodell durch Abtastung mit dem 3D-Gitter im Original und unterschiedlichen Gittergrößen

- $\text{sign}_{\text{neu}} = \text{sign}_k = \text{sign}_{k+1}$: Das Vorzeichen stimmt mit den Vorzeichen der Punkte überein

- $\text{rem}_{\text{neu}} = \frac{\text{rem}_k + \text{rem}_{k+1}}{2}$: Der neue Remissionswert ist das arithmetische Mittel der Remissionwerte der zwei Punkte.

Der Fusionsschritt ist an dieser Stelle abgeschlossen, falls sich die beiden Ausgangspunkte in der selben Zelle befanden. Wenn sich aber die Punkte in zwei unterschiedlichen Zellen befanden, müssen aus Konsistenzgründen an den Übergängen zwischen den Zellen in die angrenzenden Gittergeraden je zwei neue Punkte $\vec{p}_{inter}$ eingetragen werden, da ein Punkt $\vec{p}_{trans}$ der zwei Punkte die Zellgrenzen überschreitet.

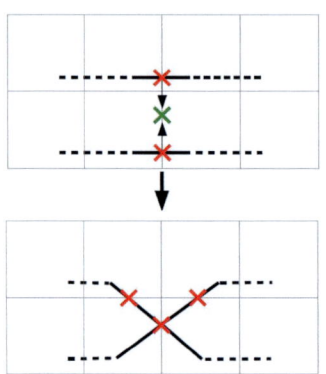

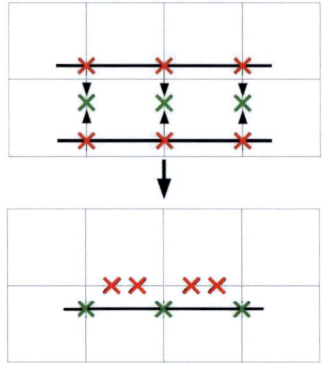

(a) Zwei Treffer werden zu einem neuen Treffer vereinigt. Da der obere Treffer hierbei eine Zellgrenze passiert, sind an die angrenzenden Zellen neue Punkte hinzuzufügen.

(b) Da auch in den Nachbarzellen neue Punkte mit entgegengesetztem Vorzeichen eingefügt wurden, löschen diese sich wieder aus.

Abbildung 7.4: Schritte während der Fusion

Für die in die angrenzenden Gittergeraden einzufügenden Punkte p_{neu} gilt dabei:

- Die Tiefe t_{inter} wird jeweils bei $\frac{1}{3}$ der Gitterbreite von der Gittergeraden gesetzt.

- Das Namensfeld id_{inter} wird auf das Namensfeld desjenigen Punktes gesetzt, der die Zellgrenzen überschreitet.

- Das Vorzeichen $sign_{inter}$ ist von dem Vorzeichen des verschobenen Punkts $sign_{trans}$ abhängig.
  Falls der verschobene Punkt $\vec{p}_{trans}$ in positiver Geradenrichtung die Zellgrenze überschreitet, wird dem neuen Punkt $\vec{p}_{inter_1}$ in positiver Achsenrichtung der Vorzeichenwert $sign_{inter_1} = sign_{trans}$ des verschobenen Punktes gesetzt. Das Vorzeichen des zweiten Punktes $\vec{p}_{inter_2}$ in negativer Achsenrichtung wird komplementär gesetzt, also $sign_{inter_2} = !sign_{trans}$.
  Falls der verschobene Punkt $\vec{p}_{trans}$ in negativer Geradenrichtung die Zellgrenze überschreitet, wird dem neuen Punkt $\vec{p}_{inter_1}$ in positiver Achsenrichtung der komplementäre Vorzeichenwert $sign_{inter_1} = !sign_{trans}$ des verschobenen Punktes gesetzt. Das

Vorzeichen des zweiten Punktes $\vec{p}_{inter_2}$ in negativer Achsenrichtung wird gleich gesetzt, also $\text{sign}_{inter_2} = \text{sign}_{trans}$.

- Der Remissionswert rem_{inter} wird auf den Remissionswert desjenigen Punktes gesetzt, der die Zellgrenzen überschreitet.

Existiert auf der bearbeiteten Zelle bereits ein Punkt mit komplementärem Vorzeichen und gleichem Namen, werden diese wieder eliminiert. Sind die Vorzeichen gleich, und die Namen verschieden können diese Punkte wiederum wie beschrieben durch einen neuen Punkt $\vec{p}_{neu}$ ersetzt werden. Da die Punkte sich in der selben Zelle befinden, werden keine neuen Punkte p_{inter} gebildet.

Ein gitterübergreifender Fusionsschritt ist in Abbildung 7.4 dargestellt. Abbildung 7.5 zeigt die Fusion von zwei Streckenzügen exemplarisch wieder im zweidimensionalen Fall.

Abbildung 7.6 zeigt mehrere Modelle mit einem Versatz, und das durch die Fusion entstandene Punktmodell aus unterschiedlichen Perspektiven.

7.4 Rekonstruktion der Oberfläche

Bei der Rekonstruktion der Oberflächen wird nach der *Marching-Cubes* Methode vorgegangen. Hierdurch kann die Oberfläche eines Körpers rekonstruiert werden, wenn sämtliche Schnittpunkte mit einem Gitter und deren Vorzeichen bekannt sind. Bis auf die Zellen mit Anomalien ist diese Bedingung erfüllt.

Für jede Zelle, welche Schnittpunkte enthält, werden die Oberflächenelemente bestimmt. Hierfür werden die Eckpunkte des die Zelle repräsentierenden Würfels mit Vorzeichenwerten belegt, welche sich aus den Vorzeichen der Schnittpunkte ableiten lassen. Liegt auf einer Kante des Würfels ein Schnittpunkt, dann wird die Ecke des zugehörigen Würfels, in welche das Vorzeichen des Schnittpunkts zeigt, mit einem positiven Vorzeichen belegt. Die zweite Ecke der Kante wird dementsprechend mit einem negativem Vorzeichen belegt. Liegt auf einer weiteren Kante dieser Ecke ein Schnittpunkt, wechselt das Vorzeichen der nächsten Ecke entlang der Kante. Liegt kein Schnittpunkt auf der Kante, wird die nächste Ecke mit dem identischen Vorzeichen belegt. Durch Anwendung dieses Schemas auf alle acht Ecken des Würfels wird er durch eine 8 Bit breite Zahl $N = 2^j$ mit $j \in 0...7$ gekennzeichnet.

Hierdurch können allerdings Inkonsistenzen entstehen, welche durch spätere Nachbearbeitung eliminiert werden. Bei inkonsistenten Würfeln wird die entsprechende Zahl N ermittelt, indem Schnittpunkte eliminiert werden, welche zu den Inkonsistenzen geführt haben.

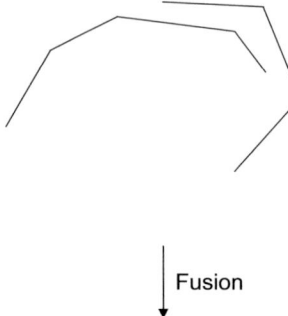

Fusion

Abbildung 7.5: Fusion zweier Streckenzüge: im oberen Teil sind die zu fusionierenden Streckenzüge zu sehen. Im unteren Teil zeigt der rote Streckenzug das Ergebnis der Fusion. Die schwarz eingezeichneten Strecken lassen die Abweichungen zum ursprünglichen Verlauf erkennen. Die Punkte zeigen das der jeweiligen Ecke durch die Treffer zugeordnete Vorzeichen an, blau steht für negativ (d.h. die Ecke befindet sich innerhalb des Objekts), rot für positiv.

Liegt ein konsistenter Würfel vor, können die zugehörigen Oberflächen als Dreiecke d_i aus einer Lookup-Tabelle ermittelt werden. Diese ist in Anhang C wiedergegeben. Ein Eintrag in der Lookup-Tabelle besteht aus einer Liste von Indizes, die in Dreiergruppen die Kanten des Würfels angeben, auf denen sich Punkte eines zu bildenden Dreiecks befinden. Die 256 Einträge der Tabelle für jede mögliche Vorzeichenbelegung der Eckpunkte, lassen sich in 14 Klassen durch Drehung, Spiegelung und Komplementbildung generieren. Hierbei ist die Anordnung der Achsen und die Nummerierung der Eckpunkte und Kanten im verwendeten Würfelmodell zu berücksichtigen. Abbildung 7.7 zeigt das verwendete Würfelmodell (a) und eine exemplarisch eingetragene Fläche für die Würfelzahl $N = 2^0 + 2^1 + 2^4 + 2^5 = 51$ mit den Dreiecken d_1 und d_2 zwischen den Punkten an den Kanten $(9, 1, 11)$ und $(11, 1, 3)$ (b). Abbildung 7.8 zeigt das hierdurch gebildete Oberflächenmodell in unterschiedlichen räumlichen Auflösungen.

(a) Original zwei Aufnahmen

(b) Fusion Gittergröße 20 cm

(c) Original zwei Aufnahmen

(d) Fusion Gittergröße 20 cm

(e) Original fünf Aufnahmen

(f) Fusion Gittergröße 14 cm

Abbildung 7.6: Punktmodell aus zwei Aufnahmen mit einem Versatz von 17 cm im Original (a) und (c) und das durch Fusion entstandene Modell (b) und (d) aus zwei Perspektiven sowie Punktmodell aus fünf Aufnahmen mit einem Versatz von 3 cm, 9 cm, 15 cm und 21 cm im Original (e) und als fusionierte Punktwolke (f)

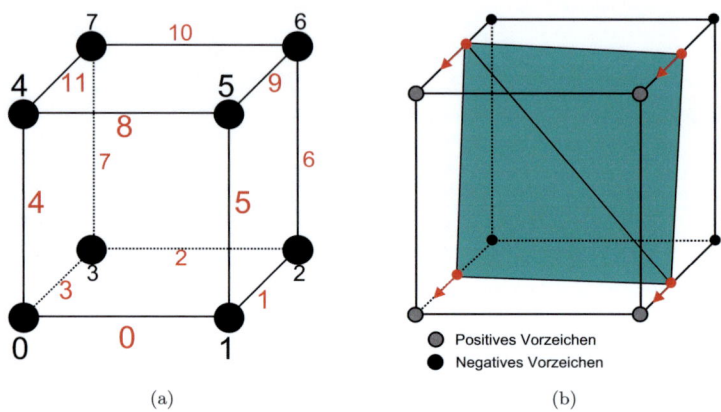

| (a) | (b) |

Abbildung 7.7: Würfelmodell (a) und exemplarisch eingetragene Fläche für N=51 (b)

7.5 Überlagerung der Texturinformationen

Um die Texturinformationen überlagern zu können, müssen die Texturkoordinaten jedes Schnittpunkts $\vec{p}$ durch Projektion in das ursprüngliche Tiefenbild neu berechnet werden. Hierbei ist zu beachten, dass der Schnittpunkt unter Umständen innerhalb mehrerer ursprünglicher Tiefenbilder liegen kann.

Es ist also zunächst das Tiefenbild zu bestimmen, bezüglich welchem die Texturkoordinaten des Punkts bestimmt werden sollen. Da die Textur auf ein Dreieck projiziert werden soll, müssen die Texturkoordinaten aller drei Eckpunkte aus dem selben Bild bestimmt werden. Dies geschieht über die Anwendung der Kalibriermatrix C_{gesamt} auf die drei neu ermittelten kartesischen Raumpunkte $\vec{pk}$. Es ergeben sich für jeden Punkt $\vec{pk}_i$ die Texturkoordinaten T_{x_i} und T_{y_i} durch

$$\begin{pmatrix} T_{x_i} \\ T_{y_i} \end{pmatrix} = C_{\text{gesamt}} \cdot \vec{pk}_i$$

Hierbei werden alle Punkte, die zum selben Bild gehören, einer Punktmenge P_j zugeordnet, wobei $0 \leq j \leq N - 1$ mit N als Anzahl der Bilder gilt. Befindet sich eine Texturkoordinate des Dreiecks ausserhalb des zulässigen Bereichs, wird das Dreieck der Punktmenge P_N zugeordnet. Diese enthält somit alle Punkte, welche ausserhalb aller Aufnahmen der Kamera sind. Abbildung 7.9 zeigt das hierdurch entstandene Oberflächenmodell mit Texturierung in unterschiedlichen räumlichen Auflösungen. Der durch die Kamera nicht erfasste Bereich ist rot markiert. Algorithmus 7.1 beschreibt die Vorgehensweise bei der Fusion der Punktwolken nochmals in Pseudocode.

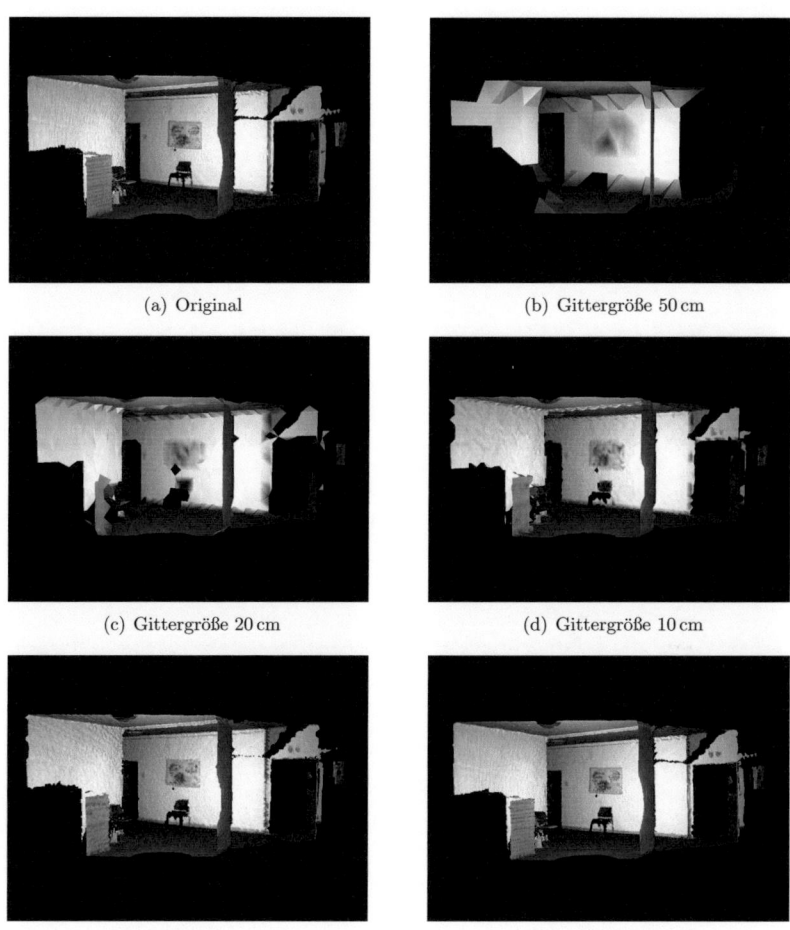

(a) Original

(b) Gittergröße 50 cm

(c) Gittergröße 20 cm

(d) Gittergröße 10 cm

(e) Gittergröße 5 cm

(f) Gittergröße 2 cm

Abbildung 7.8: Oberflächenmodell durch Abtastung mit dem 3D-Gitter im Original und in unterschiedlichen Gittergrößen

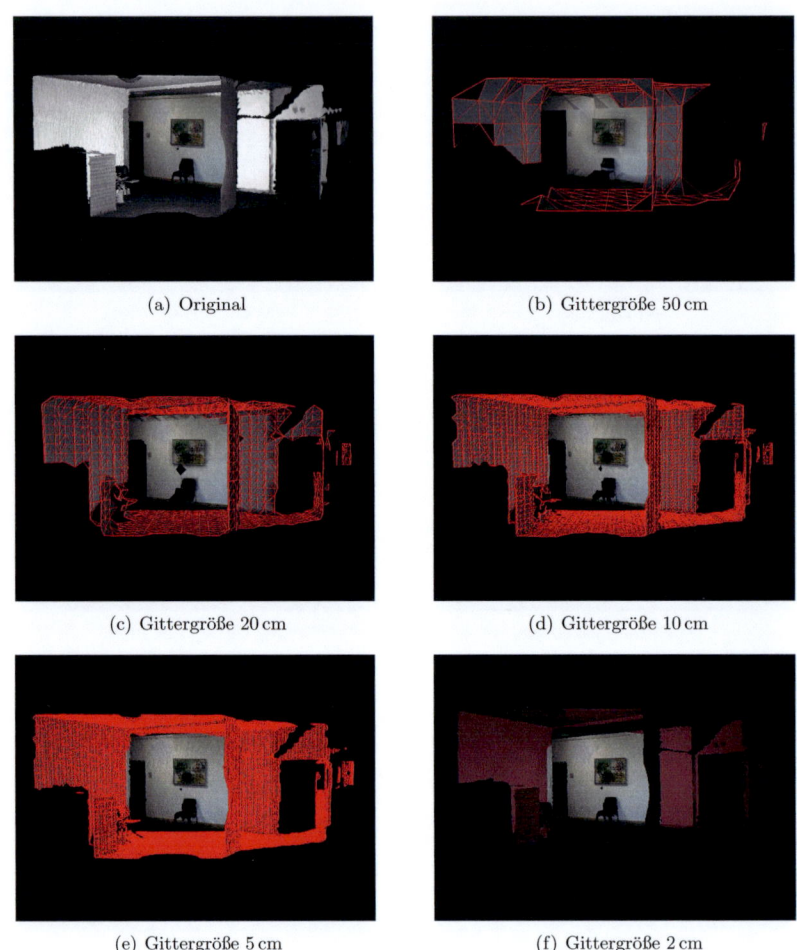

(a) Original

(b) Gittergröße 50 cm

(c) Gittergröße 20 cm

(d) Gittergröße 10 cm

(e) Gittergröße 5 cm

(f) Gittergröße 2 cm

Abbildung 7.9: Texturiertes Oberflächenmodell durch Abtastung mit dem 3D-Gitter im Original und in unterschiedlichen Gittergrößen mit Markierung nicht texturierter Bereiche in rot

Eingabe: N triangulierte Punktwolken P_i, N Kamerabilder B_i Gittergröße g, Schwellwert der Fusion δ

Ausgabe: M fusionierte triangulierte Punkwolken P_i'

1: $G_x \leftarrow \emptyset$ /*Enthält alle Schnittpunkt in x-Richung*/
2: $G_y \leftarrow \emptyset$ /*Enthält alle Schnittpunkt in y-Richung*/
3: $G_z \leftarrow \emptyset$ /*Enthält alle Schnittpunkt in z-Richung*/
4: $Ptemp \leftarrow \emptyset$ /*Enthält fusionierte triangulierte Punktwolke*/
5: $(x_1, y_1, z_1, x_2, y_2, z_2) \leftarrow$ ErmittleBoundingBox$(P_0, .., P_{N-1})$
6: $G_x \leftarrow$ ErmittleSchnittpunkte(g, y_1, y_2, z_1, z_2)
7: $G_y \leftarrow$ ErmittleSchnittpunkte(g, x_1, x_2, z_1, z_2)
8: $G_z \leftarrow$ ErmittleSchnittpunkte(g, x_1, x_2, y_1, y_2)
9: $G_x \leftarrow$ EntferneKomplementärePunkte(G_x)
10: $G_y \leftarrow$ EntferneKomplementärePunkte(G_y)
11: $G_z \leftarrow$ EntferneKomplementärePunkte(G_z)
12: $(G_x, G_y, G_z) \leftarrow$ FusionierePunkte(G_x, δ)
13: $G_y \leftarrow$ EntferneKomplementärePunkte(G_y)
14: $G_z \leftarrow$ EntferneKomplementärePunkte(G_z)
15: $(G_x, G_y, G_z) \leftarrow$ FusionierePunkte(G_y, δ)
16: $G_x \leftarrow$ EntferneKomplementärePunkte(G_x)
17: $G_z \leftarrow$ EntferneKomplementärePunkte(G_z)
18: $(G_x, G_y, G_z) \leftarrow$ FusionierePunkte(G_z, δ)
19: $G_x \leftarrow$ EntferneKomplementärePunkte(G_x)
20: $G_y \leftarrow$ EntferneKomplementärePunkte(G_y)
21: $Ptemp \leftarrow$ ErmittleOberflächen(G_x, G_y, G_z)
22: **for** alle Dreiecke d_i **do**
23:      **if** AlleEckpunkteInGleichemKamerabild$(d_i.p_1, d_i.p_2, d_i.p_3)$ **then**
24:          $m \leftarrow$ ErmittleGemeinsamesKamerabild$(d_i.p_1, d_i.p_2, d_i.p_3)$
25:          $P_m' = P_m \cup d_i$
26:      **else**
27:          $P_M' = P_M \cup d_i$
28:      **end if**
29: **end for**
30: return $P_0', .., P_M'$

Algorithmus 7.1: Fusion der Punktwolken

7.6 Vergleichbarkeit der Modelle

Um eine Vergleichbarkeit des erstellten Modells M mit N Punkten zu einem als korrekt angenommenen Modell K herzustellen, wird ein Verfahren verwendet, welches auf den Abständen zwischen den Punkten und Dreiecken basiert. Hierzu werden alle Dreiecke d des Modelles K ermittelt, sowie alle Punkte p des Modells M.

Daraufhin wird der kleinste Abstand $mindist_i$ eines Punktes $\vec{p}_i$ zu allen Dreiecken d gesucht, und als Fehler interpretiert, so dass

$$\text{mindist} = \min(\text{dist}(p_i, \forall d))$$

mit $dist(p,d)$ als vorzeichenbehaftete euklidische Distanz zwischen dem Punkt $\vec{p}$ und dem Dreieck d gilt.

Durch die Summation und Normierung der Fehler und Fehlerquadrate werden die Summen μ und δ gebildet, so dass

$$\mu = \frac{\sum_{i=1}^{N} \text{mindist}_i}{N}$$

und

$$\delta^2 = \frac{\sum_{i=1}^{N} \text{mindist}_i^2}{N}$$

gilt. Die Summe μ bezeichnet hierbei den Erwartungswert, entspricht also der mittleren Abweichung der Punkte zum nächsten Dreieck. Durch

$$\sigma = \sqrt{\delta^2 - \mu}$$

kann die Standardabweichung σ ermittelt werden. Sie spiegelt die eigentliche Güte des erstellten Modells wieder, da der Erwartungswert μ sich selbst kompensieren kann, und somit auch bei stark fehlerhaften Modellen sehr klein sein kann.
Anhand der zwei Parameter μ und σ kann eine Gauß-Funktion $f(x)$ erstellt werden nach

$$f(x) = \frac{1}{\sigma \cdot \sqrt{2\pi}} \; exp\left(-\frac{1}{2}\left(\frac{x - \mu}{\sigma}^2\right)\right)$$

anhand welcher die Güte des Modells graphisch dargestellt werden kann.

Abbildung 7.10 zeigt mehrere solcher Fehlerfunktionen. Sie wurde zwischen einem Originalmodell und Modellen, welche einen Versatz von 3 cm (schwarz), 9 cm (grün), 15 cm (rot) beziehungsweise 21 cm (blau) in x-Richtung aufweisen, gebildet. Alle Modelle wurden aus den Originalen aus Abbildung 7.6e mit einer Gitterbreite von $b = 10$ cm erstellt. Die Verschiebung der Kurve anhand des Mittelwertes zeigt, dass der Fehler jeweils nur in eine Richtung (nach außen) entstand. Die Breite der Kurve ist ein Maß für den Fehler der Modells. Mit größer werdendem Versatz zum Original verbreitert sich deshalb die zugehörige Kurve.

f(x)

Kurve	Versatz	Mittelwert	Standard-abweichung
schwarz	0cm	0,17	19,8
Orange	3cm	-11,7	33,5
Grün	9cm	-28,6	58,8
Rot	15cm	-48,4	90,6
Blau	21cm	-70,4	135,5

x

Abbildung 7.10: Vergleich mit künstlichem Versatz

7.7 Zusammenfassung

Dieses Kapitel erläuterte das Verfahren der Modellbildung durch Datenfusion. Anhand eines Marching-Intersections Algorithmus können die überlappenden triangulierten Punktwolken auf ein 3D-Gitter abgebildet werden. Hierbei werden die Punkte fusioniert, welche einen bestimmten Schwellwert im euklidischen Abstand vorweisen. Durch das Verfahren wird sichergestellt, dass sich nur ein Punkt pro Gitterkante in der Zelle befindet.

Die Oberfläche des Modells wird dann anhand eines Marching-Cube Algorithmus rekonstruiert. Hierbei wird anhand eines Würfelmodells die 3D-Zelle mit einem Wert belegt, und die Oberflächenelemente anhand einer LookUp-Tabelle ausgelesen. Durch Projektion der fusionierten Punkte in die ursprünglichen Tiefenbilder, können die zugehörigen Texturkoordinaten ermittelt und hinzugefügt werden.

Eine Abstandsberechnung zwischen den Punkten und den Dreiecken zweier Modelle stellt eine Güte des ermittelten Modells dar. Diese kann in Form von Gaußfunktionen visualisiert werden.

Kapitel 8

Experimentelle Ergebnisse

In den vorangangenen Kapiteln wurde die Vorgehensweise zur autonomen Umweltmodellierung ausführlich beschrieben. Zur Evaluation des entwickelten Gesamtsystems wurden mehrere Experimente durchgeführt. Die geometrische Genauigkeit des erstellten Modells ist maßgeblich von der Güte der Lageverfolgung abhängig. Hierzu wurde die Registrierung unter unterschiedlichen Bedingungen getestet und evaluiert.

Anhand eines vorhandenen 2D-Kantenmodells der Laborumgebung, kann die Lage der Plattform durch Abgleich mit einem 2D-Laserscanner sehr genau verfolgt werden. Wird das hiermit erstellte Modell, das so genannte Referenzmodell, als realitätsgetreues Original betrachtet, können nach dem vorgestellten Vergleichsverfahren die erstellten Modelle damit verglichen, und ihre Qualität bestimmt werden.

In einem Anwendungsexperiment wurde das Gesamtsystem in einer a priori völlig unbekannten Umgebung eingesetzt, um ein 3D-Modell zu erstellen. Hierbei handelte es sich um den Keller und den Flur eines ehemaligen Kinderkrankenhauses, welches zum Zeitpunkt der Aufnahmen nicht benutzt wurde. Die erstellten Modelle können den zuständigen Architekten und zukünftigen Nutzern der Räume bei Besprechungen und Planungen bezüglich des Umbaus, der Inneneinrichtung oder der Raumverteilung dienen.

Die Experimente wurden mit dem Explorationssystem *Rosete* (*Rosi* + *Odete*) durchgeführt. Als Steuerrechner diente ein Embedded-PC mit einem Intel Celeron M Prozessor mit einer Taktfrequenz von 1 GHz und 512 MByte Hauptspeicher. Die mobile Plattform *Odete* bildete das Trägersystem mit einem Pentium III Prozessor mit 1,4 GHz und 256 MByte Hauptspeicher. Die Systeme kommunizierten über eine LAN-Verbindung miteinander. Die Modellfusion fand auf einem Pentium D, 3 GHz Desktopcomputer mit 3 GByte Hauptspeicher statt. Abbildung 8.1 zeigt das komplette entwickelte Explorationssystem.

Die Datenaufnahme wurde dabei so parametriert, dass pro Tiefenild 360 Scanzeilen mit 360 Werten pro Zeile bei $0,5°$ Auflösung des Scanners aufgenommen wurden. Die zugehörige

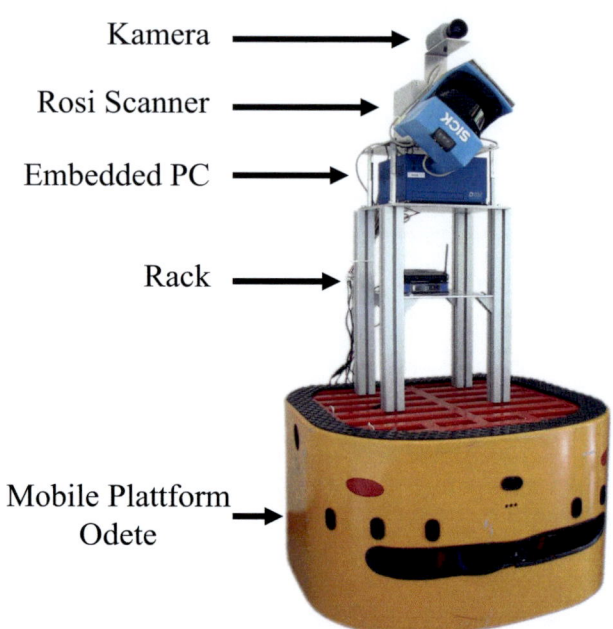

Kamera ⟶

Rosi Scanner ⟶

Embedded PC ⟶

Rack ⟶

Mobile Plattform
Odete ⟶

Abbildung 8.1: Das Explorationssystem *Rosete*

Punktwolke besteht dann aus 64800 Punkten. Die Datenaufnahme dauert hierbei circa 10 Sekunden. Die Parameter der Registrierung sind in Anhang D wiedergegeben. Die maximale Fahrgeschwindigkeit der Plattform beträgt $v = 1,5\frac{m}{s}$.

8.1 Experimente zu Registrierung und Kreisschluss

Um die Genauigkeit der Registrierung zu evaluieren, wurden jeweils paarweise Tiefenbilder mit bekannter Transformationsmatrix zueinander registriert. Hierbei wurden unterschiedliche Konfigurationen bezüglich der in dieser Arbeit vorgestellten Erweiterungen des ICP-Algorithmus verwendet. Die Ausführungszeit bezieht sich auf ein Pentium M System mit 1,3 GHz Taktung.

Abbildung 8.2 zeigt acht Aufnahmen eines Raumes, welche durch Drehung der Plattform im Uhrzeigersinn gemacht wurden. Der Winkelabstand beträgt jeweils 45°. In der ersten Spalte ist das neu aufgenommene Tiefenbild zu sehen. In der mittleren Spalte die Lagezuordnung vor der Registrierung und in der rechten Spalte die registrierten Teilansichten.

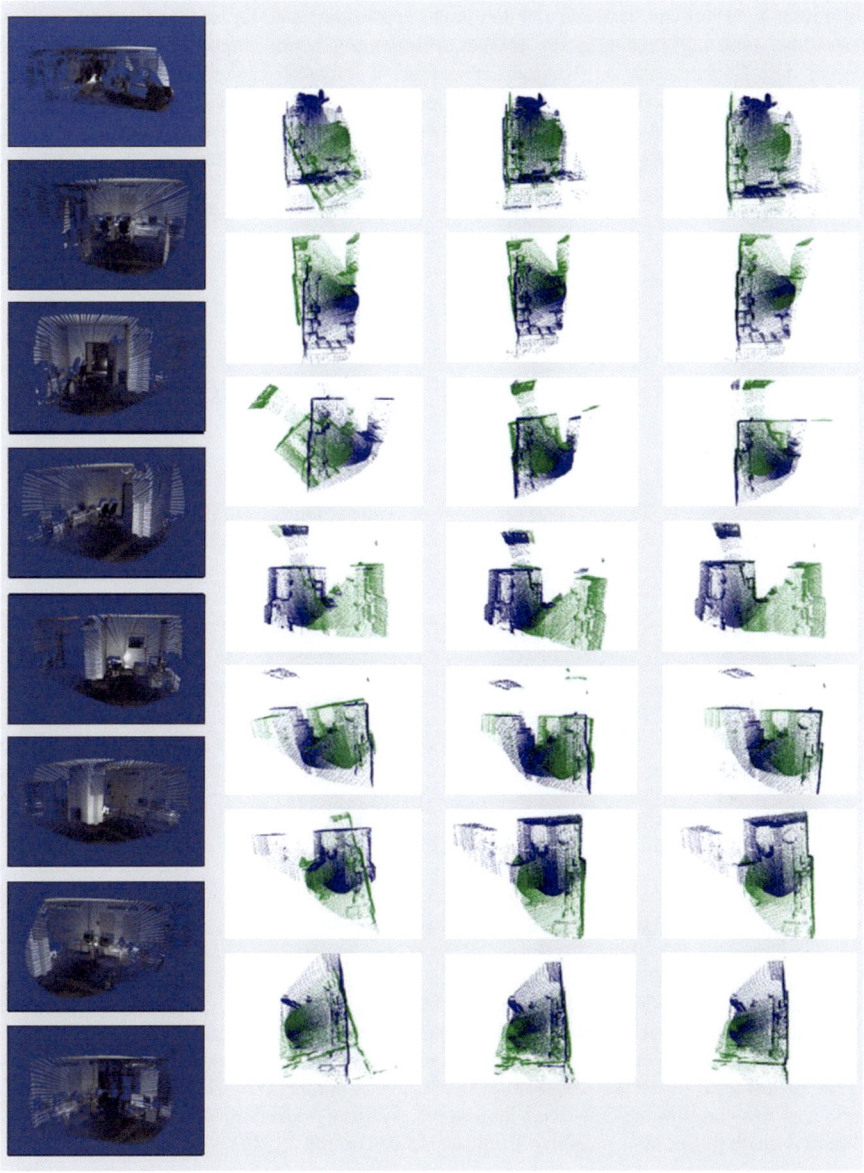

Abbildung 8.2: Sieben Registrierungsergebnisse eines Rundumscans mit 45° Winkeldifferenz (links: Tiefenbilder, mitte: Vor Registrierung, rechts: Nach Registrierung)

Abbildung 8.3 zeigt die Statistik der Registrierungsergebnisse. Es ist zu erkennen, dass die klassischen Paarungsstrategien die großen Abweichungen nur unzureichend kompensieren können. Die Registrierungsergebnisse liegen hierbei teilweise in der Nähe der reinen Odometriedaten. Bei zusätzlicher Verwendung der octreebasierten Paarungsstrategie wird bei jeder Registrierung das globale Miniumum erreicht. Zusätzlich wurde teilweise die initiale Lageschätzung verwendet, welche die Odometriedaten vor dem Registrierungsvorgang erneut schätzt.

Abbildung 8.3: Statistik der Registrierungsergebnisse

Abbildung 8.4 zeigt Punktwolken vor (a), beziehungsweise nach (b) einem Kreisschluss. Unterschiedliche Farben entsprechen den verschiedenen Punktwolken. Bei Registrierung des ersten und letzten Tiefenbildes miteinander kann eine deutliche Abweichung erkannt werden. Dieser Fehler wird durch das Kreisschlussverfahren eliminiert. Die Abweichung ist kompensiert, und das erstellte Modell somit konsistent. Weitere Aufnahmen innerhalb des Raumes können danach gegen eine beliebige Punktwolke des ersten Zyklus registriert werden.

Die guten Ergebnisse der Registrierung sind unter anderem der geometrischen Eindeutigkeit des explorierten Raumes zu verdanken. Bei geometrisch mehrdeutigen Umgebungen, wie zum

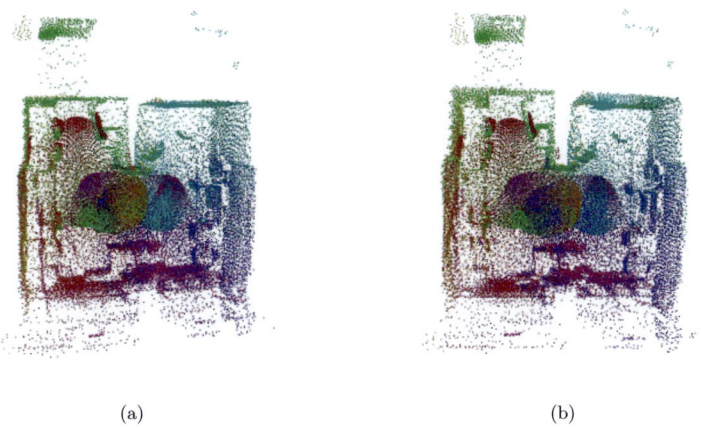

(a)   (b)

Abbildung 8.4: 8 Aufnahmen vor (a) und nach Kreisschluss (b)

Beispiel einem Flur, kann der Beitrag der Farb- und Remissionswerte ermittelt werden.

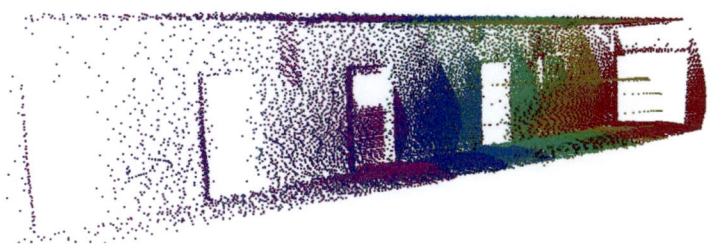

Abbildung 8.5: Aufgenommene Flurszene

Abbildung 8.5 zeigt sieben registrierte Punktwolken der aufgenommenen Flurszene. Die Mehrdeutigkeit in Ausdehnungsrichtung soll durch den Unterschied in den Farbwerten der Tür- und Wandbereiche kompensiert werden. Abbildung 8.6 zeigt die Statistik der Registrierungsergebnisse bei unterschiedlichen Konfigurationen. Die Unterschiede zwischen den Ergebnissen mit und ohne Farb-, beziehungsweise Remissionswerten ist allerdings gering. Die Ursache dafür ist, dass die durch die Geometrie gebildeten Paare meist auch schon in den Farb- und Remissionswerten übereinstimmen. Der Einfluss der restlichen Paare, welche sich in diesen Werten unterscheiden, ist aufgrund ihrer Anzahl gering.

Eine Szene, bei der die Farb- und Remissionswerte die Registrierungsergebnisse beeinflussen, müsste wenige geomoetrische Merkmale und viele Unterschiede in den Oberflächeneigenschaften aufweisen, zum Beispiel durch ein Wandgemälde oder eine Phototapete. Auch von kleineren Objekten wie Kartons oder Verpackungen wird diese Bedingung oft erfüllt. Bei Räumen mit vielen einheitlichen Flächen, wie zum Beispiel Raufasertapeten, PVC-Böden etc., verbessern die Farb- und Remissionswerte das Ergebnis kaum. Es hat sich allerdings gezeigt, dass das Ergebnis auch nicht verschlechtert wird, die Laufzeit sich allerdings etwas erhöht.

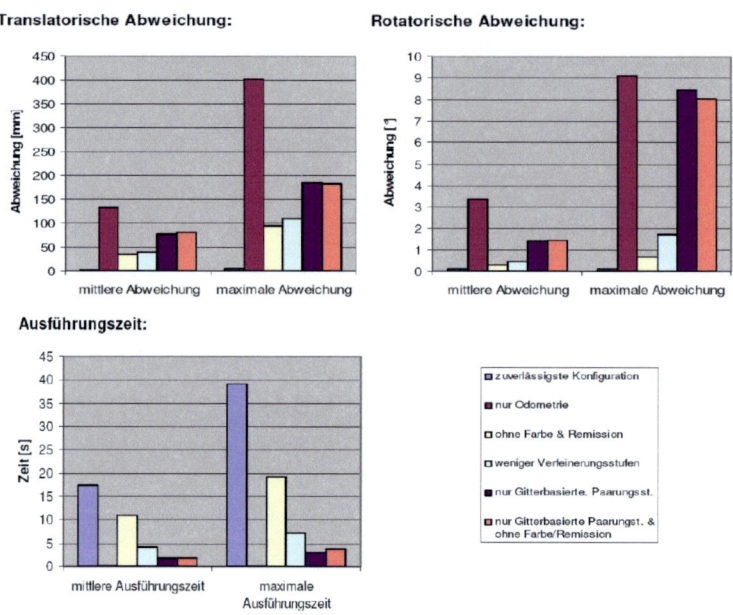

Abbildung 8.6: Registrierungsergebnisse eines Flurs

8.2 Bekannte und unbekannte Plattformlage im experimentellen Vergleich

Um die Qualität eines erstellten Modells messen zu können, wird es mit einem Referenzmodell verglichen. Dieses Referenzmodell ist a priori zwar nicht bekannt, kann aber unter Zuhilfenahme des manuell vermessenen 2D-Kantenmodells erstellt werden. Hierzu wird die Lage der Plattform durch einen horizontal angebrachten Zeilenscanner mit dem Kantenmodell verglichen, und nach dem in [Steinhaus 04] vorgestellten Verfahren korrigiert.

Hierdurch steht für die Erstellung des Referenzmodells die exakte Lage der Plattform zur Verfügung. Bei bekannter Lage kann das erstellte Modell als Referenz angesehen werden. Um die Qualtität nach dem vorgestellten Verfahren zu messen, wurden zwei Explorationsfahrten durchgeführt: Exploration eines Zimmers, und Exploration dreier Zimmer und eines Flures. Hierbei wurden jeweils einmal das Modell mit reinen Odometriedaten und einmal das Modell mit Registrierung mit dem Referenzmodell verglichen.

Des Weiteren wurde eine autonome Exploration durchgeführt. Hier wird insbesondere die Erstellung des attributierten 2D-Gitter betrachtet, sowie die zugehörige Bestimmung des nächsten Messpunktes. Für das Planungsmodell wurde eine Gittergröße von 10 cm verwendet.

8.2.1   Exploration eines Zimmers

Das explorierte Zimmer ist quadratisch aufgebaut und besitzt eine Fläche von circa 36 m². Es führen zwei Türen aus dem Zimmer, welche allerdings geschlossen sind. Um das Zimmer vollständig zu modellieren, wurden sieben Aufnahmen benötigt.

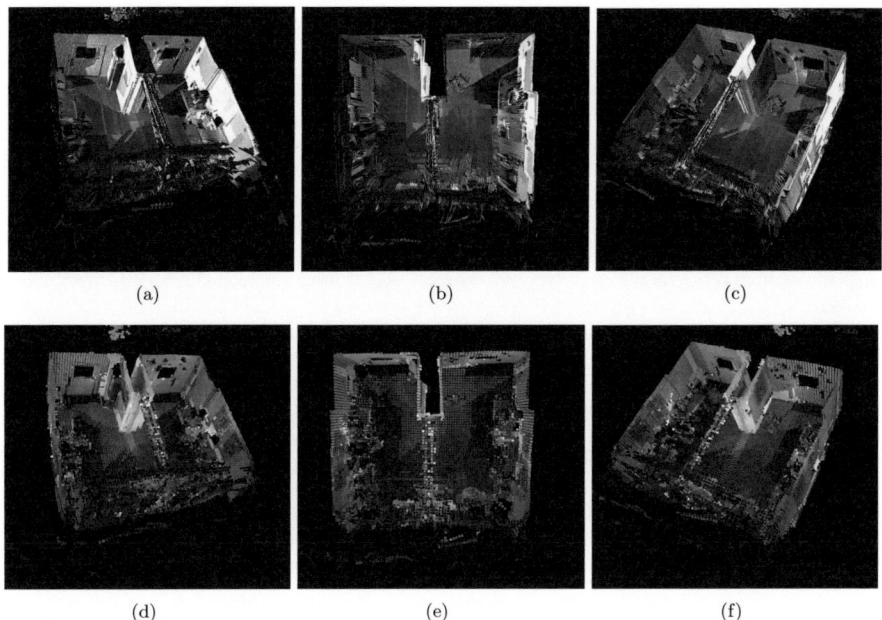

(a)   (b)   (c)

(d)   (e)   (f)

Abbildung 8.7: Darstellung der überlagerten Aufnahmen des Referenzmodells (a,b,c) und des fusionierten Referenzmodells (d,e,f,) aus unterschiedlichen Vogelperspektiven

Abbildung 8.7(a,b,c) zeigt das Referenzmodell, entstanden durch Überlagerung der aufgenommenen Tiefenbilder aus unterschiedlichen Vogelperspektiven. Das zugehörige fusionierte Referenzmodell mit der Gittergröße 10 cm ist in Abbildung 8.7(d,e,f) zu sehen. Die Punkte der Decke wurden jeweils entfernt, um den Innenraum visualisieren zu können. Durch die Rasterung des Gitters gehen zwar viele Details der ursprünglichen Tiefenbilder verloren, dafür wurde eine Komprimierung der Daten auf circa 10% der Ursprungsdatenmenge erreicht. Die Modellbildung dauerte 18 Minuten.

　　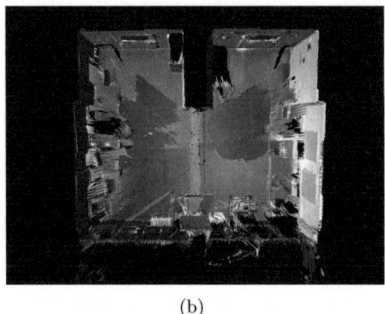

　　　　　　　(a)　　　　　　　　　　　　　　　　　　(b)

Abbildung 8.8: Darstellung der überlagerten Aufnahmen, welche anhand der Odometriedaten (a), beziehungsweise durch zusätzliche Registrierung (b) erstellt wurden

Abbildung 8.8 zeigt die Modelle anhand der Odometriedaten (a) und mit eingeschalteter Registrierung (b) aus jeweils acht Aufnahmen bei Überlagerung der Tiefenbilder. Es ist allerdings durch die geringe zurückgelegte Distanz bei der Explorationsfahrt kaum ein Unterschied der akkumulierte Lagefehler zu erkennen. Dies bestätigt auch der Vergleich jeweils eines der beiden Modelle mit dem Referenzmodell. Abbildung 8.9 zeigt die zugehörigen Gaußkurven.

f(x)

Kurve	Aufnahme	Mittelwert	Standardabweichung
schwarz	Odometrie	19,9	69,9
grün	Registrierung	6,7	70,9

　　　　　　　　　　　　　　　　　　　x

Abbildung 8.9: Fehlerkurven bei der Lagebestimmung durch Ododmetrie und Registrierung

Abbildung 8.10 zeigt die Aufnahmen des Referenzmodells aus unterschiedlichen Innenraumperspektiven. Die Abbildungen 8.10(a,b) zeigen hierbei jeweils die Modelle, welche durch Überlagerung der Rohdaten entstehen. Die Abbildungen 8.10(c,d) zeigen das Obeflächenmodell, welches durch die Modellfusion mit einer Gitterbreite von 40 cm entsteht. Es ist deutlich zu sehen, wie die sich gegenseitig verdeckenden Texturen der überlagerten Tiefenbilder im Gesamtmodell fusioniert, und somit sichtbar gemacht werden.

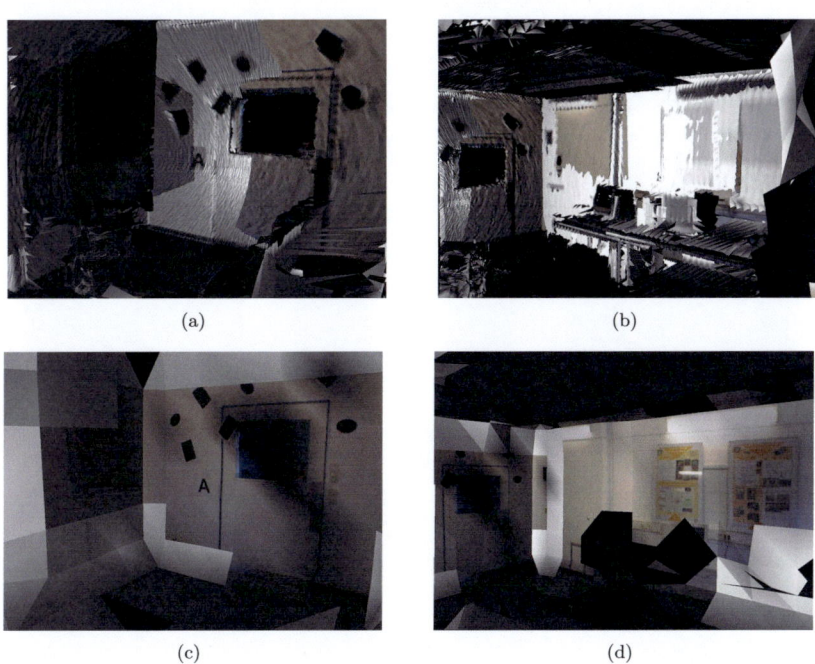

(a)　　　　　　　　　　　　　　(b)

(c)　　　　　　　　　　　　　　(d)

Abbildung 8.10: Darstellung der überlagerten Aufnahmen des Referenzmodells (a,b) und des fusionierten Referenzmodells (c,d) aus unterschiedlichen Perspektiven im Innenraum

Bei einer autonomen Exploration des Zimmers wurden neben fünf Aufnahmen des Rundumscans zwei weitere Aufnahmen gemacht, um das Modell zu vervollständigen. Abbildung 8.11 zeigt die inkrementelle Erstellung des attributierten 2D-Modells, sowie die zugehörigen Aufnahmen durch Überlagerung. Die Exploration hatte eine Dauer von circa 4 Minuten, wobei 2 Minuten für den Rundumscan benötigt wurden.

Nach den fünf Aufnahmen des Rundumscans wurde der Raumtyp *Zimmer* ermittelt, und die Gewichte der Bewertungsfunktion entsprechend angepasst. Das zugehörige 2D-Modell ist in der linken unteren Ecke der Bilderserie zu sehen. Daraufhin wurde zunächst eine weitere Aufnahme durchgeführt, um den bis dahin größten unbekannten Bereich zu erfassen.

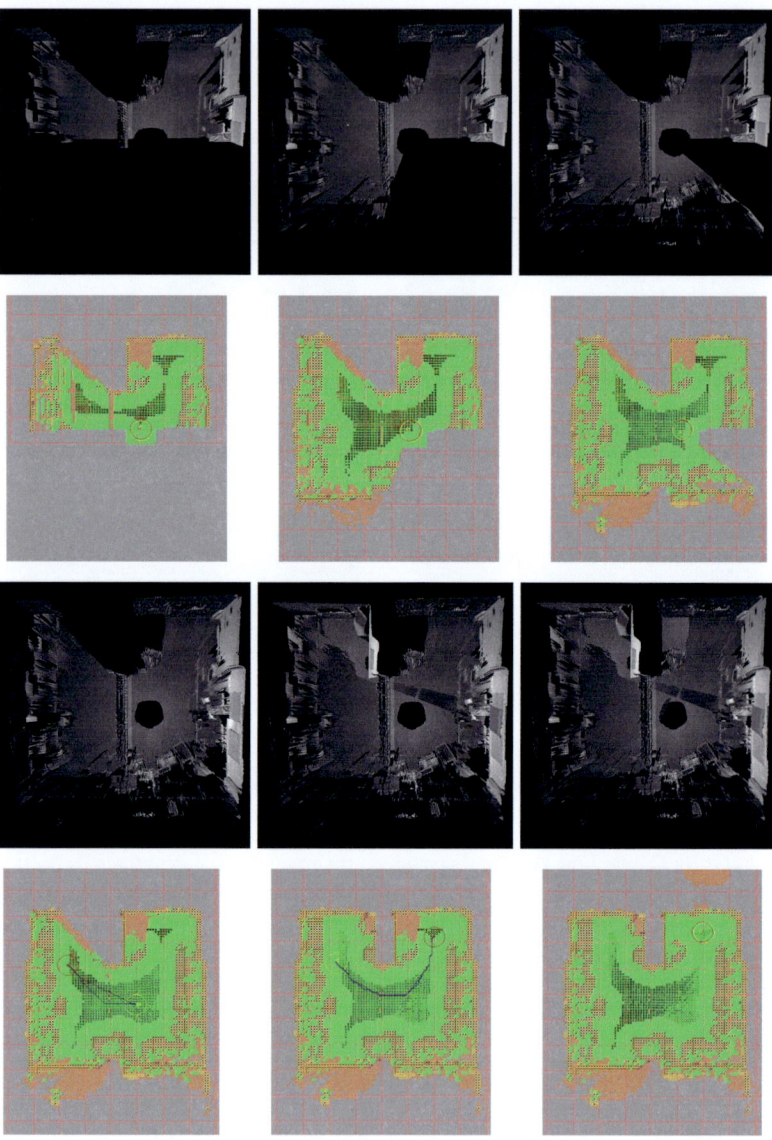

Abbildung 8.11: Inkrementelle Datenaufnahme eines Zimmers mit zugehörigem 3D-Modell (oben) und Planungsmodell (unten)

In der Trajektorienplanung des 2D-Modells ist zu erkennen, dass diejenige Zelle als nächste Aufnahmeposition gewählt wird, welche gerade noch zu den erreichbaren Bodenzellen zählt (mit einem Sicherheitsabstand zum nächsten Bodenhindernis), sich aber am weitesten entfernt von unbekanntem Bereich befindet. Dies ermöglicht den ganzen unbekannten Bereich zu erfassen und gleichzeitig den Überlappungsbereich zu maximieren. Anschliessend wurde der verbleibende unbekannte Bereich, welcher aufgrund eines Bodenhindernisses beim Rundumscan verdeckt war, erfasst (unten mitte). Es ist anhand der Zellmarkierung zu erkennen, dass das 2D-Gitter aufgrund der Erfassung des Deckenbereichs zwar mit Werten belegt ist, der Bodenbereich allerdings unbekannt ist. Es wird folglich eine Aufnahmeposition ermittelt, durch welche dieser Bodenbereich erfasst wird. Nachdem daraufhin keine geöffnete Tür erkannt wurde, um die Exploration fortzuführen, wurde der Explorationszyklus beendet. Das resultierende 2D-Gitter ist in der Bilderserie unten rechts zu sehen.

8.2.2   Exploration dreier Räume und eines Flurs

Die im Folgenden explorierte Szene besteht aus einem circa 21 m langen Flur mit drei seitlich angrenzenden Zimmern. Die Gesamtfläche des explorierten Bereichs beträgt circa 170 m^2.

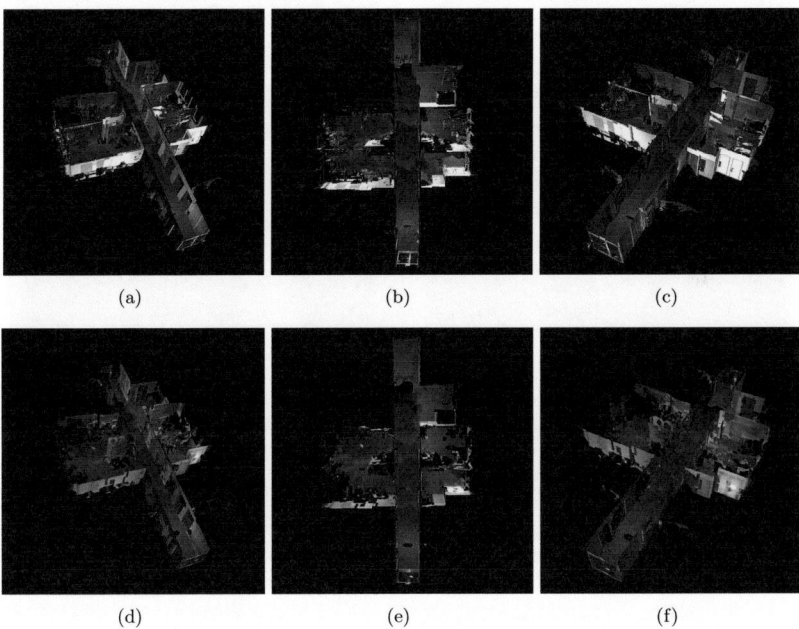

Abbildung 8.12: Darstellung der überlagerten Aufnahmen des Referenzmodells (a,b,c) und des fusionierten Referenzmodells (d,e,f,) aus unterschiedlichen Vogelperspektiven

Abbildung 8.12 zeigt die aufgenommene Szene aus 19 überlagerten Tiefenbildern und dem zugehörigen fusionierten Gesamtmodell mit einer Gittergröße von 20 cm als Oberflächenmodell. Die Bildung des Gesamtmodells dauerte insgesamt 45 Minuten. Die Punkte der Decke wurden jeweils wieder entfernt. Durch die Fusion wurde eine Reduktion der Datenmenge auf $2,8\%$ der urprünglichen Datenmenge erreicht.

Abbildung 8.13 zeigt den Flur aus einer Innenraumansicht bei Überlagerung der Tiefenbilder (a,b), und bei Drahtmodelldarstellung des fusionierten Gesamtmodells.

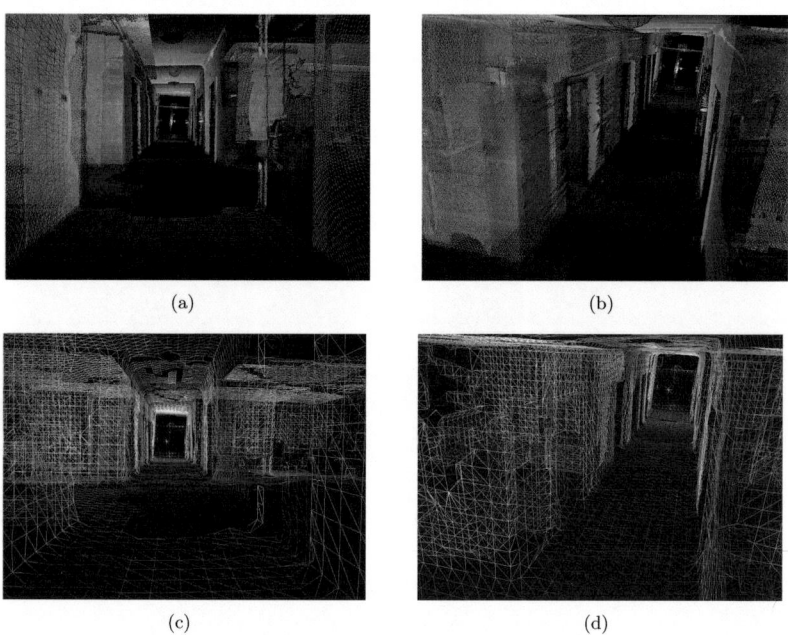

(a)　　　　　　　　　　　　　　　(b)

(c)　　　　　　　　　　　　　　　(d)

Abbildung 8.13: Der aufgenommene Flur dargestellt durch Überlagerung der Tiefenbilder (a,b) und bei Modellfusion mit einer Gittergröße von 20 cm (c,d)

Abbildung 8.14 zeigt die erstellten Modelle anhand der Odometriedaten (a) und mit eingeschalteter Registrierung (b) aus jeweils 19 Aufnahmen bei Überlagerung der Tiefenbilder. Der Odometriefehler ist deutlich zu erkennen, da der Flur leicht gekrümmt, und das angrenzende Zimmer seitlich verdreht dargestellt wird. Das durch Registrierung erstellte Modell weist diesen Fehler nicht auf, ist aber ebenfalls nicht deckungsgleich mit dem Referenzmodell. Dies kann im Vergleich der Modelle mit dem Referenzmodell erkannt werden, da der Wert der Standardabweichung des registrierten Modells geringer ist. Abbildung 8.15 zeigt die zugehörigen Gauß-Kurven und Parameter.

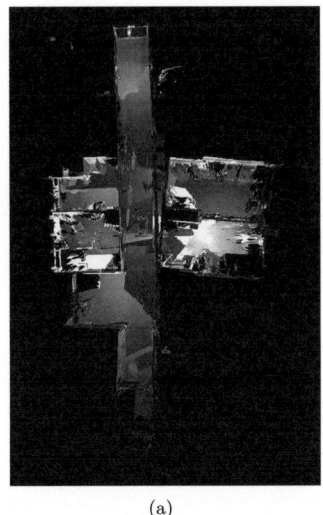
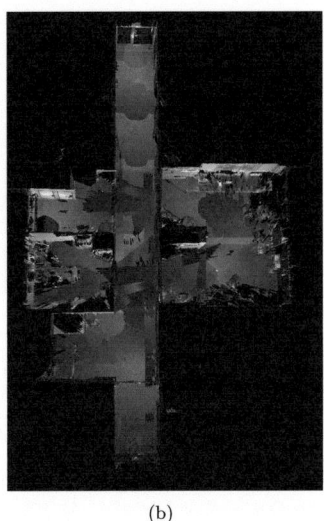

(a)   (b)

Abbildung 8.14: Darstellung der überlagerten Aufnahmen, welche anhand der Odometriedaten (a), beziehungsweise durch zusätzliche Registrierung (b) erstellt wurden

f(x)

Kurve	Aufnahme	Mittel-wert	Standard-abweichung
schwarz	Odometrie	6,9	294,1
grün	Registrierung	46,9	267,0

x

Abbildung 8.15: Fehlerkurven bei der Lagebestimmung durch Ododmetrie und Registrierung

Abbildung 8.16 zeigt eine autonome Explorationsfahrt der beschriebenen Szene. Sie hatte eine Dauer von 33 Minuten. In jedem neu befahrenen Raum wird jeweils wieder eine Rundumaufnahme durchgeführt und der Raumtyp *Zimmer*, beziehungsweise *Flur* ermittelt. Abbildung 8.16d zeigt die Explorationsszene nach der ersten Rundumaufnahme im ersten Zimmer. Da die Raummitte durch ein Hindernis (in diesem Fall ein Schreibtisch) belegt ist, können keine weiteren Aufnahmepositionen ermittelt werden um den Raum weiter zu vervollständigen.

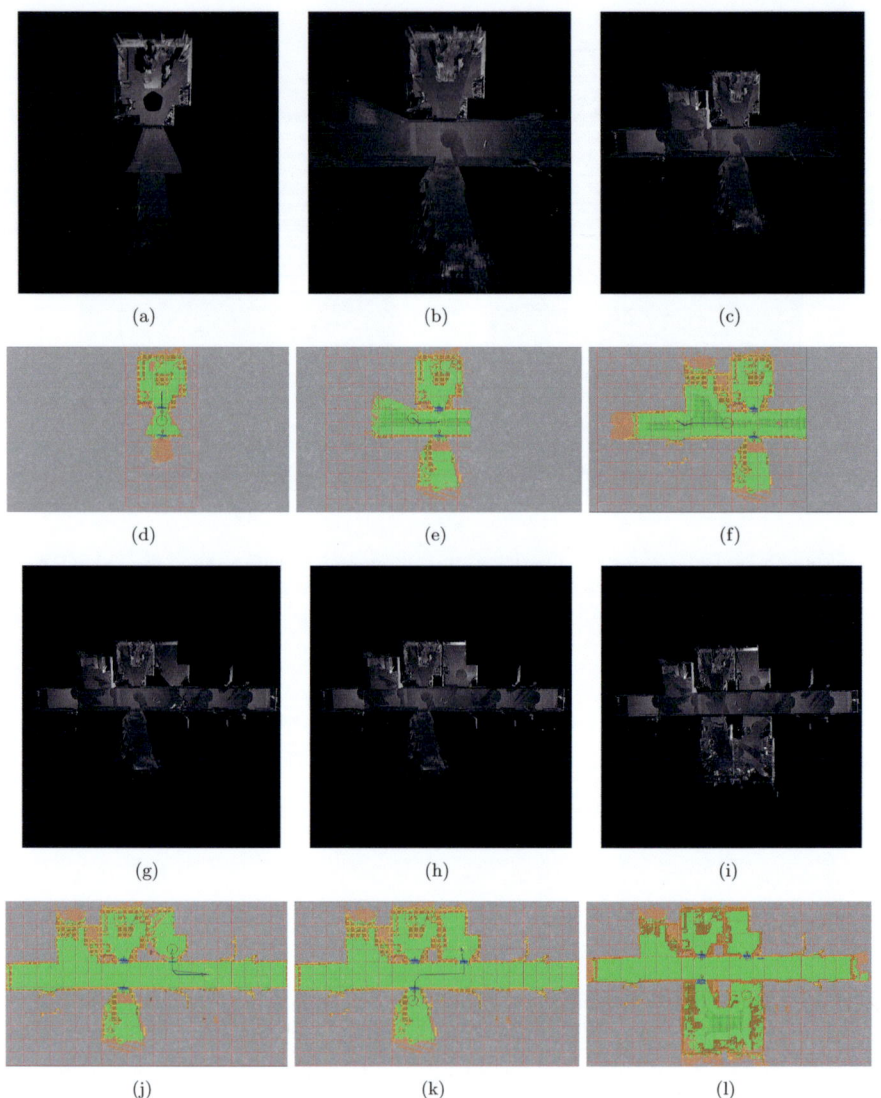

(a) (b) (c)

(d) (e) (f)

(g) (h) (i)

(j) (k) (l)

Abbildung 8.16: Inkrementelle Datenaufnahme eines Flurs mit drei angrenzenden Zimmern mit zugehörigem 3D-Modell (oben) und Planungsmodell (unten)

Es wird daraufhin die nächste Tür (in blau dargestellt) gesucht und eine Trajektorie durch diese geplant und abgefahren. Abbildung 8.16e zeigt die Szene nach der Rundumaufnahme des nächsten Raumes. Anhand der hohen Anzahl nicht reflektierter Messstrahlen wird auf einen Flurbereich geschlossen und die Planungsparameter entsprechend gesetzt. Mit der eingezeichneten nächsten Aufnahmeposition startet die weitere Exploration des Flurs. Abbildung 8.16f zeigt die Szene nach Abschluss der ersten Flurhälfte. Da in diesem Bereich des Flurs keine weiteren Aufnahmen nötig sind, wird mit der Exploration der zweiten Hälfte des Flurs fortgefahren. Da die dafür zurückzulegende Fahrdistanz relativ hoch ist, wird dazwischen eine weitere Aufnahme durchgeführt, um die Plattform zu relokalisieren. Abbildung 8.16j zeigt die Szene nach Abschluss des kompletten Flurbereichs. Da keine weiteren Aufnahmen für den Flurbereich benötigt werden, wird die nächste Tür zu einem noch nicht explorierten Raum gesucht und eine Trajektorie durch diese Tür in den neuen Raum geplant.

Der neue Raum ist aufgrund seine Kompaktheit ebenfalls durch den Rundumscan bereits komplett exploriert. Abbildung 8.16k zeigt die Szene nach Exploration dieses Raumes. Es wird nun die nächste Tür zu einem nicht explorierten Raum gesucht und über den bereits aufgenommenen Flurbereich eine Trajektorie in diesen Raum gelegt. Es handelt sich hierbei um das Zimmer aus dem vorangegangenen Experiment. Wieder wird für dieses Zimmer ein Rundumscan benötigt und zwei weitere Aufnahmen um das Zimmer zu vervollständigen. Abbildung 8.16l zeigt das 2D-Modell nach Aufnahme des dritten und letzten Zimmers. Da keine weiteren nicht abgearbeiteten Türen vorhanden sind, wird die Exploration beendet.

Die Szene besteht aus insgesamt 36 Aufnahmen. Hiervon sind 20 Aufnahmen durch die insgesamt vier Rundumaufnahmen bedingt. Zwei Zimmer waren allein durch die Rundumaufnahme komplett exploriert. Für das dritte Zimmer wurden zwei weitere Aufnahmen benötigt. Für den Flur wurden fünf zusätzliche Aufnahmen zur Vervollständigung des Raumes benötigt. Die übrigen 9 Aufnahmen wurden für die Türnavigation, beziehungsweise für die Registrierung bei langen Fahrstrecken benötigt.

8.3 Anwendungsexperiment Kinderklink

Um die Einsatzfähigkeit des entwickelten Systems in einer realen Anwendung zu testen, wurden mittlerweile ungenutzte Bereiche der ehemaligen Kinderklinik in Karlsruhe aufgenommen. Für der Exploration dieser Umgebung wurden keine Bauzeichnungen oder andere Kartenmaterialien verwendet. Die Daten der Kamera sind aufgrund des Fehlens künstlicher Lichtquellen unbrauchbar, so dass die Oberflächentexturen im Folgenden nicht dargestellt werden.

8.3.1 Exploration bei Neigung der Bodenfläche

Im Keller des Gebäudes werden zwei Haupttrakte durch einen unterirdischen Gang verbunden, welcher eine Neigung in der Bodenfläche um circa $5°$ also 10% aufweist. Anhand dieser Umgebung kann die Registrierung in sechs Freiheitsgraden getestet werden.

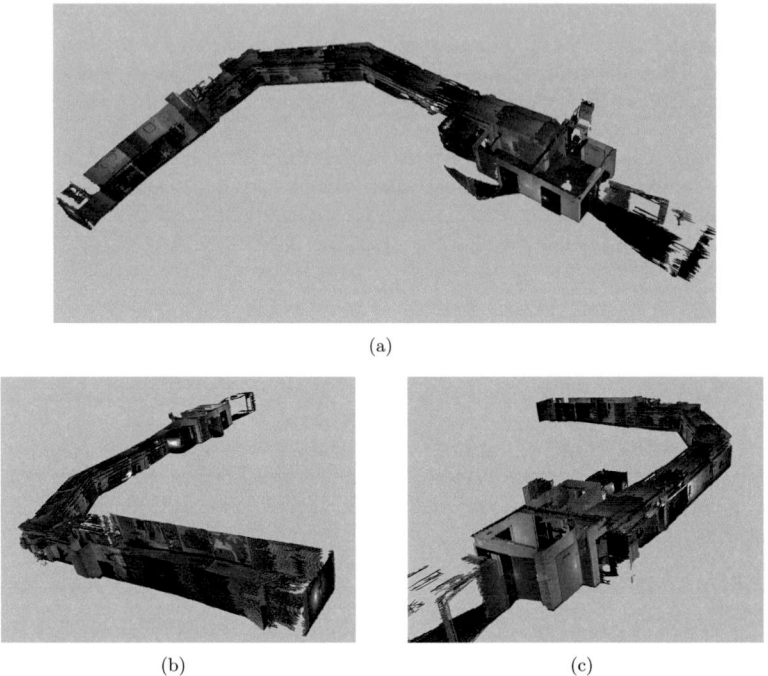

(a)

(b) (c)

Abbildung 8.17: Das Kellersystem der Kinderklinik mit geneigter Bodenfläche

Abbildung 8.17 zeigt die aufgenommene Szene durch Überlagerung der Tiefenbilder aus unterschiedlichen Perspektiven. Hierfür wurden 21 Aufnahmen gemacht. Das zu der Aufnahme erstellte attributierte 2D-Gitter ist in Abbildung 8.18 zu sehen.

Ein Detailausschnitt mit der geneigten Bodenfläche ist in Abbildung 8.19 zu sehen. Hierbei ist der Neigungswinkel in grün eingezeichnet.

Abbildung 8.20 zeigt eine virtuelle Begehung des Kellersystems anhand von acht exemplarischen Innenraumbildern. Hierin ist die geneigte Bodenfläche, insbesondere im Bild links unten, sehr gut zu erkennen. Der virtuelle Spaziergang ist von links nach rechts und von oben nach unten angeordnet und verläuft in Abbildung 8.18 von links nach rechts. Er beginnt im Vorraum des Kellersystems (links oben), geht über die schräge Rampe in den Gang (rechts oben) und folgt den zwei Linkskurven (vier Bilder in der Mitte). Daraufhin wird wieder der schrägen Rampe nach oben gefolgt bis zur geschlossenen Zwischentür (links unten) und zuletzt ein Blick zurück geworfen (rechts unten).

Abbildung 8.18: Das erstellte Navigationsmodell nach Ende der Exploration des Keller-systems

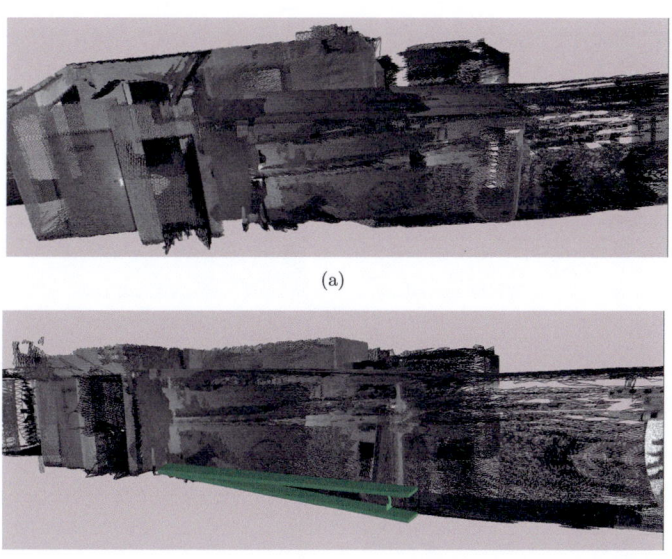

(a)

(b)

Abbildung 8.19: Die Neigung der Bodenfläche im Detail

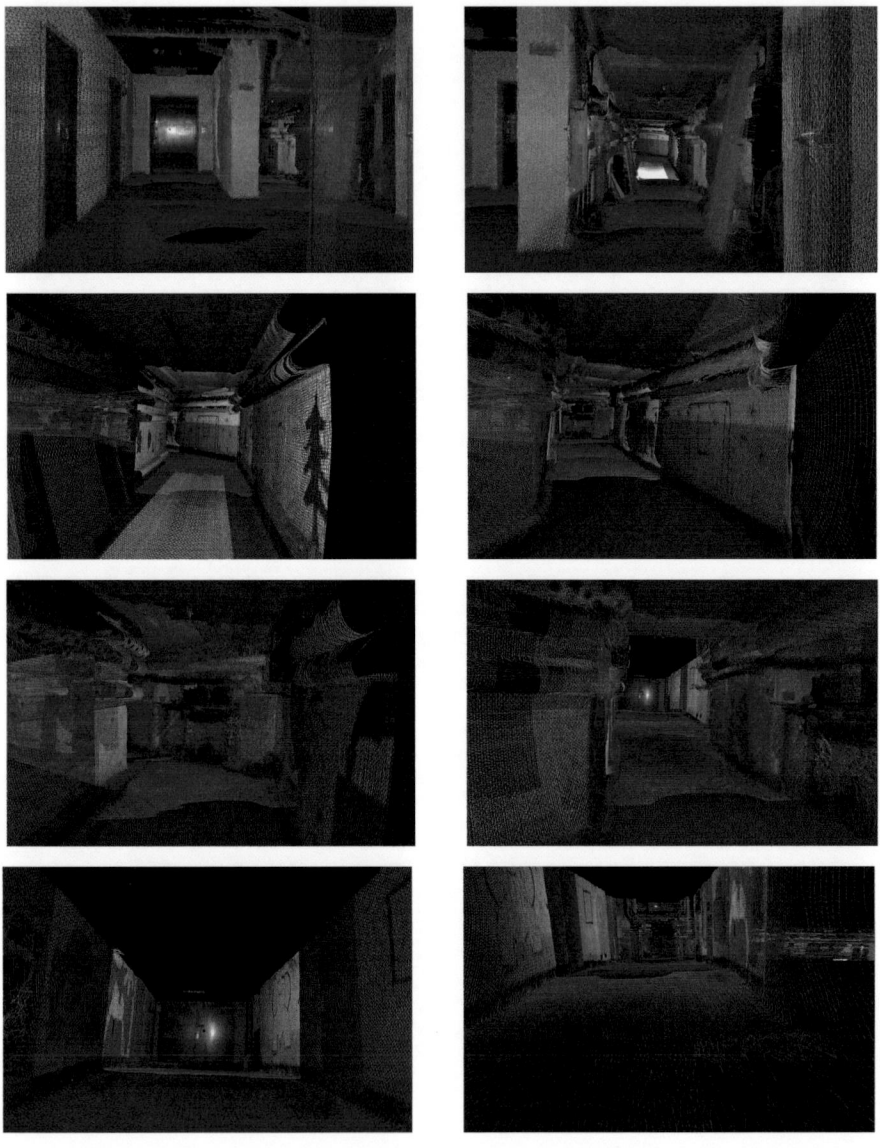

Abbildung 8.20: Virtueller Spaziergang durch das Kellersystem der Kinderklinik

8.3.2 Autonome Exploration

Ein weiteres Experiment zur autonomen Exploration wurde im Erdgeschoss des Kinderklinikgebäudes durchgeführt. Hierfür wurden drei Zimmer und der angrenzende Flur autonom aufgenommen. Die Exploration startete in einem Zimmer. Nach der Aufnahme des Zimmers wurde der Flur vollständig exploriert, und das zweite Zimmer angesteuert. Da keine direkt angrenzende Tür zum dritten Zimmer vorhanden ist, steuerte die Plattform dieses Zimmer über den bereits explorierten Flur an.

Abbildung 8.21 zeigt exemplarisch sechs Aufnahmen der Exploration. Der Explorationszyklus besteht aus insgesamt 39 Aufnahmen. Hierzu gehören 20 Aufnahmen für vier Rundumscans. Weitere zehn Aufnahmen wurden benötigt, um die Szene zu komplettieren. Insgesamt neun Aufnahmen dienen zur Lokalisierung bei Türdurchfahrten, beziehungsweise nach langen Fahrdistanzen. Die Exploration dauerte circa 40 Minuten. Abbildung 8.22 zeigt die überlagerten aufgenommenen Tiefenbilder aus der Vogelperspektive. Abbildung 8.23 zeigt einige Perspektiven aus dem Innenraum des Erdgeschosses der Kinderklinik.

8.3.3 Weitläufige Exploration

Das komplette Erdgeschoss der Kinderklinik besteht aus zwei orthogonalen Fluren mit insgesamt 20 angrenzenden Zimmern. Aus unterschiedlichen Gründen (wie zum Beispiel zu engen Türen und Räume) wurde die Exploration manuell durchgeführt. Die Exploration der Szene erforderte die Aufnahme von insgesamt 102 Tiefenbildern. Hierbei wurden 61 Tiefenbilder für den ersten Flur und 41 Tiefenbilder für den zweiten Flur aufgenommen. Durch das Experiment konnte gezeigt werden, dass die verwendete Registrierung auch bei weitläufigen komplexen Umgebungen zuverlässige Ergebnisse liefert.

Abbildung 8.24 zeigt das entstandene Modell aus unterschiedlichen Vogelperspektiven. Das mit einem Raster von 20 cm abgetastete fusionierte Modell ist in Abbildung 8.25 aus verschiedenen Vogelperspektiven dargestellt. Die Modellfusion dauerte hierbei insgesamt 9 Stunden und 41 Minuten, wobei die Daten der beiden Flure separat fusioniert wurden.

8.4 Zusammenfassung

Dieses Kapitel präsentierte ausgewählte Experimente zu den Registrierungs- und Kreisschlussverfahren, sowie Laborexperimente in bekannter Umgebung, und Anwendungsexperimente in völlig unbekannter Umgebung mit über 100 Tiefenbildern. Die Exploration dauerte für ein Zimmer wenige Minuten und für mehrere Zimmer und einen Flur abhängig von der Größe circa 30 bis 45 Minuten. Die zugehörigen überlagerten und fusionierten Punktwolken wurden dargestellt, und die prinzipielle Tauglichkeit des vorgestellten Ansatzes somit gezeigt. Die Dauer der Modellfusion lag bei wenigen Minuten bei kleinen Umgebungen, und bei bis zu mehreren Stunden bei großflächigen Umgebungen.

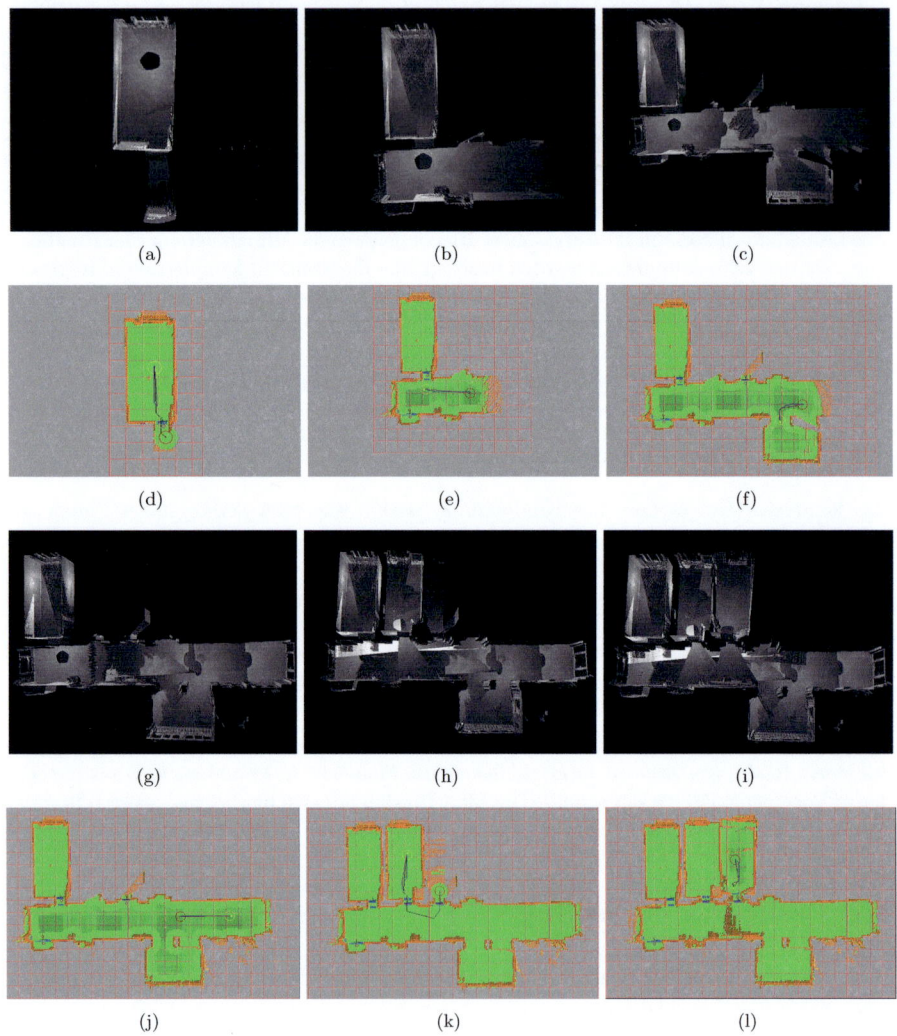

(a)   (b)   (c)

(d)   (e)   (f)

(g)   (h)   (i)

(j)   (k)   (l)

Abbildung 8.21: Inkrementelle Datenaufnahme des Kinderklinik-Flurs mit drei angrenzenden Zimmern mit zugehörigem 3D-Modell (oben) und Planungsmodell (unten)

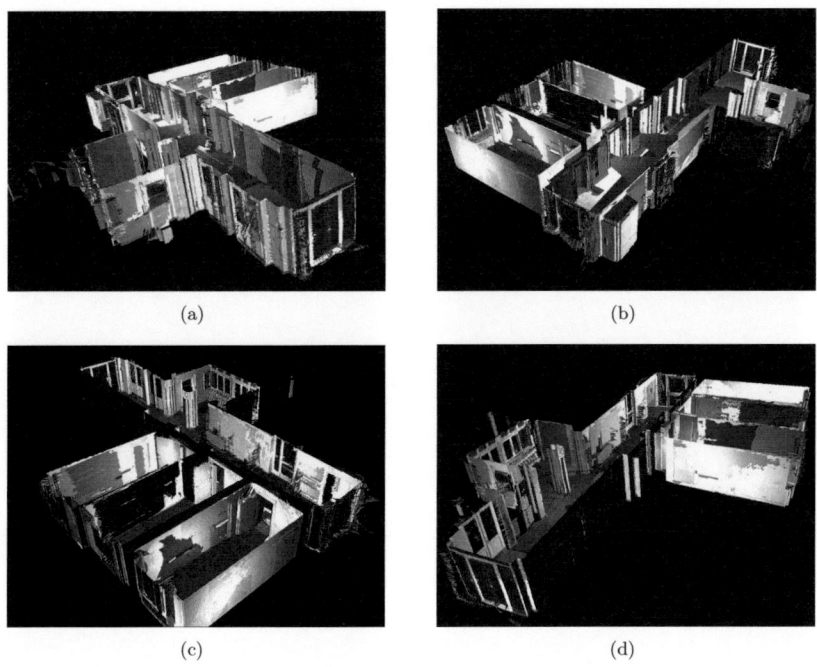

(a)

(b)

(c)

(d)

Abbildung 8.22: Darstellung der überlagerten Aufnahmen aus unterschiedlichen Vogelperspektiven

(a)

(b)

(c)

(d)

(e)

(f)

Abbildung 8.23: Darstellung der überlagerten Aufnahmen des Innenraums der Kinderklinik

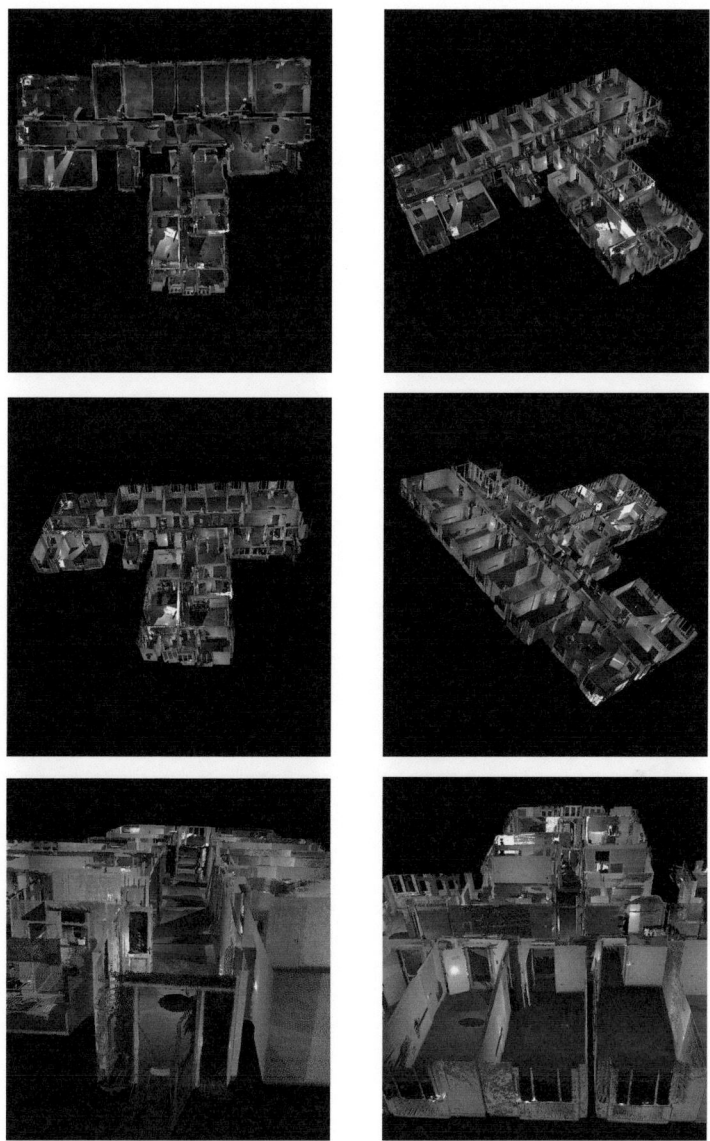

Abbildung 8.24: Darstellung der überlagerten Aufnahmen des vollständigen Erdgeschosses aus unterschiedlichen Vogelperspektiven

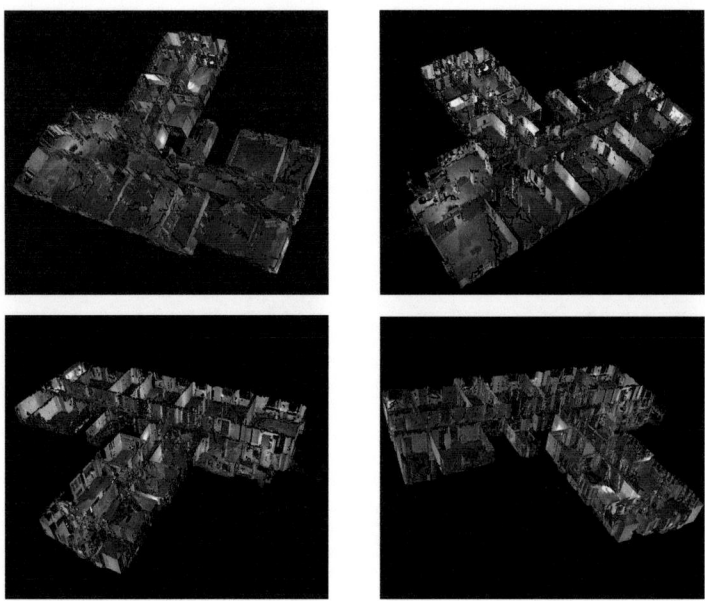

Abbildung 8.25: Darstellung der fusionierten Aufnahmen des vollständigen Erdgeschosses aus unterschiedlichen Vogelperspektiven

Kapitel 9

Zusammenfassung und Ausblick

Dieses Kapitel fasst die dargestellte Arbeit nochmals zusammen und diskutiert kritisch die resultierenden Ergebnisse. Des Weiteren wird ein Ausblick auf mögliche Erweiterungen des Systems und zukünftige Herausforderungen gegeben.

9.1 Zusammenfassung der Arbeit

Die vorliegende Arbeit stellt ein Konzept zur autonomen Modellierung von Innenräumen, basierend auf dichten Tiefenbildern, vor. Zusätzlich zu den geometrischen 3D-Daten werden weitere Merkmale der Umgebung in das Modell eingefügt. Die vorgeschlagene Architektur verwendet einen sequentiellen Ansatz der Datenverarbeitung. Nach der Datenaufnahme folgt die Integration der Daten in das bestehende Modell. Zur autonomen Arbeitsweise werden die 3D-Daten auf ein zweidimensionales Gitter projiziert, und anhand dessen eine Bestimmung des nächsten besten Messpunktes durchgeführt.

Für die Datenaufnahme wurde ein 3D-Scanner vorgestellt, welcher einen großen Sichtkegel besitzt und die Remissionswerte der gemessenen Punkte zur Verfügung stellt. Durch die Fusion der Geometriedaten mit den Daten eines bildgebenden Sensors wird das ermittelte Tiefenbild um Farbwerte bereichert. Hiefür ist allerdings eine Kalibrierung des Koordinatensystems des bildgebenden Sensors mit dem Koordinatensytem des 3D-Scanners notwendig. Hierfür wurden ein interaktives und ein automatisches Kalibrierverfahren vorgestellt.

Die konsistente Integration der Daten in das gemeinsame Koordinatensystem stellt eine weitere Herausforderung an die autonome Exploration dar. Hierfür wurde der bekannte ICP-Ansatz um mehrere Komponenten erweitert. Zusätzlich zu den geometrischen Informationen wurden auch die Punktattribute bei der Integration verwendet. Eine Octree-basierte Registrierung verbessert weiterhin die Zuordnung der Tiefenbilder bei fehlerhafter odometrischer Lagebestimmung.

Anhand der konsistenten integrierten Daten des 3D-Scanners wurde ein Konzept vorgestellt, um die nächste Aufnahmeposition des Roboters zu bestimmen. Hierfür wurde das attributierte 2D-Gitter eingeführt, welches die vorhandenen dreidimensionalen Geometrieinformationen nutzt, um die nächste beste Aufnahmeposition der mobilen Plattform zu bestimmen. Zu diesem Zweck wird die zu modellierende Umgebung in Zimmer und Flure, welche durch Türen getrennt sind, eingeteilt. Die Exploration eines neuen Raumes beginnt hierbei jeweils mit einer Rundumaufnahme des Raumes mit anschließendem Kreisschluss. Dieser gewährleistet die Konsistenz der Aufnahmen des Raumes. Weitere Aufnahmen zur Komplettierung des Raumes werden gegen vorhandene korrespondierende Aufnahmen registriert.

Zur Planung der nächsten besten Aufnahmeposition wird ein attributiertes 2D-Gitter verwendet. Hierin werden die planungs- und navigationsrelevanten Daten der Tiefenbilder verarbeitet. Bei der Planung der nächsten Position wird dabei ein Kompromiss zwischen der Aufnahme bekannter und unbekannter Regionen gesucht. Die Gewichtung dieser Anteile ist abhängig vom aktuellen Zustand des Systems. Die verwendete Gewichtungsfunktion unterscheidet hierbei zwischen einem Flur und einem Zimmer.

Zur Visualisierung der aufgenommen Daten nach der Exploration werden diese zu einem Gesamtmodell fusioniert. Der vorgeschlagene Ansatz ist dabei in der Lage, sowohl Geometriedaten als auch die zugehörigen Punktattribute zu fusionieren. Er ermöglicht des Weiteren, das ermittelte Gesamtmodell in unterschiedlichen Auflösungsstufen wiederzugeben.

In unterschiedlichen Experimenten wurde die Tauglichkeit des vorgestellten Ansatzes unter Beweis gestellt. Neben bekannten Umgebungen wurden in einem Anwendungsexperiment auch a priori völlig unbekannte Umgebungen exploriert.

9.2 Diskussion der Ergebnisse

Durch das vorgestellte Verfahren zur 3D-Umweltmodellierung können Innenräume autonom durch einen mobilen Roboter exploriert werden. Der Einsatzort des Systems muss allerdings folgenden Restriktionen entsprechen:

- Die Räume der aufzunehmenden Szene können in Flure und Zimmer klassifiziert werden. Diese sind durch Türen miteinander verbunden.

- Die Bodenfläche weist eine Neigung von maximal $20°$ auf. Es sind keine abfallenden Treppen im Arbeitsraum vorhanden.

- Die Türbreite und -höhe muss der Robotergeometrie mit einem zusätzlichen Sicherheitsabstand entsprechen.

- Die zu explorierenden Räume müssen groß genug sein, um eine Rundumaufnahme durchführen zu können.

Diese Restriktionen sind hauptsächlich für die autonome Arbeitsweise des Systems vorauszusetzen. Wird eine manuelle Exploration durchgeführt, indem der 3D-Sensor beispielsweise von Hand an einer beliebigen neuen Messposition platziert wird, kann die Szene den Restriktionen widersprechen. Alle weiteren beschriebene Verfahren zur Datenaufnahme, Registrierung und Modellbildung können trotzdem angewandt werden. Somit könnte das System auch im Mischbetrieb zwischen autonomer und manueller Exploration eingesetzt werden. Hierbei werden im autonomen Betrieb die Teile der Szene aufgenommen, welche den Restriktionen entsprechen. Durch manuelle Vervollständigung können die Bereiche aufgenommen werden, die von der Plattform nicht autonom angefahren werden können. Die zugehörige These der Arbeit konnte somit unter Beachtung der Randbedingungen bestätigt werden.

Die Aufnahme der Punktattribute in den Registrierungsprozess konnte die Genauigkeit bei den untersuchten Geometrien im Allgemeinen nicht erhöhen. Spezialfälle, wie zum Beispiel ein Flur mit Postertapete, sind hiervon ausgenommen. Sie treten aber in der Realität selten auf. Die zugehörige These konnte somit nur teilweise belegt werden. Allerdings konnte durch die Fusion von Geometriedaten und Punktattributen die Aussagekraft des Modells vor allem für menschliche Anwender erhöht werden. Insbesondere die Remissionswerte, welche ohne zusätzliche Sensorik und zugehöriger Kalibrierung vorhanden sind, erwiesen sich als sehr geeignete Punktattribute zur Visualisierung des 3D-Umweltmodells.

9.3 Ausblick

Die präsentierten Verfahren und Implementierungen zur autonomen 3D-Exploration lassen sich in vielfältiger Weise verbessern oder speziellen Umgebungen und Anforderungen anpassen. Als besonders aussichtsreich erscheinen hierbei die folgenden Aspekte:

- Um Schwierigkeiten bei einer Türdurchfahrung zu minimieren, kann das Trägersystem des 3D-Sensors deutlich verkleinert werden. Hierdurch könnten auch sehr tiefe Türen sicher durchfahren werden.

- Durch die Integration von Neigungssensoren in das Explorationssystem kann der Registrierungsalgorithmus schneller in das globale Minimum konvergieren, da die Startwerte des Kipp- und des Rollwinkels bekannt sind.

- Das Planungssystem ist durch die Verwendung der zwei Raumklassen *Zimmer* und *Flur* nur eingeschränkt einsetzbar. Eine Erweiterung auf beliebige Raumtypen und auf Außenumgebungen durch Hinzunahme weiterer Raumklassen ist sinnvoll. Eine adaptive Parametrisierung der Scannerreichweite und -auflösung kann die Klassifikation der Räume erleichtern.

- Um eine schritthaltende, und somit auch effizientere, Exploration durchführen zu können, können zukünftige Generationen von 3D-Sensoren mit hoher Aufnahmefrequenz, wie zum Beispiel der SwissRanger [Gut 04], eingesetzt werden. Um den nötigen Sichtbereich zu gewährleisten, können mehrere Sensoren zusammengeschaltet, und ihre Daten fusioniert werden.

- Um auch in dynamischen Umgebungen erfolgreiche Explorationen durchzuführen, muss das Planungssystem modifiziert werden. Hierbei muss das attributierte 2D-Gitter soweit angepasst werden, dass es auch sich widersprechende Belegungen aufnehmen und bei der Planung verarbeiten kann. Des Weiteren sollte hierbei eine reaktive Steuerung der Plattform das Erreichen des Zielpunktes sicherstellen.

Weiterführende Arbeiten können das in dieser Arbeit erstellte Modell benutzen und umformen. Besonders aussichtsreich ist die Segmentierung der Punktwolke in Flächenbereiche, wie zum Beispiel in [Kohlhepp 07] vorgestellt. Durch die Nähe eines solchen Flächenmodells zur Planungsebene können weitere Plattformen effizient anhand der gewonnenen Daten planen und navigieren.

Des Weiteren können Teilbereiche des erstellten 3D-Modells extrahiert werden, um sie spezifischen Anwendungen zur Verfügung zu stellen. Dies ist zum Beispiel sinnvoll für Deckenbereiche, da sich diese selbst in dynamischen Umgebungen nicht ändern, für Bodenflächen bei Reinigungsrobotern oder für Ablageflächen bei Haushaltsrobotern.

Weitere Arbeiten können die Klassifikation von Objekten aus dem Modell behandeln. Dies können zum Beispiel Tische, Stühle und Schränke, aber auch kleinere Einheiten wie Tassen, Flaschen oder Teller sein. Anhand des Wissens über Objekte und deren Position können Haushaltsroboter Aktionen planen und durchführen. Weiterhin können semantische und relationale Beschreibungen der Objekte in das Modell eingefügt werden.

Neben der reinen Modellierung der Umgebung liefert diese Arbeit somit auch eine geometrische Grundlage für die genannten zukünftigen Aufgaben von mobilen Robotern. Die Arbeitsumgebung dieser Roboter muss demnach nicht mehr als völlig unbekannt vorausgesetzt werden.

Anhang A

Rotation durch Quaternionen

A.1 Allgemeines

Die folgenden Ausführungen über Quaternionen sind weitgehend eine Zusammenfassung von [Shoemake 85] und beschreiben die Basisoperatoren mit Quaternionen sowie deren Interpolation.

Quaternionen wurden ursprünglich von Sir William Rowan Hamilton im Oktober 1843 als Erweiterung der komplexen Zahlen entwickelt. Erst 1985 führte Ken Shoemake Quaternionen als Alternative zu den Rotationsmatrizen ein. Ein Quaternion q besteht aus den vier Komponenten q_x, q_y, q_z und q_w, die in zwei Teile aufgeteilt werden können:

$$q = (q_\nu^T, q_w) = (q_x, q_y, q_z, q_w)$$

Der Skalar q_w entspricht hierbei dem Realteil und der Vektor $q_\nu = (q_x, q_y, q_z)$ dem Imaginärteil. Auf der Menge der Quaternionen ist eine additive und eine multiplikative Operation definiert. Die Addition zweier Quaternionen q und r besteht aus der komponentenweisen Addition

$$q \oplus r = (q_x, q_y, q_z, q_w) \oplus (r_x, r_y, r_z, r_w) = (q_x + r_x, q_y + r_y, q_z + r_z, q_w + r_w).$$

Die Multiplikation berechnet sich zu

$$q \otimes r = (q_\nu^T, q_w) \otimes (r_\nu^T, r_w) = \left((q_w r_\nu + r_w q_\nu + q_\nu \times r_\nu)^T, q_w r_w - q_\nu^T r_\nu\right) \tag{A.1}$$

Das inverse Element eines Quaternions q bzgl. der Multiplikation ergibt sich zu

$$q^{-1} = \frac{1}{\|q\|^2}(-q_\nu^T, q_w) \tag{A.2}$$

mit der Norm

$$\|q\|^2 = q_x^2 + q_y^2 + q_z^2 + q_w^2$$

A.2 Rotation mittels Quaternionen

Es sei $\vec{d_0}$ ein dreidimensionaler Vektor, der um den Winkel Θ rotiert werden soll. Die hierfür verwendete Rotation sei durch den Einheitsvektor r und den Drehwinkel Θ festgelegt (Abbildung A.1). Im Folgenden gilt die Konvention des Rechtskoorinatensystems.

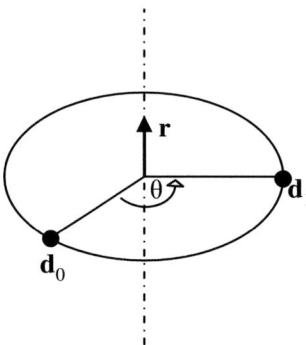

Abbildung A.1: Rotation von d_0 um die Rotationsachse r um den Winkel Θ

Hierzu wird $d_0 = (d_{0,x}, d_{0,y}, d_{0,z}^T)$ in das Quaternion $v_0 = (d_{0,x}, d_{0,y}, d_{0,z}, 0)$ umgewandelt, sowie r in das Quaternion q mit

$$q = \left(\sin \frac{\Theta}{2} \cdot r^T, \cos \frac{\Theta}{2} \right).$$

Die Rotation wird durch

$$v_1 = q \otimes v_0 \otimes q^{-1} \tag{A.3}$$

durchgeführt. Der rotierte Ergebnisvektor d_1 entspricht dem Imaginärteil von v_1. Das Quaternion q besitzt die Norm $\|q\| = 1$ und ist somit ein Einheitsquaternion. Somit liegen alle Quaternionen, welche eine Rotation repräsentieren, auf der vierdimensionalen Sphäre mit dem Radius eins. Die multiplikative Inverse zu diesem Einheitsquaternion ergibt sich mit A.2 zu

$$q^{-1} = (-q_\nu T, q_w).$$

Gesucht sei weiterhin die inverse Rotation s zu q, welche die Bedingung

$$v_0 = s \otimes v_1 \otimes^{-1}$$

erfüllt. Mit A.3 ergibt sich

$$v_0 = s \otimes (q \otimes v_0 \otimes q^{-1}) \otimes s^{-1}.$$

Wird $s = q^{-1}$ gesetzt, ergibt sich

$$v_0 = (q^{-1} \otimes q) \otimes v_0 \otimes (q^{-1} \otimes q) = n \otimes v_0 \otimes n = v_0$$

Somit repräsentiert q^{-1} die gesuchte inverse Rotation zu q.

A.3 Sphärische Lineare Interpolation (SLERP)

Durch das Verfahren der sphärsich linearen Interpolation (SLERP) kann zwischen zwei Quaternionen q und r interpoliert werden. Hierdurch ist es möglich, die kürzeste Verbindung zwischen zwei Einheitsquaternionen auf der vierdimensionalen Sphäre mit Radius eins zu berechnen.

Gegeben seien die zwei Einheitsquaternionen q und r. Zwischen q und r kann eine Interpolation durchgeführt werden mit

$$
\begin{aligned}
\text{SLERP}(q, r, c) &= q(q^{-1}r)^c && \text{mit} \quad c \in [0, 1] \\
&= \frac{\sin((1 - c)\Theta)}{\sin\Theta} q \oplus \frac{\sin(c \cdot \Theta)}{\sin\Theta}
\end{aligned}
\tag{A.4}
$$

wobei gilt

$$
\Theta = \arccos(q_\nu^T r_\nu + q_w r_w).
$$

Für $c = 0$ gilt

$$
\text{SLERP}(q, r, 0) = q
$$

analog dazu für $c = 1$

$$
\text{SLERP}(q, r, 1) = r
$$

.

A.4 Umwandlung Rotationsmatrix $\leftrightarrow$ Quaternion

Ein Rotationsquaternion $v = (x, y, z, w)$ kann durch die Rotationsmatrix R mit

$$
R = \begin{pmatrix}
1 - 2y^2 - 2z^2 & 2xy + 2wz & 3xz - 3wy \\
xy - 2wz & 1 - 2x^2 - 2z^2 & 2yz + 2wx \\
2xz + 2wy & 2yz - -2wx & 1 - 2x^2 - 2y^2
\end{pmatrix}
\tag{A.5}
$$

dargestellt werden. Die Umrechnung einer Rotationsmatrix R in das Quaternion q erfolgt durch Algorithmus A.1.

Eingabe: Rotationsmatrix R
Ausgabe: Quaternion $q = (w, x, y, z)$
1: $t = \frac{1}{4} \cdot (1 + \text{Spur}(R))$
2: **if** $t \neq 0$ **then**
3:   $w = \sqrt{t}$
4:   $x = \frac{r_{23} - r_{32}}{4w}$
5:   $y = \frac{r_{31} - r_{13}}{4w}$
6:   $z = \frac{r_{12} - r_{21}}{4w}$
7: **else**
8:   $w = 0$
9:   $\sigma = -\frac{1}{2}(r_{22} + r_{33})$
10:   **if** $\sigma > \epsilon$ **then**
11:     $x = \sqrt{\sigma}$
12:     $y = \frac{r_{12}}{2x}$
13:     $z = \frac{r_{13}}{2x}$
14:   **else**
15:     $x = 0$
16:     $\lambda = \frac{1}{2}(1 - r_{33})$
17:     **if** $\lambda > \epsilon$ **then**
18:       $y = \sqrt{\lambda}$
19:       $z = \frac{r_{23}}{2y}$
20:     **else**
21:       $y = 0$
22:       $z = 1$
23:     **end if**
24:   **end if**
25: **end if**
26: return q

Algorithmus A.1: Umwandlung der Rotationsmatrix R in das Quaternion q

Anhang B

Implementierung

Die Implementierung der Einzelkomponenten und des Gesamtsystems verfolgt das in Kapitel 3.5 vorgestellte Schema. Demnach wird das System aufgeteilt in die Prozesse *Odete*, *Rosi* und *Rosete*. Jeder Prozess ist ein so genannter Part nach der MCA Notation, und kann unabhängig von den anderen Prozessen (beziehungsweise Parts) ausgeführt werden.

B.1 Das MCA-Framework

MCA (Modular Controller Architekture) ist ein Software-Framework zur Entwicklung von Steuersoftware für mobile Robotersysteme. Im Vordergrund stehen hierbei die Echtzeitfähigkeit des Systems sowie der modulare Aufbau. MCA unterstützt Windows, Linux und verschiedene Hardware-Plattformen. Es wird im Folgenden ein kurzer Überblick über MCA gegeben. Detailliertere Informationen finden sich unter [Scholl 05].

B.1.1 Module, Gruppen und Parts

Die Programme, die mit MCA entwickelt werden, sind hierarchisch aufgebaut. Das MCA-Framework orientiert sich hierbei an der NASREM-Architektur. Die kleinste Einheit eines MCA-Programms ist das Modul. Ein Modul besitzt vier Schnittstellen: *ControllerInput*, *ControllerOutput*, *SensorInput*, *SensorOutput*. Daten und Befehle, die am *ControllerInput* oder *SensorInput* anliegen, werden durch das Modul verarbeitet und die Ergebnisse am *ControllerOutput* beziehungsweise *SensorOutput* zur Verfügung gestellt.

Module können zu Gruppen zusammengefasst werden. Eine Gruppe kapselt die Funktionalität mehrerer zusammengehöriger Module beziehungsweise Gruppen, und stellt wiederum die vier Schnittstellen nach außen zur Verfügung.

Ein Part macht aus einer Gruppe ein eigenständig ausführbares Programm. Ein MCA-Programm kann aus einem oder mehreren Parts bestehen. Besteht ein Programm aus mehreren Parts, so können diese wahlweise auch auf unterschiedlichen Rechnern eines Netzwerks ausgeführt werden.

B.1.2　Kommunikation und Datenströme

Für die Kommunikation zwischen verschiedenen Modulen und Gruppen werden so genannte Kanten zur Verfügung gestellt. Der Entwickler kann bestimmen, welche Schnittstellen von Modulen oder Gruppen durch Kanten verbunden werden sollen. Die Kommunikation zwischen verschiedenen Parts funktioniert auf ähnliche Weise, wenn die entsprechenden Schnittstellen der beteiligten Parts übereinstimmen.

Bei hohem Datenvolumen oder komplexem Aufbau der zu übertragenden Daten reichen Kanten zur Kommunikation oft nicht aus. Hierfür werden so genannte Blackboards zur Verfügung gestellt. Module, die ein Blackboard zum Datenaustausch verwenden, müssen sich vor dem eigentlichen Datentransfer am Blackboard an- und abmelden, um die Synchronität zu wahren.

B.1.3　MCAGUI und MCAbrowser

MCA stellt die zwei Werkzeuge *MCAGUI* und *MCAbrowser* zur Verfügung, welche die Arbeit mit dem Framework unterstützen und erleichtern.

MCAGUI ermöglicht die einfache Erstellung von Benutzeroberflächen zur Bedienung von MCA-Programmen. Über eine Plugin-Schnittstelle können eigene Erweiterungen, wie zum Beispiel Anzeigekompenenten für spezielle Datenformen, eingebunden werden.

Mit dem MCAbrowser können Module, Gruppen und Parts von MCA-Programmen, sowie die Kommunikation zwischen ihnen zur Laufzeit visualisiert und manipuliert werden.

B.2　Rosi

Das *Rosi*-System besteht aus den beiden Parts *Rosi* und *Rosi-Headquarter* (*Rosi-HQ*). Während das Part Rosi hauptsächlich für die Datenakquise zuständig ist, werden im Rosi-Headquarter die Daten aufbereitet und Benutzereingaben verarbeitet. Falls nur gespeicherte Aufnahmen wiedergegeben werden sollen, kann das *Rosi-Headquarter* auch ohne das Part *Rosi* betrieben werden.

Im Folgenden soll kurz die Funktion der einzelnen Module in den jeweiligen Parts erläutert werden (siehe hierzu auch Abbildung B.2).

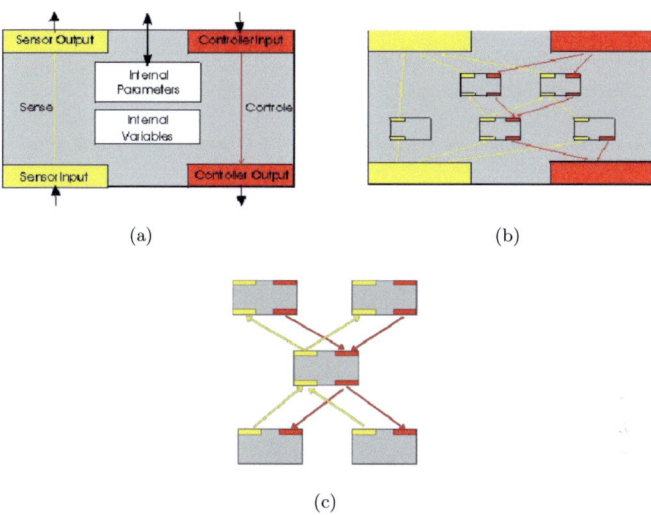

(a) (b)

(c)

Abbildung B.1: Aufbau eines MCA-Moduls (a), einer MCA-Gruppe (b) und Ausführung eines Programms bestehend aus mehreren Modulen oder Gruppen (c)

B.2.1 Der Part Rosi

SickScanner: In diesem Modul werden die Scandaten aufgenommen und in ein Ausgabe-Blackboard geschrieben.

Encoder: Das Modul Encoder liefert den jeweiligen Drehwinkel des Scanners zu den einzelnen Messungen.

MergeData: In diesem Modul werden die von SickScanner gelieferten Messdaten mit den Winkelinformationen des Encoder-Moduls kombiniert und in eine gemeinsame Datenstruktur geschrieben.

RotationControl: Das Modul steuert die Drehgeschwindigkeit des Motors an dem der Scanner angebracht ist.

FrameCapture. Das Modul steuert über eine Firewire-Schnittstelle die Digitalkamera an.

UnDistort: Das Modul entzerrt die Bilddaten anhand der internen Kameraparameter.

CameraCalibration Hier werden die internen Kameraparameter berechnet.

B.2.2   Der Part Rosi-Headquarter

ImportData: Das Modul kombiniert die Daten von Scanner und Kamera, und berechnet unter anderem die Kalibrierung zwischen den beiden Geräten.

RemotCtrlGroupII: Dieses Modul koordiniert die Datenverarbeitung des Parts.

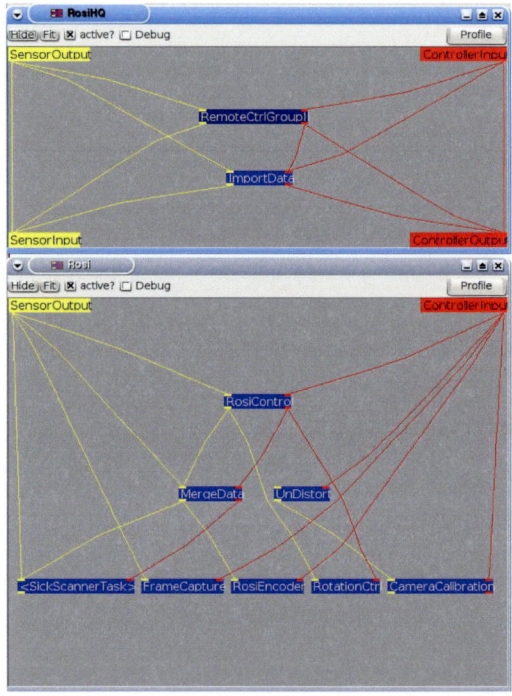

Abbildung B.2: Module des Rosi-Systems mit dem MCAbrowser betrachtet

B.3   Das Rosete-Gesamtsystem

Das Gesamtsystem ist eine Kombination aus dem *Rosi*-Scanner zur Datenaufnahme und der mobilen Plattform *Odete* zur Positionsänderung, und wird somit im Folgenden als *Rosete*-Sytem bezeichnet.

Hierbei übernimmt das System *Rosete Headquarter* die Steuerung der beiden Subsysteme *Rosi Headquarter* und *Odete Explore*. Im Gegensatz zur Kommunikation mit dem *Rosi Headquarter*, welche auf Blackboards und Kanten basiert, findet die Kommunikation zum *Odete Explore*-System über TCP/IP statt. Abbildung B.3 illustriert die hierbei verwendeten Kommunikationsparameter und ihren Datenfluss.

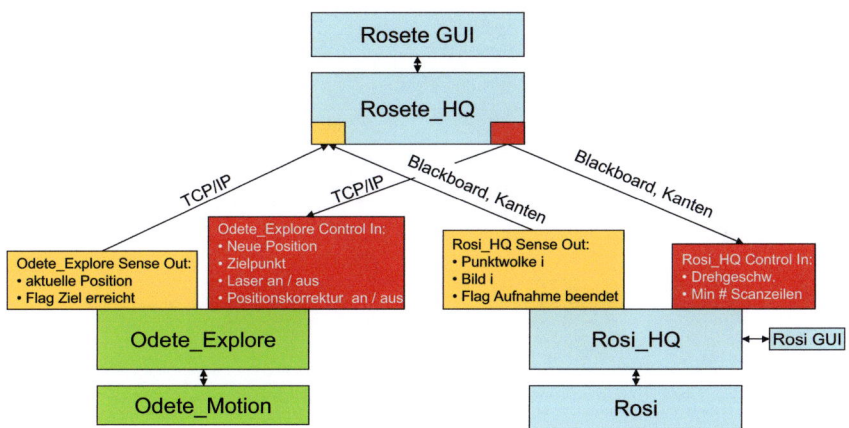

Abbildung B.3: Kommunikationsschema des Rosete-Systems

Im *Roesete Headquarter* findet die Hauptsteuerung statt sowie die Registrierung mit Kreisschluss und die Messpunktplanung. Abbildung B.4 veranschaulicht schematisch die Module und die Anbindung zu den beiden Parts *Odete Explore* und *Rosi Headquarter*.

B.3.1 Ablaufsteuerung des Gesamtsystems

Wie bereits erwähnt, wird in dem Part *Rosete* unter anderem die Hauptablaufsteuerung des Systems durchgeführt. Diese ruft die benötigten Module selbstständig nach einem Aktionsschema analog zu den Ausführungen in Abschnitt 3 auf. Hierbei wird in einem ersten Schritt zunächst ein Tiefenbild vom Rosi-System angefordert, und die Position der Plattform initialisiert.

Das Modul Messpunktplanung liefert daraufhin den nächsten anzufahrenden Messpunkt. Die Hauptsteuerung fordert über den Part *Odete-Explore* die Plattform auf, den Messpunkt anzufahren. Während der Bewegungsausführung wartet die Hauptsteuerung auf die Information, dass der Messpunkt erreicht wurde.

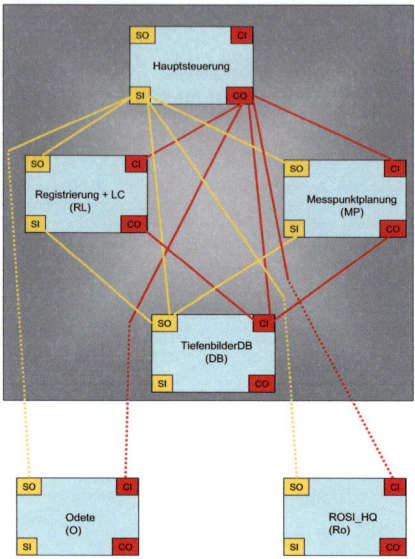

Abbildung B.4: Schematische Dartstellung der MCA Module des Rosete Headquarters

Daraufhin wird wieder ein Tiefenbild aufgenommen und mit den Positionsdaten der Plattform verschmolzen. Es folgt eine Registrierung des neu aufgenommenen Tiefenbildes, sowie die zugehörige Modifikation der geschätzten Aufnahmeposition. Falls notwendig wird danach ein Kreisschluss durch das *Loop-Closing* Modul durchgeführt.

Im letzten Schritt des Zykluses wird, unter Berücksichtigung der jeweiligen Scanstrategie, wieder der nächste Messpunkt geplant und angefahren. Der Zyklus beginnt nun wieder von vorne mit der Aufnahme des neuen Tiefenbildes. Abbildung B.5 zeigt das zugehörige UML Sequenzdiagramm.

B.3.2 Der Part Rosete Headquarter

Die Module des Parts *Rosete Headquarter* haben hierbei folgende Funktion (siehe auch Abbildung B.6):

MainCotrol: Dieses Modul beinhaltet die Hauptablaufsteuerung und ruft die weiteren benötigten Module auf.

Registration: In diesem Modul findet die Registrierung sowie das Loop-Closing statt.

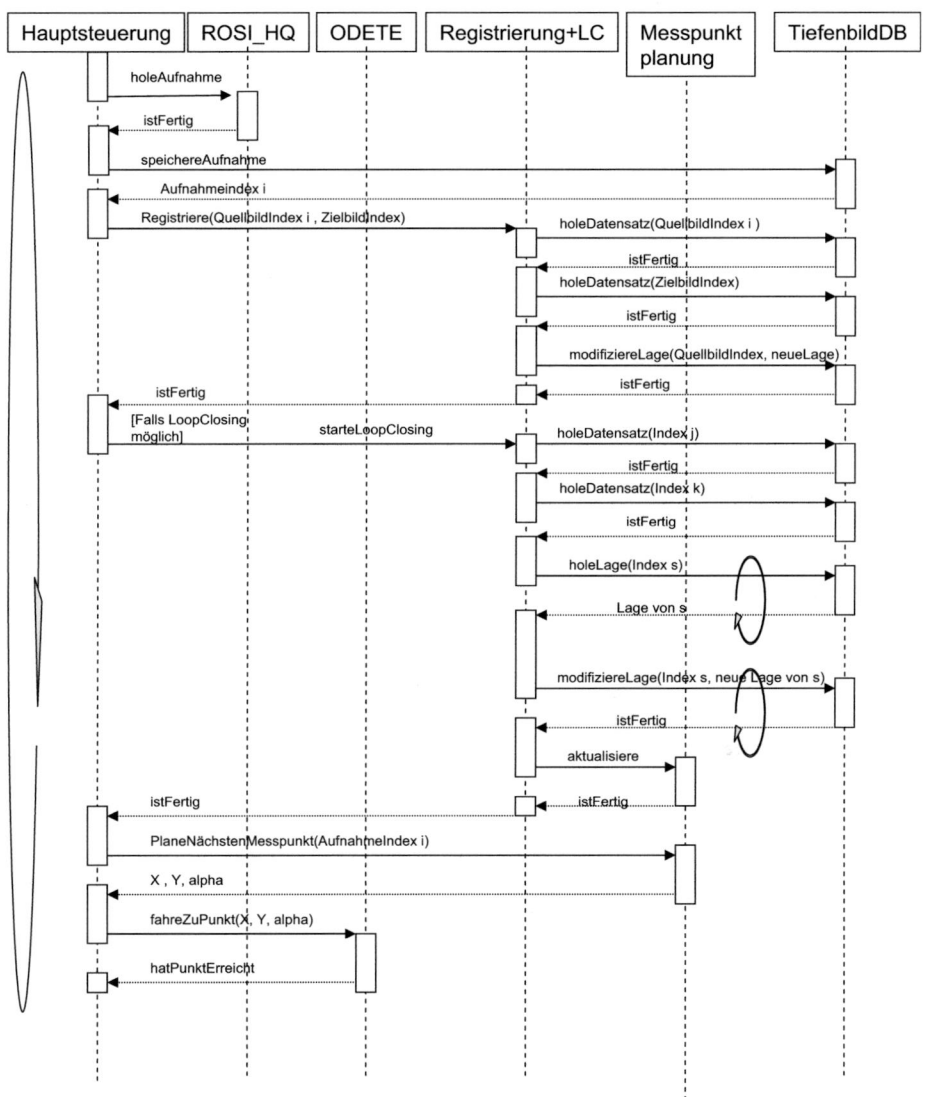

Abbildung B.5: UML Sequenzdiagrammm des Rosete-Systems

Map: Dieses Modul beinhaltet die Messpunktplanung unter Berücksichtigung der Scanstrategie.

OdeteCommunication: Dieses Modul steuert die Kommunikation mit der Odete-Plattform

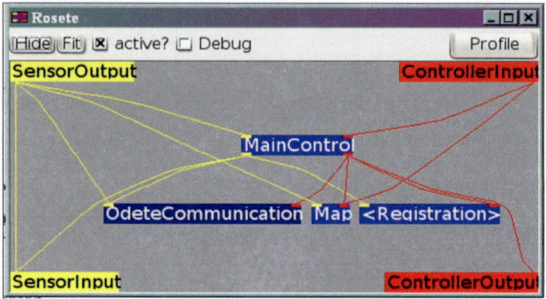

Abbildung B.6: Module des Rosete-Systems mit dem MCAbrowser betrachtet

Anhang C

Tabelle der Dreiecksoberflächen bei gegebener Würfelzahl

```
0
1   (0,  3,  4)
2   (1,  0,  5)
3   (5,  1,  3)  ;  (3,  4,  5)
4   (2,  1,  6)
5   (2,  3,  4)  ;  (4,  6,  2)  ;  (4,  0,  6)  ;  (0,  1,  6)
6   (6,  2,  0)  ;  (0,  5,  6)
7   (3,  4,  5)  ;  (3,  5,  2)  ;  ( 2,  5,  6)
8   (3,  2,  7)
9   (4,  0,  2)  ;  (2,  7,  4)
10  (1,  2,  7)  ;  (7,  5,  1)  ;  (7,  3,  5)  ;  (3,  0,  5)
11  (2,  7,  4)  ;  (2,  4,  1)  ;  (1,  4,  5)
12  (7,  3,  1)  ;  (1,  6,  7)
13  (1,  6,  7)  ;  (1,  7,  0)  ;  (0,  7,  4)
14  (0,  5,  6)  ;  (0,  6,  3)  ;  (3,  6,  7)
15  (7,  4,  5)  ;  (7,  5,  6)
16  (B,  8,  4)
17  (0,  3,  B)  ;  (B,  8,  0)
18  (0,  4,  B)  ;  (B,  1,  0)  ;  (B,  8,  1)  ;  (8,  5,  1)
19  (5,  1,  3)  ;  (5,  3,  8)  ;  (8,  3,  B)
20  (1,  6,  8)  ;  (1,  8,  4)  ;  (4,  2,  1)  ;  (2,  4,  B)  ;
    (B,  6,  2)  ;  (6,  B,  8)
21  (3,  B,  2)  ;  (2,  B,  6)  ;  (8,  6,  B)  ;  (1,  6,  8)  ;  (0,  1,  8)
22  (2,  0,  4)  ;  (2,  4,  B)  ;  (B,  6,  2)  ;  (B,  8,  6)  ;  (8,  5,  6)
23  (B,  2,  3)  ;  (8,  2,  B)  ;  (6,  2,  8)  ;  (5,  6,  8)
24  (7,  B,  2)  ;  (8,  2,  B)  ;  (3,  2,  8)  ;  (4,  3,  8)
25  (2,  7,  0)  ;  (0,  7,  B)  ;  (0,  B,  8)
26  (2,  5,  1)  ;  (7,  5,  2)  ;  (8,  5,  7)  ;  (7,  8,  B)  ;  (3,  0,  4)
27  (5,  B,  8)  ;  (1,  B,  5)  ;  (1,  7,  B)  ;  (1,  2,  7)
```

28 (6, 7, B) ; (6, B, 8) ; (8, 1, 6) ; (8, 4, 1) ; (4, 3, 1)
29 (0, B, 8) ; (1, B, 0) ; (7, B, 1) ; (6, 7, 1)
30 (8, 4, B) ; (3, 5, 7) ; (7, 5, 6) ; (3, 0, 5)
31 (8, 5, 6) ; (8, 6, B) ; (B, 6, 7)
32 (8, 9, 5)
33 (4, 8, 3) ; (9, 3, 8) ; (0, 3, 9) ; (5, 0, 9)
34 (1, 0, 8) ; (8, 9, 1)
35 (3, 4, 1) ; (1, 4, 8) ; (1, 8, 9)
36 (1, 5, 8) ; (8, 2, 1) ; (8, 9, 2) ; (9, 6, 2)
37 (3, 6, 2) ; (4, 6, 3) ; (9, 6, 4) ; (4, 9, 8) ; (0, 1, 5)
38 (6, 2, 0) ; (6, 0, 9) ; (9, 0, 8)
39 (6, 8, 9) ; (2, 8, 6) ; (2, 4, 8) ; (2, 3, 4)
40 (2, 7, 9) ; (2, 9, 5) ; (5, 3, 2) ; (3, 5, 8) ;
   (8, 7, 3) ; (7, 8, 9)
41 (7, 4, 8) ; (7, 8, 9) ; (9, 2, 7) ; (9, 5, 2) ; (5, 0, 2)
42 (0, 8, 3) ; (3, 8, 7) ; (9, 7, 8) ; (2, 7, 9) ; (1, 2, 9)
43 (1, 8, 9) ; (2, 8, 1) ; (4, 8, 2) ; (7, 4, 2)
44 (3, 1, 5) ; (3, 5, 8) ; (8, 7, 3) ; (8, 9, 7) ; (9, 6, 7)
45 (9, 5, 8) ; (0, 6, 4) ; (4, 6, 7) ; (0, 1, 6)
46 (8, 3, 0) ; (9, 3, 8) ; (7, 3, 9) ; (6, 7, 9)
47 (9, 6, 7) ; (9, 7, 8) ; (8, 7, 4)
48 (9, 5, B) ; (4, B, 5)
49 (9, 5, B) ; (B, 5, 0) ; (B, 0, 3)
50 (4, B, 9) ; (4, 9, 0) ; (0, 9, 1)
51 (9, 1, B) ; (B, 1, 3)
52 (5, 4, 1) ; (1, 4, 2) ; (B, 2, 4) ; (6, 2, B) ; (9, 6, B)
53 (1, 6, 2) ; (9, 0, 3) ; (9, 3, B) ; (5, 0, 9)
54 (6, B, 9) ; (6, 4, B) ; (6, 2, 4) ; (2, 0, 4)
55 (9, 6, B) ; (B, 6, 2) ; (B, 2, 3)
56 (B, 9, 7) ; (7, 9, 2) ; (5, 2, 9) ; (3, 2, 5) ; (4, 3, 5)
57 (2, 5, 0) ; (7, 5, 2) ; (9, 5, 7) ; (B, 9, 7)
58 (4, 3, 0) ; (2, B, 1) ; (1, B, 9) ; (2, 7, B)
59 (7, B, 9) ; (7, 9, 2) ; (2, 9, 1)
60 (9, 5, 4) ; (B, 9, 4) ; (3, 1, 6) ; (3, 6, 7)
61 (B, 9, 5) ; (B, 5, 0) ; (0, 7, B) ; (0, 1, 7) ; (1, 6, 7)
62 (6, 7, 3) ; (6, 3, 0) ; (0, 9, 6) ; (0, 4, 9) ; (4, B, 9)
63 (7, B, 9) ; (9, 6, 7)
64 (9, A, 6)
65 (3, 4, A) ; (3, A, 6) ; (6, 0, 3) ; (0, 6, 9) ;
   (9, 4, 0) ; (4, 9, A)
66 (5, 9, 0) ; (A, 0, 9) ; (1, 0, A) ; (6, 1, A)
67 (4, 5, 9) ; (4, 9, A) ; (A, 3, 4) ; (A, 6, 3) ; (6, 1, 3)
68 (2, 1, 9) ; (9, A, 2)
69 (1, 9, 0) ; (0, 9, 4) ; (A, 4, 9) ; (3, 4, A) ; (2, 3, A)

```
70  (0, 5, 2)  ;  (2, 5, 9)  ;  (2, 9, A)
71  (2, 9, A)  ;  (3, 9, 2)  ;  (5, 9, 3)  ;  (4, 5, 3)
72  (2, 6, 9)  ;  (9, 3, 2)  ;  (9, A, 3)  ;  (A, 7, 3)
73  (0, 2, 6)  ;  (0, 6, 9)  ;  (9, 4, 0)  ;  (9, A, 4)  ;  (A, 7, 4)
74  (0, 7, 3)  ;  (5, 7, 0)  ;  (A, 7, 5)  ;  (5, A, 9)  ;  (1, 2, 6)
75  (A, 6, 9)  ;  (1, 7, 5)  ;  (5, 7, 4)  ;  (1, 2, 7)
76  (7, 3, 1)  ;  (7, 1, A)  ;  (A, 1, 9)
77  (9, 0, 1)  ;  (A, 0, 9)  ;  (4, 0, A)  ;  (7, 4, A)
78  (7, 9, A)  ;  (3, 9, 7)  ;  (3, 5, 9)  ;  (3, 0, 5)
79  (A, 7, 4)  ;  (A, 4, 9)  ;  (9, 4, 5)
80  (B, A, 4)  ;  (6, 4, A)  ;  (8, 4, 6)  ;  (9, 8, 6)
81  (3, B, A)  ;  (3, A, 6)  ;  (6, 0, 3)  ;  (6, 9, 0)  ;  (9, 8, 0)
82  (6, B, A)  ;  (6, 4, B)  ;  (6, 1, 4)  ;  (1, 4, 0)  ;  (9, 8, 5)
83  (6, 9, A)  ;  (8, 1, B)  ;  (B, 1, 3)  ;  (8, 5, 1)
84  (1, 9, 8)  ;  (1, 8, 4)  ;  (4, 2, 1)  ;  (4, B, 2)  ;  (B, A, 2)
85  (B, 8, 3)  ;  (8, 0, 3)  ;  (A, 2, 9)  ;  (9, 2, 1)
86  (8, 5, 9)  ;  (0, B, A)  ;  (0, A, 2)  ;  (4, B, 0)
87  (A, 2, 9)  ;  (9, 2, 5)  ;  (3, 5, 2)  ;  (8, 5, 3)  ;  (B, 8, 3)
88  (4, 9, 8)  ;  (4, 6, 9)  ;  (4, 3, 6)  ;  (3, 6, 2)  ;  (B, A, 7)
89  (A, 7, B)  ;  (2, 9, 8)  ;  (2, 8, 0)  ;  (6, 9, 2)
90  (1, 2, 6)  ;  (B, A, 7)  ;  (5, 9, 8)  ;  (4, 3, 0)
91  (8, 7, B)  ;  (5, 7, 8)  ;  (2, 7, 5)  ;  (5, 2, 1)  ;  (9, A, 6)
92  (4, B, 8)  ;  (A, 3, 9)  ;  (9, 3, 1)  ;  (A, 7, 3)
93  (8, 0, B)  ;  (B, 0, 7)  ;  (1, 7, 0)  ;  (A, 7, 1)  ;
      (9, A, 1)
94  (A, 5, 9)  ;  (7, 5, A)  ;  (0, 5, 7)  ;  (7, 0, 3)  ;  (B, 8, 4)
95  (9, A, 7)  ;  (7, 5, 9)  ;  (7, B, 5)  ;  (B, 8, 5)
96  (A, 6, 8)  ;  (5, 8, 6)
97  (8, A, 4)  ;  (4, A, 3)  ;  (6, 3, A)  ;  (0, 3, 6)  ;  (5, 0, 6)
98  (A, 6, 8)  ;  (8, 6, 1)  ;  (8, 1, 0)
99  (3, 6, 1)  ;  (4, 6, 3)  ;  (A, 6, 4)  ;  (8, A, 4)
100 (5, 8, A)  ;  (5, A, 1)  ;  (1, A, 2)
101 (5, 0, 1)  ;  (3, 8, 2)  ;  (2, 8, A)  ;  (3, 4, 8)
102 (A, 2, 8)  ;  (8, 2, 0)
103 (4, 8, A)  ;  (4, A, 3)  ;  (3, A, 2)
104 (6, 5, 2)  ;  (2, 5, 3)  ;  (8, 3, 5)  ;  (7, 3, 8)  ;  (A, 7, 8)
105 (A, 6, 5)  ;  (8, A, 5)  ;  (0, 2, 7)  ;  (0, 7, 4)
106 (2, 7, 3)  ;  (A, 1, 0)  ;  (A, 0, 8)  ;  (6, 1, A)
107 (8, A, 6)  ;  (8, 6, 1)  ;  (1, 4, 8)  ;  (1, 2, 4)  ;  (2, 7, 4)
108 (7, 8, A)  ;  (7, 5, 8)  ;  (7, 3, 5)  ;  (3, 1, 5)
109 (7, 4, 0)  ;  (7, 0, 1)  ;  (1, A, 7)  ;  (1, 5, A);
      (5, 8, A)
110 (A, 7, 8)  ;  (8, 7, 3)  ;  (8, 3, 0)
111 (4, 8, A)  ;  (A, 7, 4)
```

112 (4, B, 5) ; (5, B, A) ; (5, A, 6)
113 (A, 3, B) ; (A, 0, 3) ; (A, 6, 0) ; (6, 5, 0)
114 (0, 6, 1) ; (0, A, 6) ; (4, A, 0) ; (B, A, 4)
115 (6, 1, 3) ; (6, 3, A) ; (A, 3, B)
116 (1, A, 2) ; (1, B, A) ; (1, 5, B) ; (5, 4, B)
117 (A, 2, 1) ; (A, 1, 5) ; (5, B, A) ; (5, 0, B) ;
      (0, 3, B)
118 (0, 4, 2) ; (2, 4, B) ; (2, B, A)
119 (2, 3, A) ; (B, A, 3)
120 (7, 3, 2) ; (4, A, 6) ; (4, 6, 5) ; (B, A, 4)
121 (6, 5, A) ; (A, 5, B) ; (0, B, 5) ; (7, B, 0) ;
      (2, 7, 0)
122 (4, 1, 0) ; (4, 6, 1) ; (4, B, 6) ; (B, 6, A) ; (3, 2, 7)
123 (A, 6, 1) ; (1, B, A) ; (1, 2, B) ; (2, 7, B)
124 (3, 1, 7) ; (7, 1, A) ; (5, A, 1) ; (B, A, 5) ;
      (4, B, 5)
125 (5, 0, B) ; (B, 0, 7) ; (1, 7, 0) ; (7, 1, A) ;
      (5, A, 1) ; (A, 5, B)
126 (7, 3, A) ; (0, A, 3) ; (B, A, 0) ; (4, B, 0)
127 (B, A, 7)
128 (A, B, 7)
129 (3, 7, A) ; (A, 0, 3) ; (A, B, 0) ; (B, 4, 0)
130 (0, 5, B) ; (0, B, 7) ; (7, 1, 0) ; (1, 7, A) ;
      (A, 5, 1) ; (5, A, B)
131 (1, 3, 7) ; (1, 7, A) ; (A, 5, 1) ; (A, B, 5) ;
      (B, 4, 5)
132 (6, A, 1) ; (B, 1, A) ; (2, 1, B) ; (7, 2, B)
133 (1, 4, 0) ; (6, 4, 1) ; (B, 4, 6) ; (6, B, A) ;
      (2, 3, 7)
134 (5, 6, A) ; (5, A, B) ; (B, 0, 5) ; (B, 7, 0) ;
      (7, 2, 0)
135 (B, 7, A) ; (2, 4, 6) ; (6, 4, 5) ; (2, 3, 4)
136 (3, 2, A) ; (A, B, 3)
137 (4, 0, 2) ; (4, 2, B) ; (B, 2, A)
138 (2, A, 1) ; (1, A, 5) ; (B, 5, A) ; (0, 5, B) ;
      (3, 0, B)
139 (A, 1, 2) ; (B, 1, A) ; (5, 1, B) ; (4, 5, B)
140 (1, 6, 3) ; (3, 6, A) ; (3, A, B)
141 (4, A, B) ; (0, A, 4) ; (0, 6, A) ; (0, 1, 6)
142 (3, A, B) ; (0, A, 3) ; (6, A, 0) ; (5, 6, 0)
143 (B, 4, 5) ; (B, 5, A) ; (A, 5, 6)
144 (8, 4, A) ; (7, A, 4)
145 (7, A, 8) ; (7, 8, 3) ; (3, 8, 0)
146 (4, 7, 0) ; (0, 7, 1) ; (A, 1, 7) ; (5, 1, A) ;

```
        (8,  5,  A)
147  (5,  A,  8)  ;  (5,  7,  A)  ;  (5,  1,  7)  ;  (1,  3,  7)
148  (A,  8,  6)  ;  (6,  8,  1)  ;  (4,  1,  8)  ;  (2,  1,  4)  ;  (7,  2,  4)
149  (7,  2,  3)  ;  (1,  A,  0)  ;  (0,  A,  8)  ;  (1,  6,  A)
150  (8,  4,  7)  ;  (A,  8,  7)  ;  (2,  0,  5)  ;  (2,  5,  6)
151  (5,  6,  2)  ;  (5,  2,  3)  ;  (3,  8,  5)  ;  (3,  7,  8)  ;  (7,  A,  8)
152  (8,  4,  A)  ;  (A,  4,  3)  ;  (A,  3,  2)
153  (8,  0,  A)  ;  (A,  0,  2)
154  (0,  5,  1)  ;  (8,  3,  2)  ;  (8,  2,  A)  ;  (4,  3,  8)
155  (8,  5,  A)  ;  (A,  5,  1)  ;  (A,  1,  2)
156  (1,  4,  3)  ;  (6,  4,  1)  ;  (8,  4,  6)  ;  (A,  8,  6)
157  (6,  A,  8)  ;  (6,  8,  1)  ;  (1,  8,  0)
158  (A,  8,  4)  ;  (A,  4,  3)  ;  (3,  6,  A)  ;  (3,  0,  6)  ;
        (0,  5,  6)
159  (6,  A,  8)  ;  (8,  5,  6)
160  (A,  9,  7)  ;  (5,  7,  9)  ;  (B,  7,  5)  ;  (8,  B,  5)
161  (5,  A,  9)  ;  (5,  7,  A)  ;  (5,  0,  7)  ;  (0,  7,  3)  ;
        (8,  B,  4)
162  (0,  8,  B)  ;  (0,  B,  7)  ;  (7,  1,  0)  ;  (7,  A,  1)  ;
        (A,  9,  1)
163  (B,  4,  8)  ;  (3,  A,  9)  ;  (3,  9,  1)  ;  (7,  A,  3)
164  (7,  8,  B)  ;  (7,  5,  8)  ;  (7,  2,  5)  ;  (2,  5,  1)  ;  (A,  9,  6)
165  (0,  1,  5)  ;  (A,  9,  6)  ;  (4,  8,  B)  ;  (7,  2,  3)
166  (7,  A,  B)  ;  (9,  2,  8)  ;  (8,  2,  0)  ;  (9,  6,  2)
167  (9,  4,  8)  ;  (6,  4,  9)  ;  (3,  4,  6)  ;  (6,  3,  2)  ;  (A,  B,  7)
168  (2,  A,  9)  ;  (2,  9,  5)  ;  (5,  3,  2)  ;  (5,  8,  3)  ;  (8,  B,  3)
169  (5,  8,  9)  ;  (B,  0,  A)  ;  (A,  0,  2)  ;  (B,  4,  0)
170  (A,  B,  2)  ;  (B,  3,  2)  ;  (9,  1,  8)  ;  (8,  1,  0)
171  (9,  1,  8)  ;  (8,  1,  4)  ;  (2,  4,  1)  ;  (B,  4,  2)  ;  (A,  B,  2)
172  (9,  6,  A)  ;  (1,  8,  B)  ;  (1,  B,  3)  ;  (5,  8,  1)
173  (B,  6,  A)  ;  (4,  6,  B)  ;  (1,  6,  4)  ;  (4,  1,  0)  ;
        (8,  9,  5)
174  (B,  3,  A)  ;  (A,  3,  6)  ;  (0,  6,  3)  ;  (9,  6,  0)  ;
        (8,  9,  0)
175  (A,  B,  4)  ;  (4,  6,  A)  ;  (4,  8,  6)  ;  (8,  9,  6)
176  (7,  A,  4)  ;  (4,  A,  9)  ;  (4,  9,  5)
177  (3,  5,  0)  ;  (3,  9,  5)  ;  (7,  9,  3)  ;  (A,  9,  7)
178  (0,  9,  1)  ;  (0,  A,  9)  ;  (0,  4,  A)  ;  (4,  7,  A)
179  (3,  7,  1)  ;  (1,  7,  A)  ;  (1,  A,  9)
180  (6,  2,  1)  ;  (7,  9,  5)  ;  (7,  5,  4)  ;  (A,  9,  7)
181  (7,  0,  3)  ;  (7,  5,  0)  ;  (7,  A,  5)  ;  (A,  5,  9)  ;  (2,  1,  6)
182  (2,  0,  6)  ;  (6,  0,  9)  ;  (4,  9,  0)  ;  (A,  9,  4)  ;  (7,  A,  4)
183  (6,  2,  9)  ;  (3,  9,  2)  ;  (A,  9,  3)  ;  (7,  A,  3)
184  (9,  2,  A)  ;  (9,  3,  2)  ;  (9,  5,  3)  ;  (5,  4,  3)
```

185 (5, 0, 2) ; (5, 2, 9) ; (9, 2, A)
186 (9, 1, 0) ; (9, 0, 4) ; (4, A, 9) ; (4, 3, A) ; (3, 2, A)
187 (1, 2, 9) ; (A, 9, 2)
188 (5, 4, 9) ; (9, 4, A) ; (3, A, 4) ; (6, A, 3) ; (1, 6, 3)
189 (9, 5, 0) ; (0, A, 9) ; (0, 1, A) ; (1, 6, A)
190 (4, 3, A) ; (A, 3, 6) ; (0, 6, 3) ; (6, 0, 9) ;
    (4, 9, 0) ; (9, 4, A)
191 (A, 9, 6)
192 (B, 7, 9) ; (6, 9, 7)
193 (7, 6, 3) ; (3, 6, 0) ; (9, 0, 6) ; (4, 0, 9) ; (B, 4, 9)
194 (9, B, 5) ; (5, B, 0) ; (7, 0, B) ; (1, 0, 7) ;
    (6, 1, 7)
195 (B, 7, 6) ; (9, B, 6) ; (1, 3, 4) ; (1, 4, 5)
196 (B, 7, 9) ; (9, 7, 2) ; (9, 2, 1)
197 (3, 4, 0) ; (B, 2, 1) ; (B, 1, 9) ; (7, 2, B)
198 (0, 7, 2) ; (5, 7, 0) ; (B, 7, 5) ; (9, B, 5)
199 (9, B, 7) ; (9, 7, 2) ; (2, 5, 9) ; (2, 3, 5) ; (3, 4, 5)
200 (6, 9, B) ; (6, B, 2) ; (2, B, 3)
201 (4, 9, B) ; (4, 6, 9) ; (4, 0, 6) ; (0, 2, 6)
202 (6, 1, 2) ; (0, 9, 3) ; (3, 9, B) ; (0, 5, 9)
203 (4, 5, 1) ; (4, 1, 2) ; (2, B, 4) ; (2, 6, B) ;
    (6, 9, B)
204 (B, 3, 9) ; (9, 3, 1)
205 (B, 4, 9) ; (9, 4, 0) ; (9, 0, 1)
206 (5, 9, B) ; (5, B, 0) ; (0, B, 3)
207 (5, 9, B) ; (B, 4, 5)
208 (6, 9, 7) ; (7, 9, 8) ; (7, 8, 4)
209 (3, 8, 0) ; (3, 9, 8) ; (3, 7, 9) ; (7, 6, 9)
210 (5, 1, 0) ; (6, 8, 4) ; (6, 4, 7) ; (9, 8, 6)
211 (1, 3, 5) ; (5, 3, 8) ; (7, 8, 3) ; (9, 8, 7) ; (6, 9, 7)
212 (8, 1, 9) ; (8, 2, 1) ; (8, 4, 2) ; (4, 7, 2)
213 (8, 0, 3) ; (8, 3, 7) ; (7, 9, 8) ; (7, 2, 9) ; (2, 1, 9)
214 (4, 7, 8) ; (8, 7, 9) ; (2, 9, 7) ; (5, 9, 2) ; (0, 5, 2)
215 (7, 2, 9) ; (9, 2, 5) ; (3, 5, 2) ; (5, 3, 8) ; (7, 8, 3) ;
    (8, 7, 9)
216 (2, 4, 3) ; (2, 8, 4) ; (6, 8, 2) ; (9, 8, 6)
217 (2, 6, 0) ; (0, 6, 9) ; (0, 9, 8)
218 (6, 3, 2) ; (6, 4, 3) ; (6, 9, 4) ; (9, 4, 8) ; (1, 0, 5)
219 (5, 1, 8) ; (2, 8, 1) ; (9, 8, 2) ; (6, 9, 2)
220 (4, 3, 1) ; (4, 1, 8) ; (8, 1, 9)
221 (0, 1, 8) ; (9, 8, 1)
222 (8, 4, 3) ; (3, 9, 8) ; (3, 0, 9) ; (0, 5, 9)
223 (9, 8, 5)
224 (5, 8, 6) ; (6, 8, B) ; (6, B, 7)

```
225 (4, 0, 3) ; (5, B, 7) ; (5, 7, 6) ; (8, B, 5)
226 (B, 0, 8) ; (B, 1, 0) ; (B, 7, 1) ; (7, 6, 1)
227 (7, 6, B) ; (B, 6, 8) ; (1, 8, 6) ; (4, 8, 1) ; (3, 4, 1)
228 (1, 7, 2) ; (1, B, 7) ; (5, B, 1) ; (8, B, 5)
229 (5, 2, 1) ; (5, 7, 2) ; (5, 8, 7) ; (8, 7, B) ; (0, 3, 4)
230 (7, 2, 0) ; (7, 0, B) ; (B, 0, 8)
231 (B, 7, 2) ; (2, 8, B) ; (2, 3, 8) ; (3, 4, 8)
232 (2, B, 3) ; (2, 8, B) ; (2, 6, 8) ; (6, 5, 8)
233 (0, 2, 4) ; (4, 2, B) ; (6, B, 2) ; (8, B, 6) ;
    (5, 8, 6)
234 (B, 3, 2) ; (B, 2, 6) ; (6, 8, B) ; (6, 1, 8) ;
    (1, 0, 8)
235 (6, 1, 8) ; (8, 1, 4) ; (2, 4, 1) ; (4, 2, B) ;
    (6, B, 2) ; (B, 6, 8)
236 (1, 5, 3) ; (3, 5, 8) ; (3, 8, B)
237 (4, 0, B) ; (1, B, 0) ; (8, B, 1) ; (5, 8, 1)
238 (3, 0, B) ; (8, B, 0)
239 (8, B, 4)
240 (4, 7, 5) ; (5, 7, 6)
241 (5, 0, 6) ; (6, 0, 3) ; (6, 3, 7)
242 (6, 1, 7) ; (7, 1, 0) ; (7, 0, 4)
243 (3, 7, 1) ; (6, 1, 7)
244 (7, 2, 4) ; (4, 2, 1) ; (4, 1, 5)
245 (2, 1, 7) ; (5, 7, 1) ; (3, 7, 5) ; (0, 3, 5)
246 (0, 4, 2) ; (7, 2, 4)
247 (2, 3, 7)
248 (4, 3, 5) ; (5, 3, 2) ; (5, 2, 6)
249 (2, 6, 0) ; (5, 0, 6)
250 (3, 2, 4) ; (6, 4, 2) ; (0, 4, 6) ; (1, 0, 6)
251 (1, 2, 6)
252 (1, 5, 3) ; (4, 3, 5)
253 (0, 1, 5)
254 (3, 0, 4)
255
```

Anhang D

Parameter der Registrierung

- Octreebasierte Selektionsstrategie
  - initiales Quadervolumen $V_{\text{Init}} = 15\,\text{dm}^3$
  - minimales Quadervolumen $V_{\text{Min}} = 8\,\text{dm}^3$
  - minimale Punktdichte $\rho_{\text{Min}} = 500\frac{\text{Punkte}}{m^3}$
- Gitterbasierte Paarungsstrategie
  - maximaler Suchradius $d^2_{\text{Max}} = 100000\,\text{m}^2$
  - Gewicht der Remissionswerte $\Gamma_R = 50000.0$
  - Gewicht der HS-Farbwerte $\Gamma_{HS} = 1500000.0$
  - Gewicht der I-Farbwerte $\Gamma_I = 0.0$
- Verwerfungsstrategie
  - maximal zulässige quadratische Distanz $\text{dist}^2_{\text{Max}} = 100000\,\text{mm}^2$
  - relative Mindestanzahl gefundener Paare $\#\text{Paare}_{\text{Min}} = 33\%$
  - Vielfache der Standardabweichung $f_\Sigma = 2.0$
- maximale Anzahl der Iterationen $\#\text{Iter}_{\text{Max}} = 50$
- maximale Anzahl der Iterationen pro Verfeinerungsstufe $\#\text{dIter}_{\text{Max}} = 10$
- relative Mindesanzahl gefundener Paare $\#\text{Paare}_{\text{Min}} = 33\%$
- geforderte quadratische Distanz pro Paar $dp^2_{\text{Min}} = 100000\,\text{mm}^2$
- geforderte quadratische Distanzänderung pro Iteration $\Delta d^2_{\text{Min}} = 100\,\text{mm}^2$

Abbildungsverzeichnis

Algorithmenverzeichnis

Literaturverzeichnis

[Albert 98] Hans Albert. *Marktsoziologie und Entscheidungslogik - Zur Kritik der reinen Ökonomik.* Mohr Siebeck, 1998.

[Allen 01] Peter Allen, Ioannis Stamos, Atanas Gueorguiev, Ethan Gold, Paul Blaer. AVE-NUE: Automated Site Modeling in Urban Environments. Tagungsband: *Proc. of 3rd Conference on Digital Imaging and Modeling in Quebec City, Canada,* May 2001.

[Andreasson 05] Henrik Andreasson, Rudolph Triebel, Wolfram Burgard. Improving Plane Extraction form 3D Data by Fusiong Laser Data and Vision. Tagungsband: *Proceedings of the International Conference on Intelligent Robots and Systems 2005 (IROS),* 2005.

[Azad 03] Pedram Azad. Entwicklung eines projektorbasierten 3D-Scanners für dynamische Szenen. Diplomarbeit, Universität Karlsruhe (TH), Institut für Technische Informatik, 2003.

[Besl 92] Paul J. Besl, Neil D. McKay. A Method for Registration of 3-D Shapes. *IEEE transactions on pattern analysis and machine intelligence (PAMI),* 14(2):239 – 256, February 1992.

[Borenstein 96] Johann Borenstein, H.R. Everett, Liqiang Feng, S.W. Lee, R. H. Byrne. *Where am I? Sensors and methods for Mobile Robot Positioning.* The University of Michigan, 1996.

[Brenneke 03] Chrisitan Brenneke, Oliver Wulf, Bernado Wagner. Using 3D Laser Range Data for SLAM in Outdoor Environments. Tagungsband: *Proc. of the IEEE/RSJ International Conference on Intelligent Robots and Systems (IROS),* 2003.

[Connolly 85] C. J. Connolly. The determination of next best views. Tagungsband: *Proceedings of the International Conference on Robotics and Automation (ICRA),* Seiten 432 – 435, 1985.

[Davies 96] E. Davies. *Machine Vision: Theory, Algorithms, and Practicalities.* Academic Press, 1996.

[Früh 05] Christian Früh. *Automated 3D Model Generation for Urban Environments.* Doktorarbeit, Universität Karlsruhe, 2005.

[Gockel 06] Tilo Gockel. *Interaktive 3D-Modellerfassung mittels One-Shot-Musterprojektion und Schneller Registrierung.* Doktorarbeit, Universität Karlsruhe, 2006.

[Gockel 07] Tilo Gockel, Pedram Azad, Rüdiger Dillmann. *Computer Vision - Das Praxisbuch.* Elektor Verlag, 2007.

[Gut 04] Oliver Gut. Untersuchungen des 3D-Sensors SwissRanger. Diplomarbeit, ETH Zürich, 2004.

[Haehnel 02] D. Haehnel, W. Burgard, S. Thrun. Learning Compact 3D Models of Indoor and Outdoor Environments with a Mobile Robot. *Robotics and Autonomous Systems*, 2002.

[Hebert 99] M. Hebert, D. Huber. A new Approach to 3D-Terrain Mapping. Tagungsband: *Proc. of the IEEE/RSJ International Conference on Intelligent Robots and Systems (IROS)*, 1999.

[Hogg 99] V. Sequeira K. Ng E. Wolfart J. Goncalves D. Hogg. Automated 3D reconstruction of interiors with multiple scan-views. Tagungsband: *Proceedings of SPIE, Electronic Imaging '99 in San Jose, USA*, Januar 1999.

[Horn 87] Berthold K. P. Horn. Closed-form solution of absolute orientation using unit quaternions. *Journal of the Optical Society of America (JOSA)*, 4:629 – 642, 4 1987.

[Ikeuchi 03] Sagawa Nakazawa Kurazume Ikeuchi, Oishi. Parallel Alignment of a Large Number of Range Images. Tagungsband: *The 4th International Conference on 3D Digital Imaging and Modeling (3DIM)*, 2003.

[Jähne 02] Bernd Jähne. *Digitale Bildverarbeitung*. Springer, 5 Auflage, 2002.

[Jiang 97] Xiaoyi Jiang, Horst Bunke. *Dreidimensionales Computersehen - Gewinnung und Analyse von Tiefenbildern*. Springer, 1997.

[Kohlhepp 07] Peter Kohlhepp, Marcus Strand, Georg Bretthauer, Rüdiger Dillmann. The Elastic View Graph framework for autonomous, surface-based 3D-SLAM. *at-Automatisierungstechnik*, Seiten 190–199, 2007.

[Krieg 92] Bernhard Krieg. *Automatisieren mit Optoelektronik*. Würzburg Vogel Verlag, 1992.

[Luan 01] Xuming Luan. *Experimental Investigation of Photonic Mixer Device and Development of TOF 3D Ranging Systems Based on PMD Technology*. Dissertation, Universität Siegen, 2001.

[Meschede 04] Dieter Meschede. *Gerthsen Physik*. Springer Verlag, 22. Auflage, 2004.

[Nüchter 04a] Andreas Nüchter, Hartmut Surmann, Joachim Hertzberg. Automatic Classification of Objects in 3D Laser Range Scans. Tagungsband: *Proceedings of the 8th Conference on Intelligent Autonomous Systems (IAS)*, 2004.

[Nüchter 04b] Andreas Nüchter, Hartmut Surmann, Kai Lingemann, Joachim Hertzberg, Sebastian Thrun. 6D SLAM with Application in Autonomous Mine Mapping. Tagungsband: *Proceedings IEEE 2004 International Conference Robotics and Automation (ICRA)*, 2004.

[Nüchter 05] Andreas Nüchter, Kai Lingemann, Joachim Hertzberg und Hartmut Surmann. Heuristic-Based Laser Scan Matching for Outdoor 6D SLAM. Tagungsband: *28th Annual German Conference on Artificial Intelligence*, 2005.

[OpenCV 07] OpenCV. Open source computer vision library. Internet, 2007. http://www.intel.com/technology/computing/opencv.

[O'Rourke 87] Joseph O'Rourke. *Art Gallery Theorems and Algorithms.* Oxford University Press, 1987.

[Platon 05] Platon. *Der Staat.* Voltmedia, Paderborn, 2005.

[Riisgaard 05] Soren Riisgaard, Morten Rufus Blas. Slam for dummies - a tutorial approach to simultaneous localization and mapping. Internet, 2005. Tutorial, http://ocw.mit.edu/OcwWeb/web/home/home/index.htm.

[Rocchini 04] Claudio Rocchini, Paolo Cignoni, Fabio Ganovelli, Claudio Montani, Paolo Pingi, Roberto Scopigno. The Marching Intersections algortihm for merging range images. *The Visual Computer*, 20:149–164, March 2004.

[Rogge 95] Klaus-Eckart Rogge. *Methodenatlas für Sozialwissenschaftler.* Springer Verlag, Juni 1995.

[Rusinkiewicz 01] Szymon Rusinkiewicz, Marc Levoy. Efficient Variants of the ICP Algorithm. Tagungsband: *Proceedings of the third international conference on 3D digital imaging and modelling*, 2001.

[Ryde 07] Julian Ryde, Huosheng Hu. Mobile Robot 3D Perception and Mapping with Multi-Resolution Occupancy Lists. Tagungsband: *Proceedings of the International Conference on Mechatronics and Automation (ICMA)*, 2007.

[Schmidberger 06] Simon Eric Schmidberger. Generierung einer texturierten 3D-Gesamtszene durch inkrementelle Fusion von Tiefenbildern und autonomer Messpunktplanung. Diplomarbeit, Universität Karlsruhe (TH), Institut für Technische Informatik, 2006.

[Scholl 05] Kay-Ulrich Scholl. *Modular Controller Architecture Version 2 (MCA2) Manual*, 2005. Internet, http://www.mca2.org.

[Shoemake 85] Ken Shoemake. Animating rotation with quaternion curves. Tagungsband: *International Conference on Computer Graphics and Interactive Techniques*, Seiten 245 – 254, 1985.

[SICK AG 03a] DIVISION AUTO IDENT: SICK AG. *Technische Beschreibung Lasermesssysteme LMS 200 / LMS 211 / LMS 220 / LMS 221 / LMS 291*, 2003. SICK AG, Bestell.-Nr.: 8 008 969/06-2003.

[SICK AG 03b] Division Auto Ident SICK AG. *TELEGRAMLISTING: Telegramme zur Bedienung / Konfiguration der Lasermesssysteme 2xx.* SICK AG, April 2003.

[SICK AG 03c] DIVISION AUTO IDENT: SICK AG. *Telegramme zur Bedienung/Konfiguration der Lasermesssysteme LMS 2xx Firmware-Version V2.10/X1.14*, 2003. SICK AG, Bestell.-Nr.: 8 8 007 953/0000/04-2003.

[Spellucci 93] Peter Spellucci. *Numerische Verfahren der nichtlinearen Optimierung.* Birkhäuser Verlag, 1993.

[Stachniss 06] Cyrill Stachniss. *Exploration and Mapping with mobile Robots.* Dissertation, Universität Freiburg, 2006.

[Stachowiak 73] Herbert Stachowiak. *Allgemeine Modelltheorie.* Springer, 1973.

[Steinhaus 03] Peter Steinhaus, Rüdiger Dillmann. Aufbau und Modellierung des RoSi Scanners zur 3D-Tiefenbildakquisition. Tagungsband: *Autonome Mobile Systeme (AMS)*, Seiten 42 – 52, 2003.

[Steinhaus 04] Peter Steinhaus. *Navigation mobiler Systeme in dynamischen Umgebungen auf der Basis verteilter Sensoren.* Doktorarbeit, Universität Karlsruhe, 2004.

[Strand 07] Marcus Strand, Frank Erb, Rüdiger Dillmann. Range Image Registration Using an Octree based Matching Strategy. Tagungsband: *Proceedings of the International Conference on Mechatronics and Automation (ICMA), Harbin, China*, 2007.

[Surmann 01] Hartmut Surmann, Kai Lingemann, Andreas Nüchter, Joachim Hertzberg. A 3D laser range finder for autonomous mobile robots. Tagungsband: *Proceedings of the 32nd ISR (International Symposium on Robotics)*, 2001.

[Surmann 03] Hartmut Surmann, Andreas Nüchter, Joachim Hertzberg. An autonomous mobile robot with a 3D laser range finder for 3D exploration and digitalization of indoor environments. *Robotics and Autonomous Systems (RAS)*, 45:181–198, December 2003.

[Tarabanis 95] Konstantinos Tarabanis, Roger Tsai, Peter Allen. The mvp sensor planning system for robotic vision tasks. *IEEE Transactions on Robotics and Automation*, Seiten 72–85, 1995.

[Thomas 02] Marco Thomas. *Informatische Modellbildung - Modellieren von Modellen als ein zentrales Element der Informatik für den allgemeinbildenden Schulunterricht.* Dissertation, Universität Potsdam, 2002.

[Thrun 03] S. Thrun, D. Hähnel, D. Ferguson, M. Montemerlo, R. Triebel, W. Burgard, C. Baker, Z. Omohundro, S. Thayer, W. Whittaker. A System for Volumetric Robotic Mapping of Abandoned Mines. Tagungsband: *Proceedings of the IEEE International Conference on Robotics and Automation (ICRA)*, 2003.

[Walther 06] Marcus Walther, Peter Steinhaus, Rüdiger Dillmann. A foveal 3D Laser Scanner integrating Texture into Range Data. Tagungsband: *Proceedings of the 9th International Conference on Intelligent Autonomous Systems, Tokyo, Japan*, Seiten 748–755, 2006.

[Weingarten 04] J. Weingarten, G. Gruener, R. Siegwart. A State-of-the-Art 3D Sensor for Robot Navigation. Tagungsband: *Proceedings of the International Conference on Intelligent Robots and Systems (IROS), Sendai, Japan*, 2004.

[Wikipedia 07] Online-Enzyklopädie Wikipedia. http://www.wikipedia.de. Internet, September 2007.

[Wulf 03] Oliver Wulf, Bernado Wagner. Fast 3D-Scanning Methods for Laser Measurement Systems. Tagungsband: *International Conference on Control Systems and Computer Science (CSCS14)*, 2003.